JARDINS INTEMPORELS

Novembre 2003
Dépôt légal: D/2003/8232/13
ISBN: 2-930367-11-3

Editeur
BETA-PLUS sa
Termuninck 3
B - 7850 Enghien
Tél : +32 (0)2 395 90 20
Fax : +32 (0)2 395 90 21
Website: www.betaplus.be
E-mail: beta.plus@unicall.be

Photographie
Jo Pauwels e.a. (crédit photographique p. 224)

Mise en pages
POLYDEM sprl
Nathalie Binart

Traduction
Alexia Aughuet

Editeur responsable
Wim Pauwels
Termuninck 3
B - 7850 Enghien

Novembre 2003
Dépôt légal: D/2003/8232/13
ISBN: 2-930367-11-3

© Tous droits de traduction, d'adaptation et de reproduction par tous procédés,
y compris la photographie et les microfilms, réservés pour tous les pays.

Pages suivantes
Une réalisation
d'*Avantgarden*.

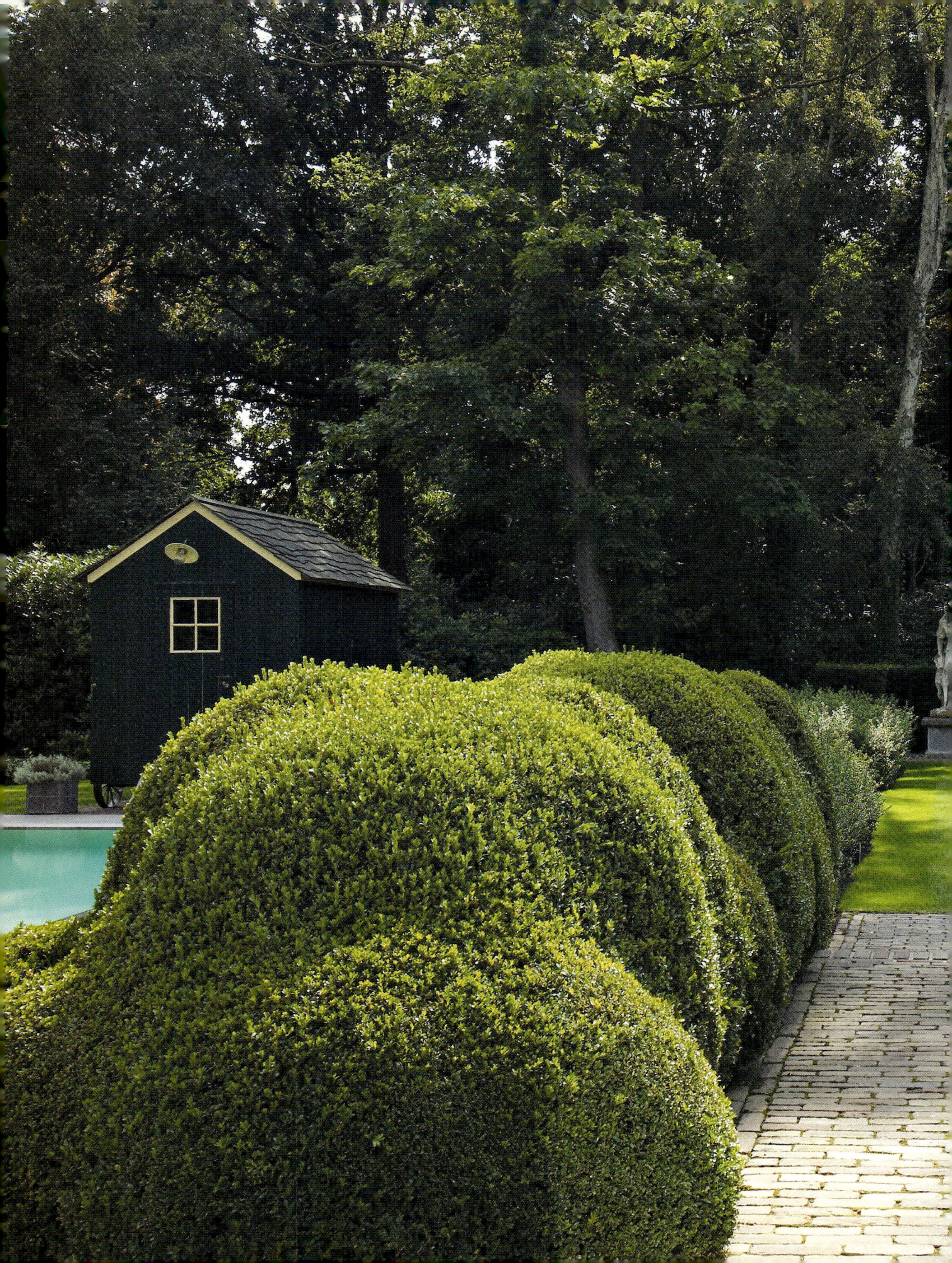

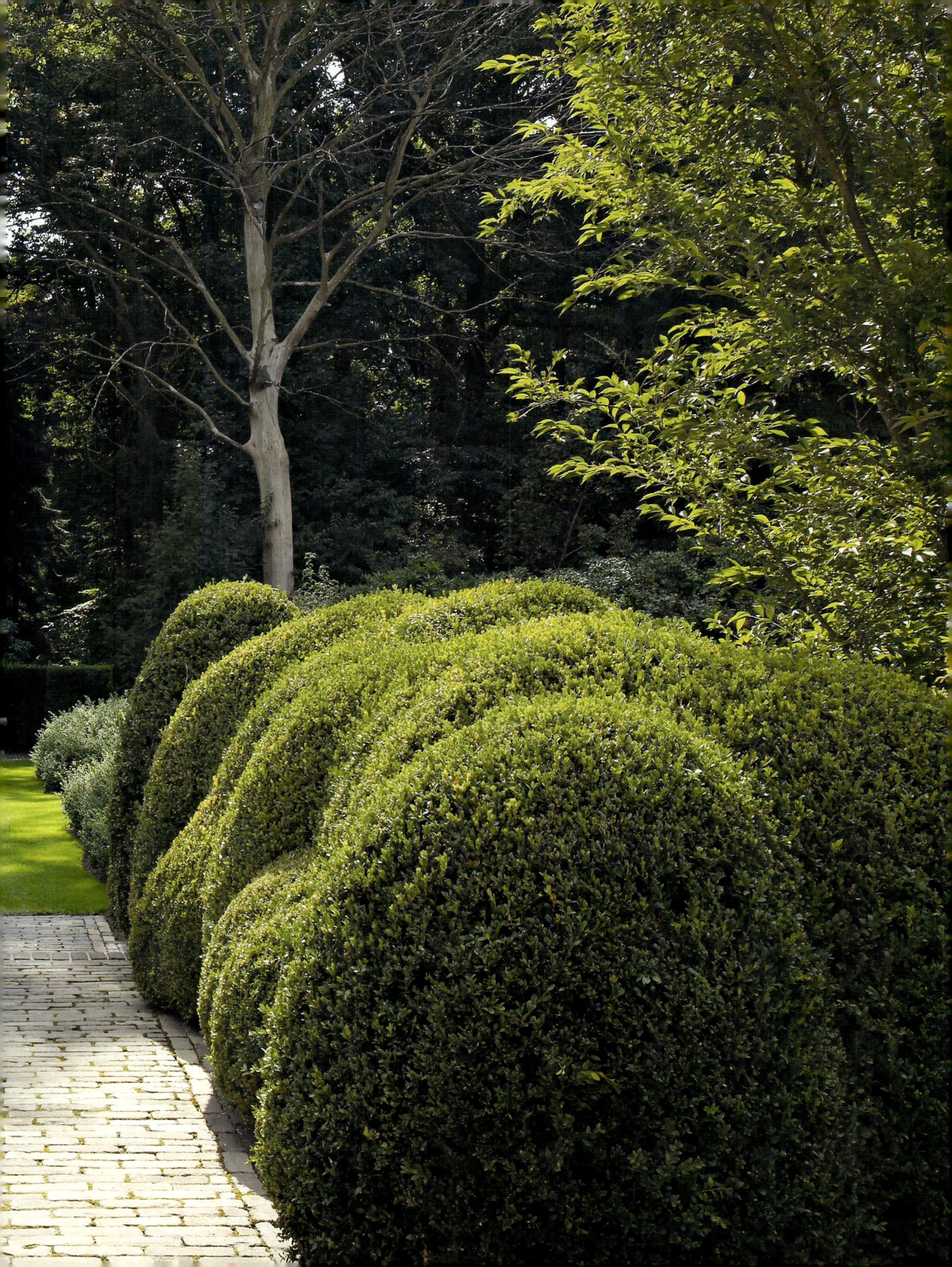

SOMMAIRE

11 | Avant-propos

14 | PARTIE I: PARCS ET JARDINS DE CHÂTEAUX

16   Restauration respectueuse du parc du *Château de Fonteneau*
24   Le parc-jardin restauré du *Château de Saint-Fontaine*
34   Le château viticole de Genoels-Elderen implanté dans un somptueux écrin
42   Le parc-jardin d'une maison de campagne du 19ème siècle en Hesbaye wallonne

50 | PARTIE II: JARDINS CAMPAGNARDS

52   *Robert Cuypers:* une recherche permanente d'authenticité
62   Une maison de jardin intemporelle, parfaitement intégrée dans le paysage
70   Une dépendance de caractère de style anglo-normand
80   Fascinante confrontation de lignes et de courbes
86   Jouer sur les différences de niveau
90   Accents sobres dans le jardin entourant une maison au toit de chaume
94   Harmonie d'ancien et de neuf dans une région boisée du Brabant wallon
102   Somptueux panorama dans le jardin d'une ferme monumentale des polders
108   Un jardin de campagne tout en sobriété dans un magnifique écrin de nature
118   Une piscine écologique de 100 m de long parfaitement intégrée dans son environnement

124 | PARTIE III: JARDINS CONTEMPORAINS

126 Le charme discret d'un jardin de ville
130 Un voyage autour du monde
140 Un jardin architectural dans une région boisée
148 L'art contemporain dans un jardin à Nokere
156 *Ludo Dierckx* : conception, réalisation et entretien

160 | PARTIE IV: AUTOUR DU JARDIN

162 *Rasenberg*: maître-artisan
170 Les ornements de jardins et revêtements de terrasses exclusifs de *Rik Storms*
180 *Piscines De Wilde*: qualité durable
186 *Anne Glorie*: intégration harmonieuse de la maison et du jardin
190 Un pavillon qui éveille l'imagination
194 L'assortiment d'articles de jardin exclusifs signé *Kin & Lushi*
198 *Andreas Van Apers*: des ornements de jardin antiques
202 Un jardin aménagé à partir de matériaux anciens
204 *Guy-Deco*: objets de jardin antiques sculptés de manière artisanale
208 Deux terrasses signées *Nathalie Van Reeth*

217 | Liste d'adresses

224 | Crédit photographique

PAGES SUIVANTES
La restauration authentique du parc-jardin du *Château de Fonteneau*.

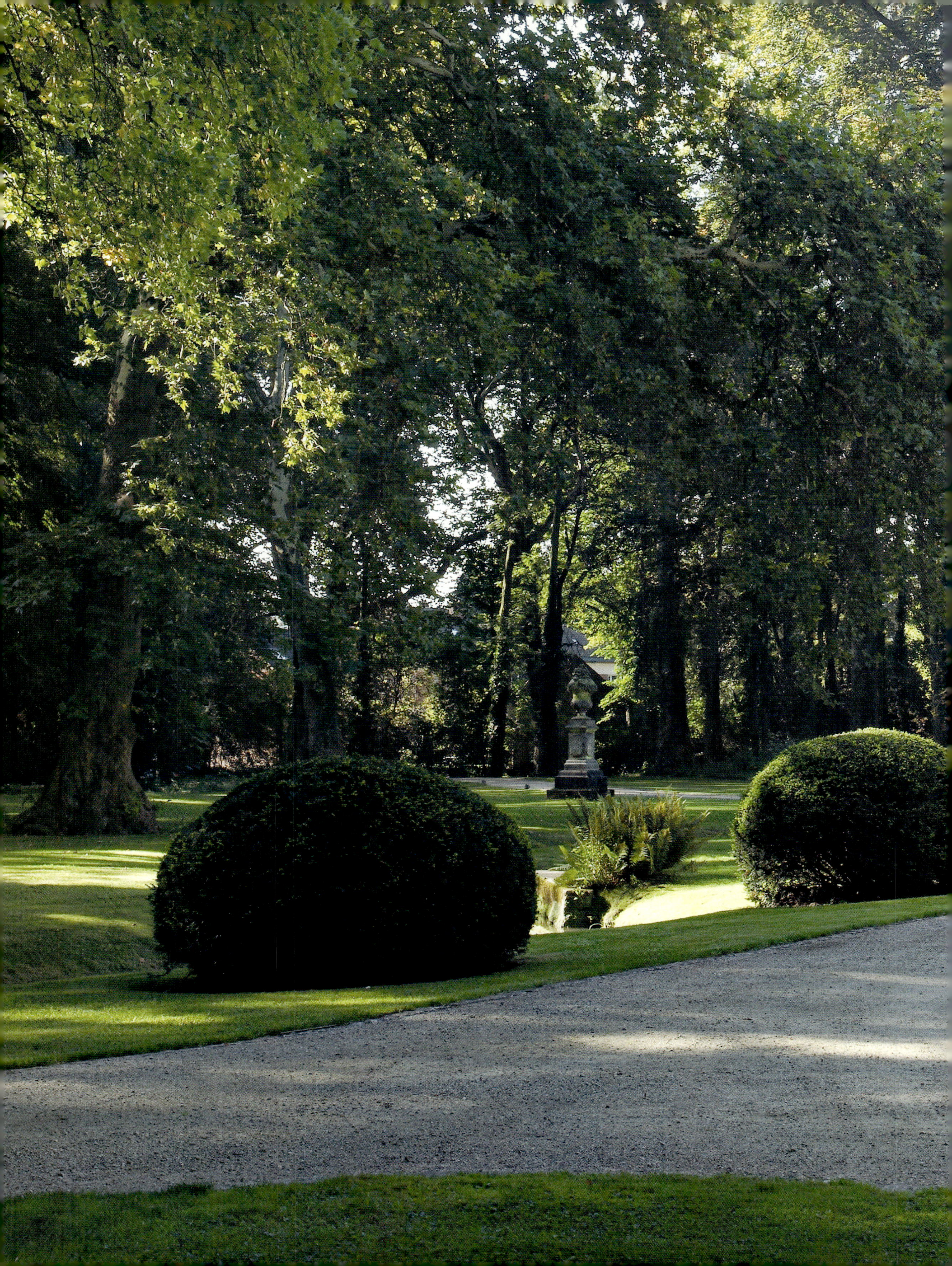

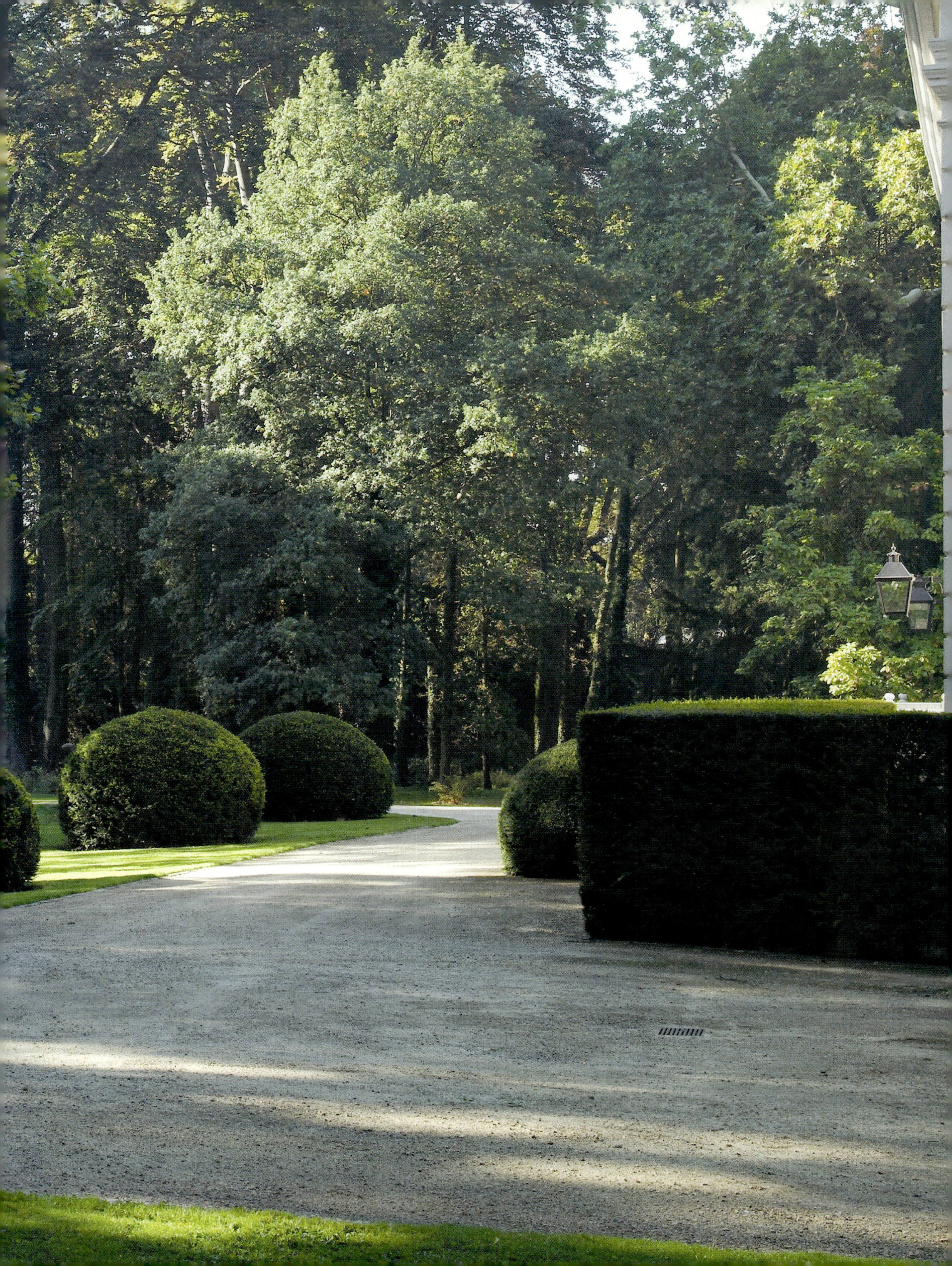

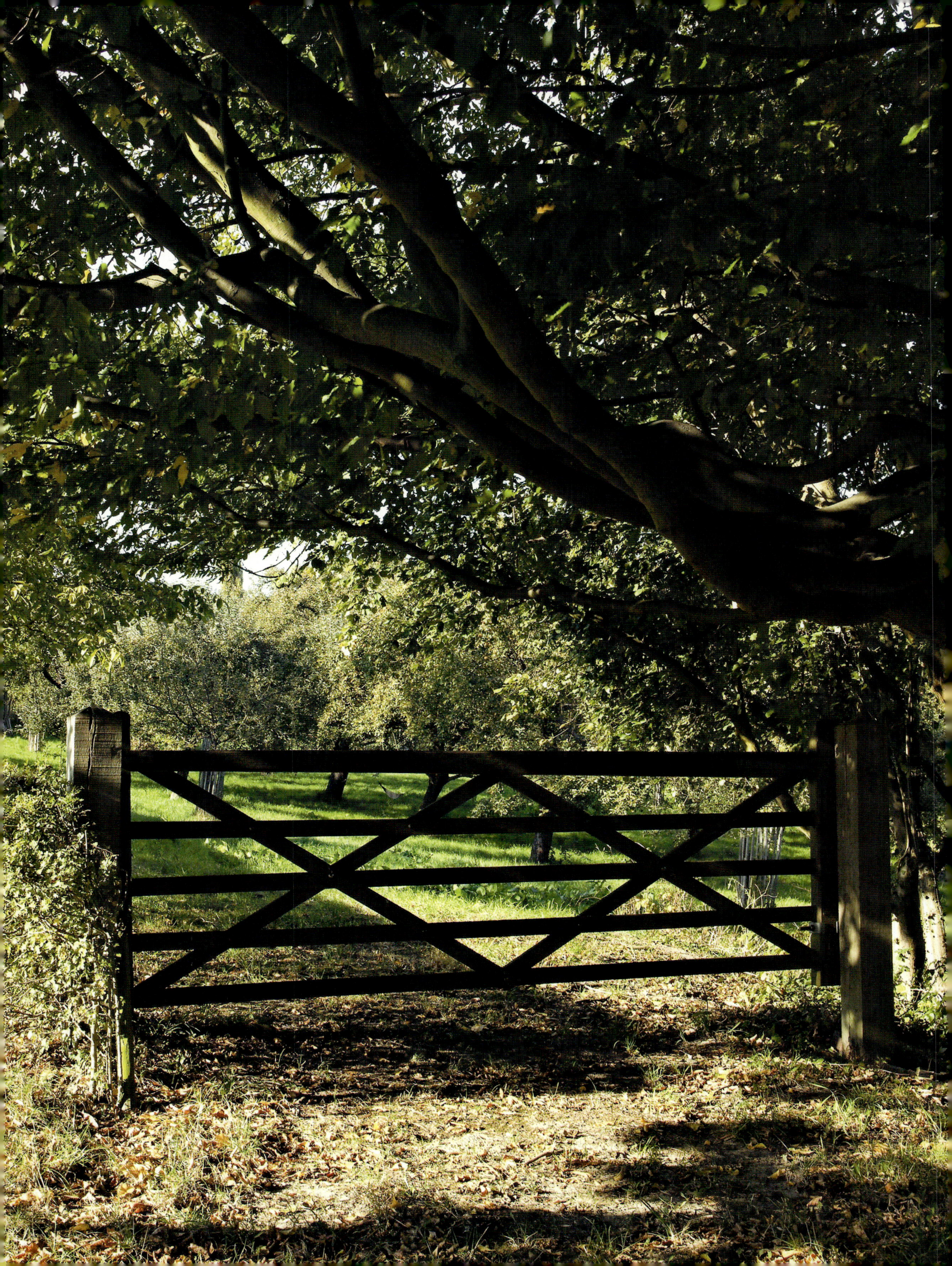

AVANT-PROPOS

Fin 2001, paraissait la première édition de l'ouvrage *JARDINS INTEMPORELS*.
Ce fut l'un des ouvrages les plus appréciés de la série thématique dédiée à l'habitat, qui entre-temps s'est agrandie et compte déjà 25 titres.

Fin 2003, paraît cette deuxième édition de *JARDINS INTEMPORELS*, entièrement remodelée.

Cet ouvrage propose au lecteur une trentaine de jardins situés en Belgique et aux Pays-Bas: domaines et parcs exclusifs, jardins de campagne informels, jardins sobres contemporains, etc.

Malgré une énorme diversité, ces jardins intemporels présentent un trait commun: le respect du contexte, du paysage et de la nature environnante. Tous ces jardins s'intègrent dans un ensemble: la maison, le jardin et la nature sont indissociablement liés. Malheureusement, dans nos régions à forte densité de population, ce principe est en perte de vitesse.

Comme dans la première édition, ce livre présente non seulement les jardins créatifs de célèbres architectes-paysagistes et amateurs zélés, mais contient en outre de nombreuses adresses utiles et informations pratiques qui intéresseront tous les jardiniers passionnés.

Wim Pauwels
Editeur

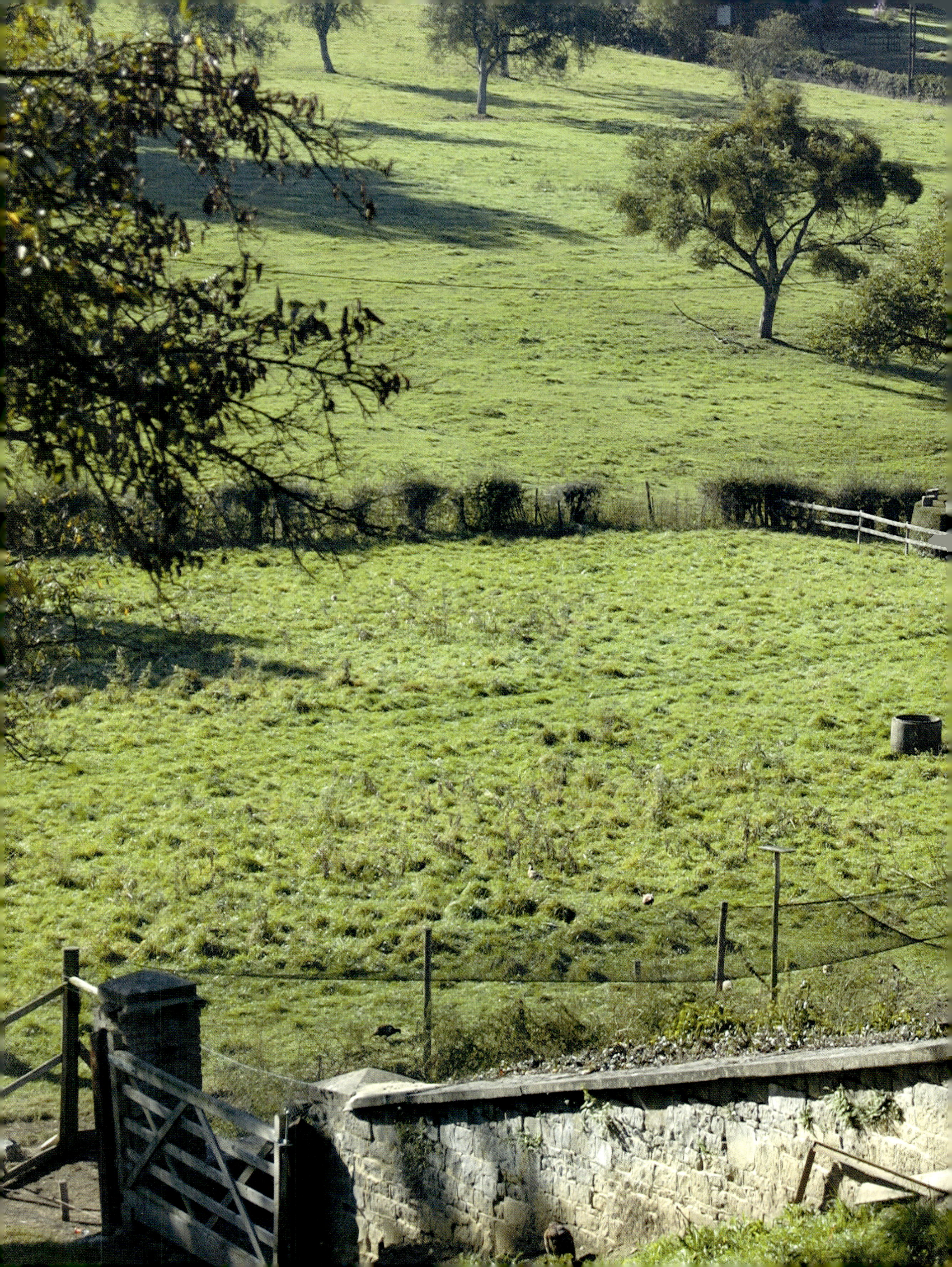

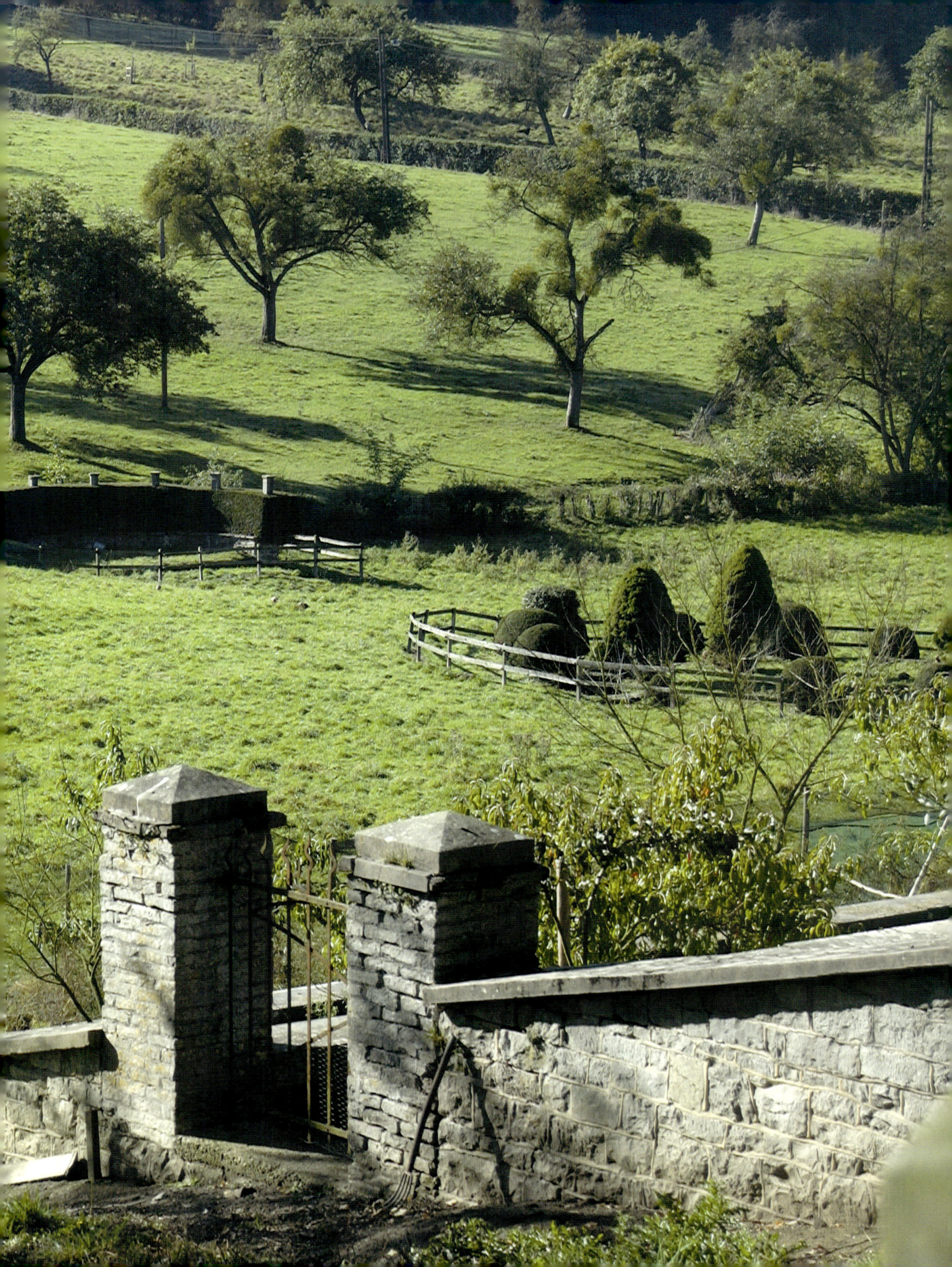

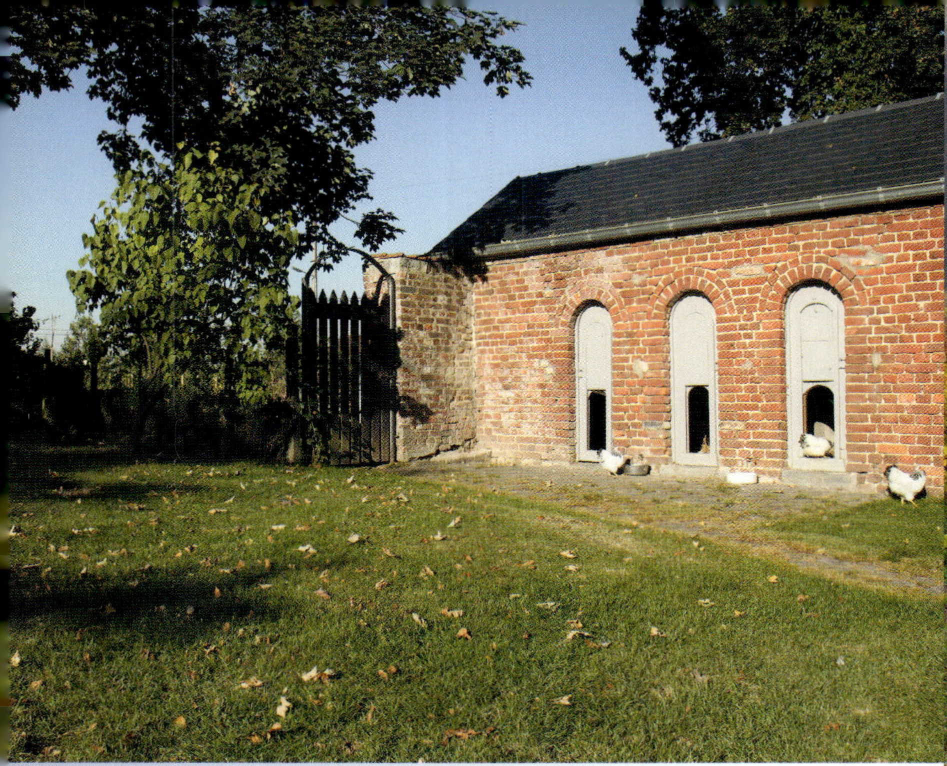
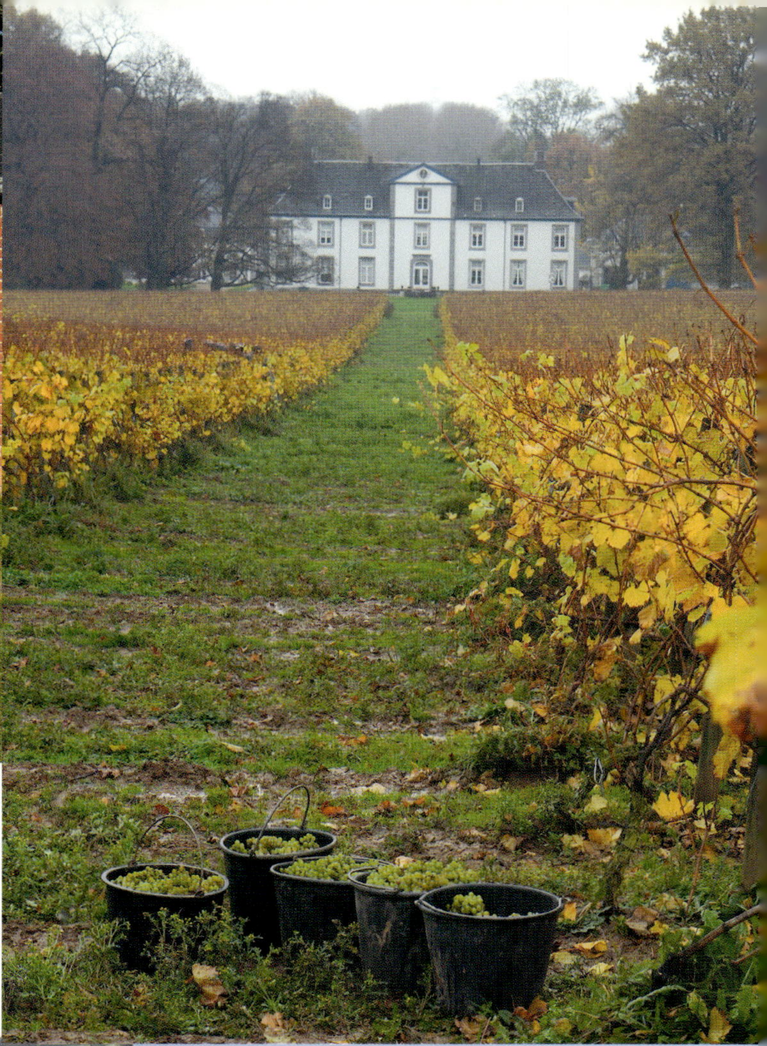
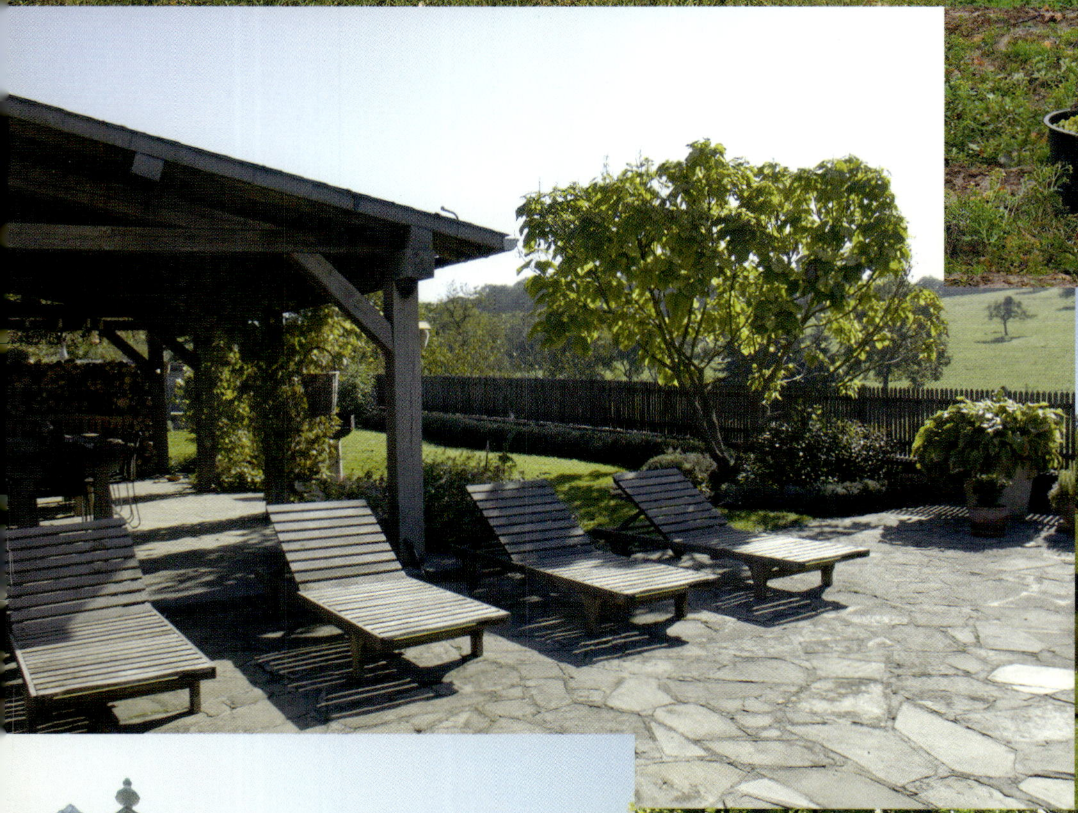
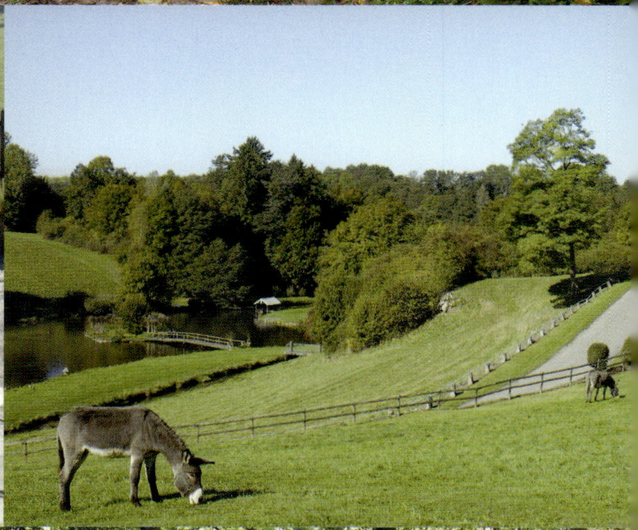
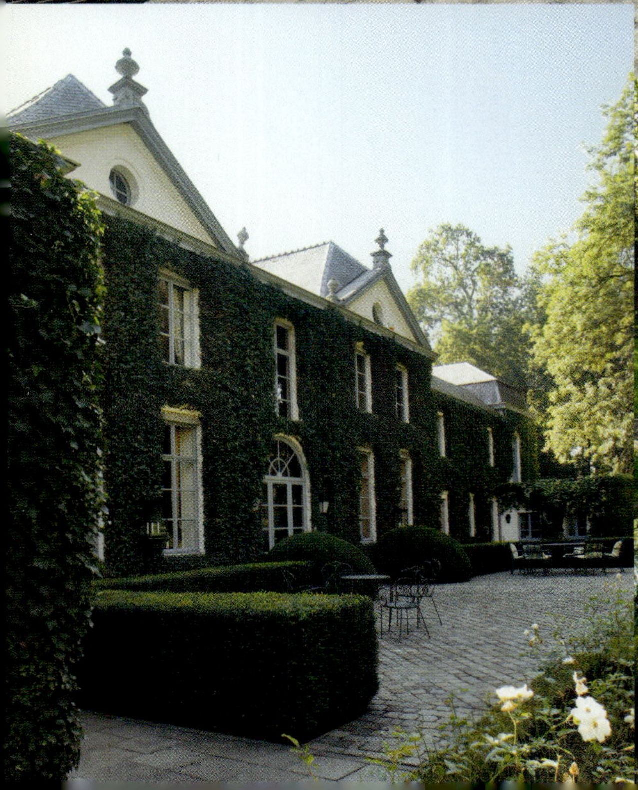
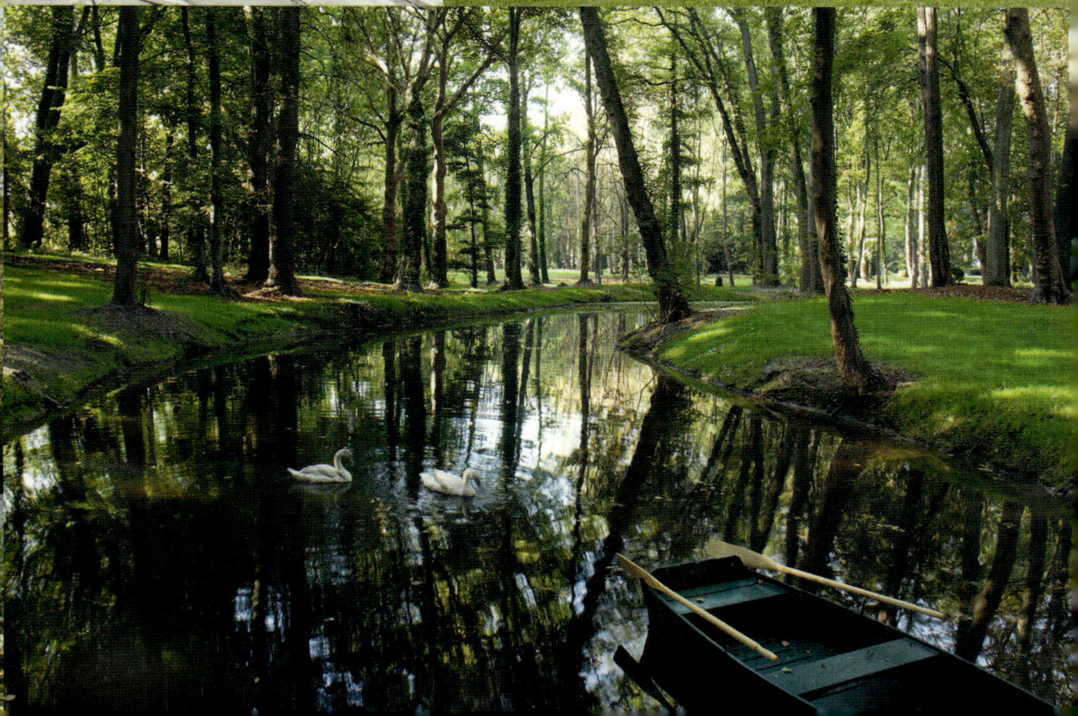

PARTIE I

PARCS ET JARDINS DE CHÂTEAUX

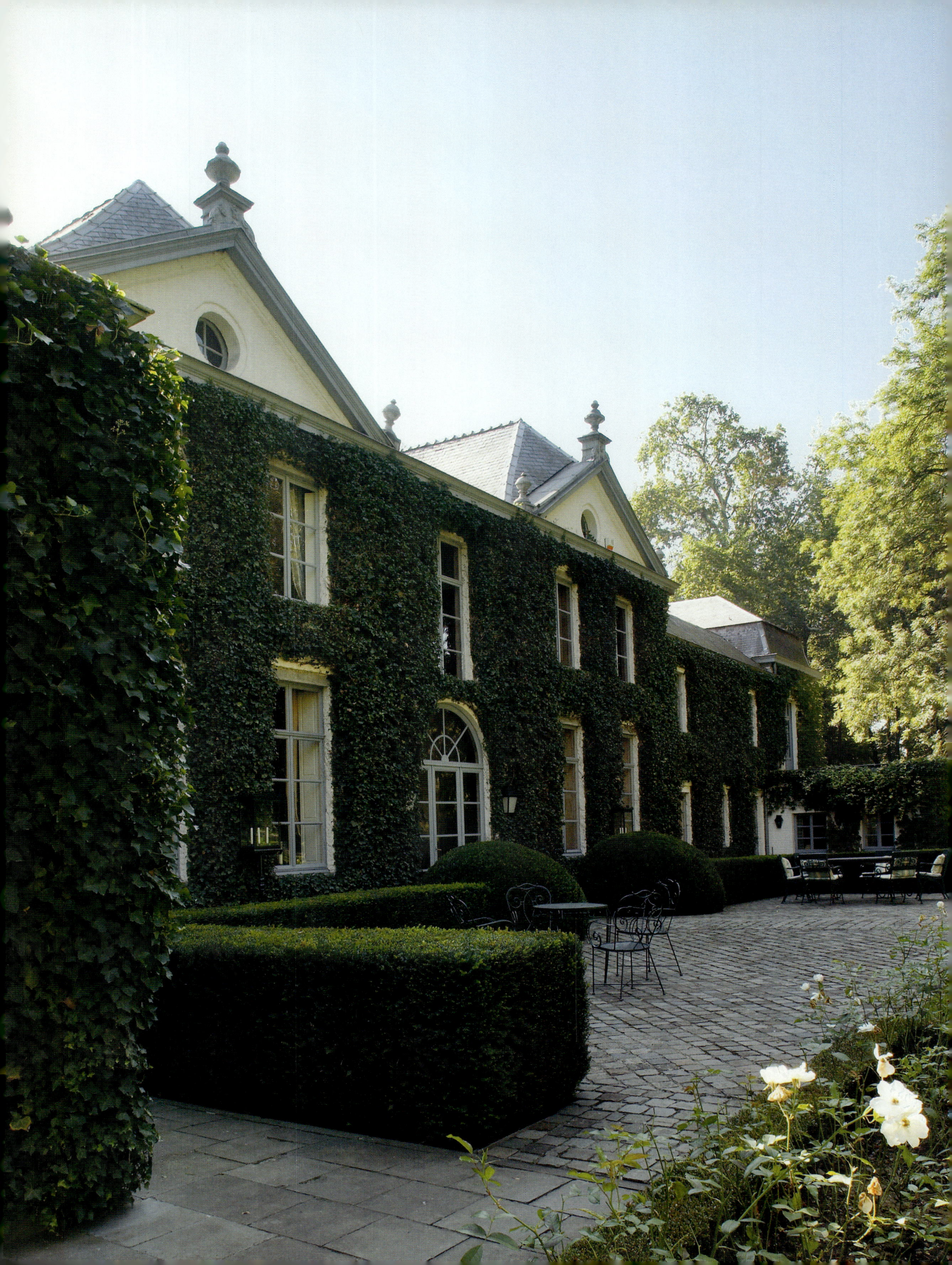

RESTAURATION RESPECTUEUSE DU PARC DU CHÂTEAU DE FONTENEAU

Le *Château de Fonteneau*, situé dans une région boisée au sud de Bruxelles, est un château Louis XVI authentique construit au 18ième siècle.

Le célèbre bureau d'étude et d'architecture de jardins et paysages *Avantgarden* de Wijnegem (près d'Anvers) a été sollicité en 1996 en vue de réhabiliter le parc du château laissé à l'abandon.
Le point de départ de ce projet était de respecter au maximum le caractère historique du parc: le patrimoine arboricole est resté intact, les étangs ont été nettoyés, les escaliers et fontaines séculaires ont été restaurés,... Autour du château, ont été plantés des ifs solitaires ainsi que des haies d'ifs, ce qui donne force et structure à l'ensemble.

L'étang a été nettoyé par *Avantgarden*. Les boules d'*ifs* ont été plantées en 1996 et avaient à l'époque déjà une quarantaine d'années.

Page de gauche
La façade arrière du château est entièrement recouverte de *lierre irlandais*.

18 | Parcs et jardins de châteaux

Page de gauche et sur cette page
Les arbres séculaires et les sources historiques constituent un terrain idéal pour la création d'un parc et paysage entièrement intégré dans son environnement.
La cascade a été restaurée par *Avantgarden*.

Pages suivantes
Le bassin regorge de sources naturelles. Les *ifs* boules sont vieux d'un demi-siècle.

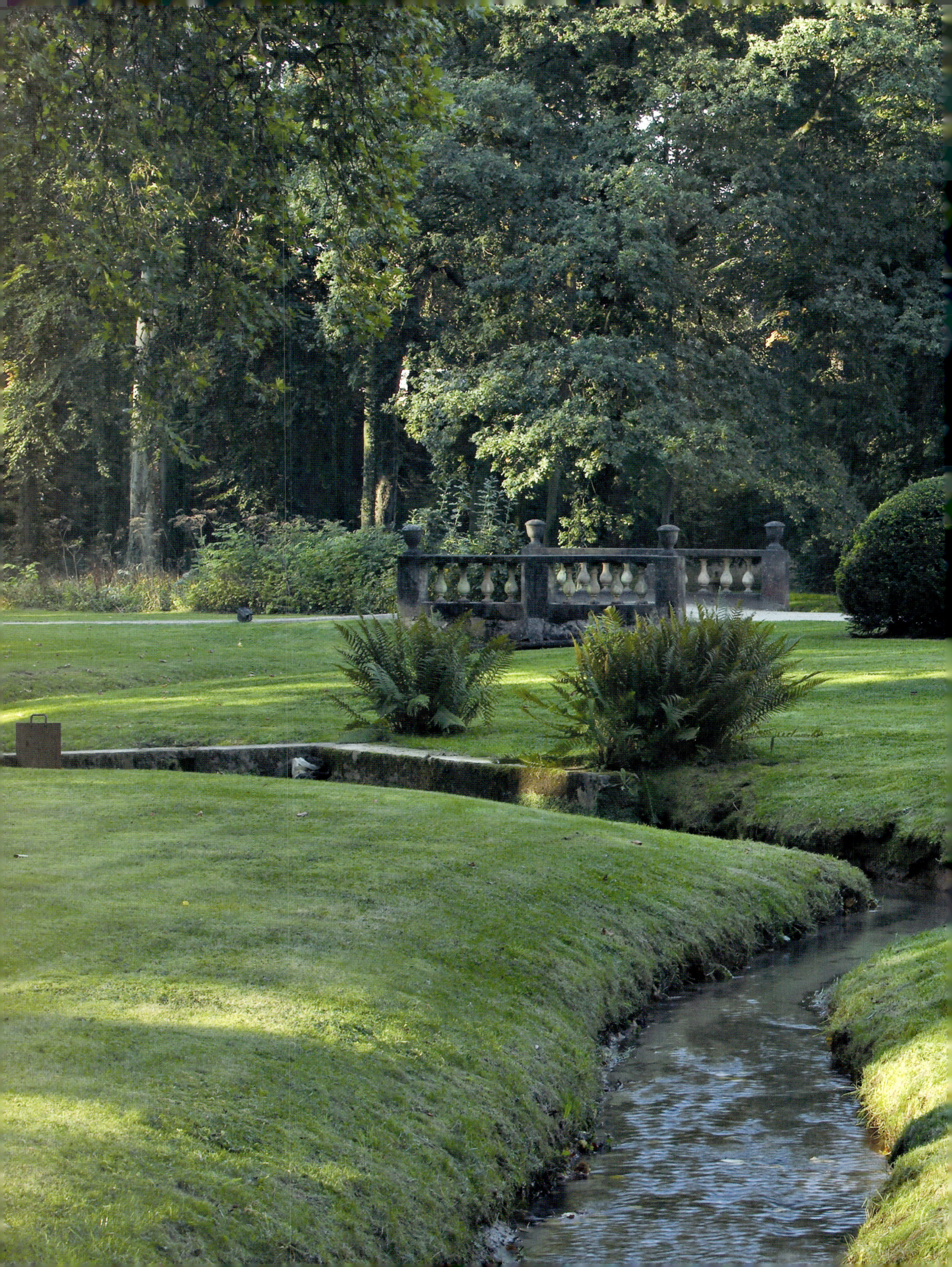

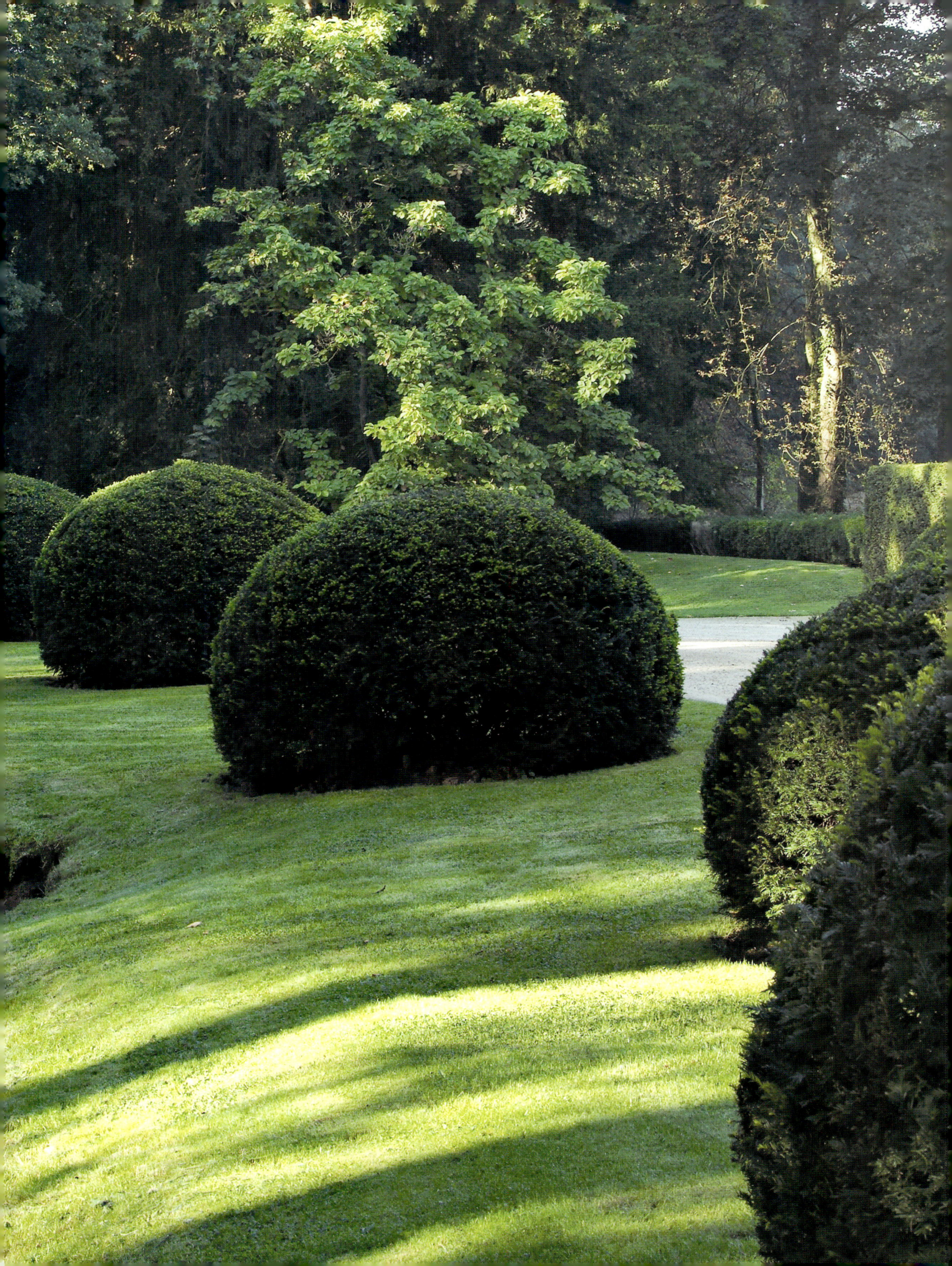

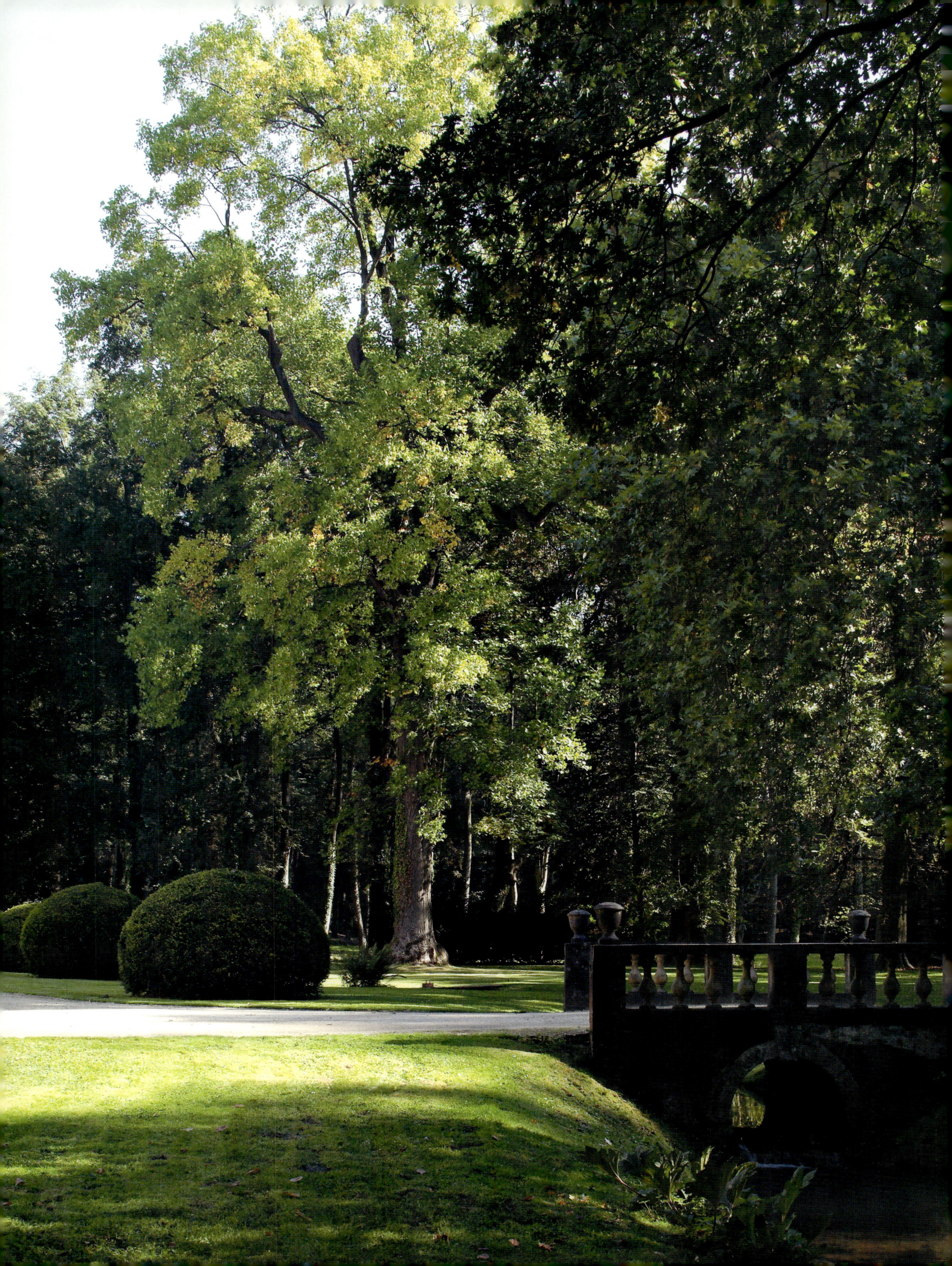

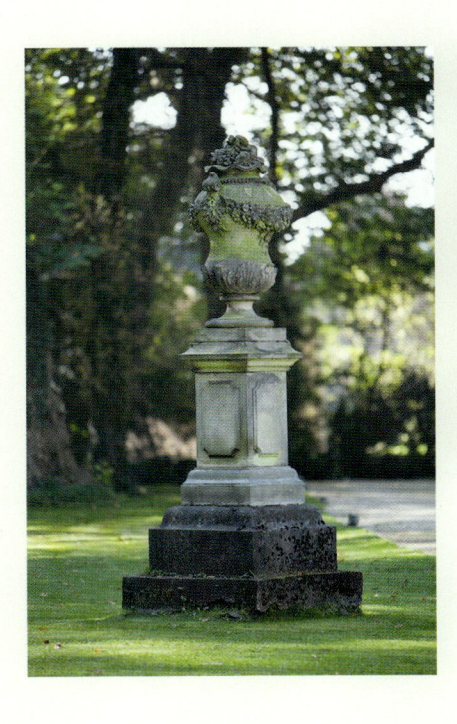

PAGE DE GAUCHE ET SUR CETTE PAGE

Le point de départ d'*Avantgarden*: respecter au maximum le caractère historique de ce parc et accentuer ses points forts. Le parc abandonné a été entièrement repris en main dans le respect de son authenticité.

AVANTGARDEN SA
Turnhoutsebaan 385
B - 2110 Wijnegem
TEL.: +32 (0)3 353 68 64
FAX: +32 (0)3 353 07 50
www.avantgarden.be
info@avantgarden.be

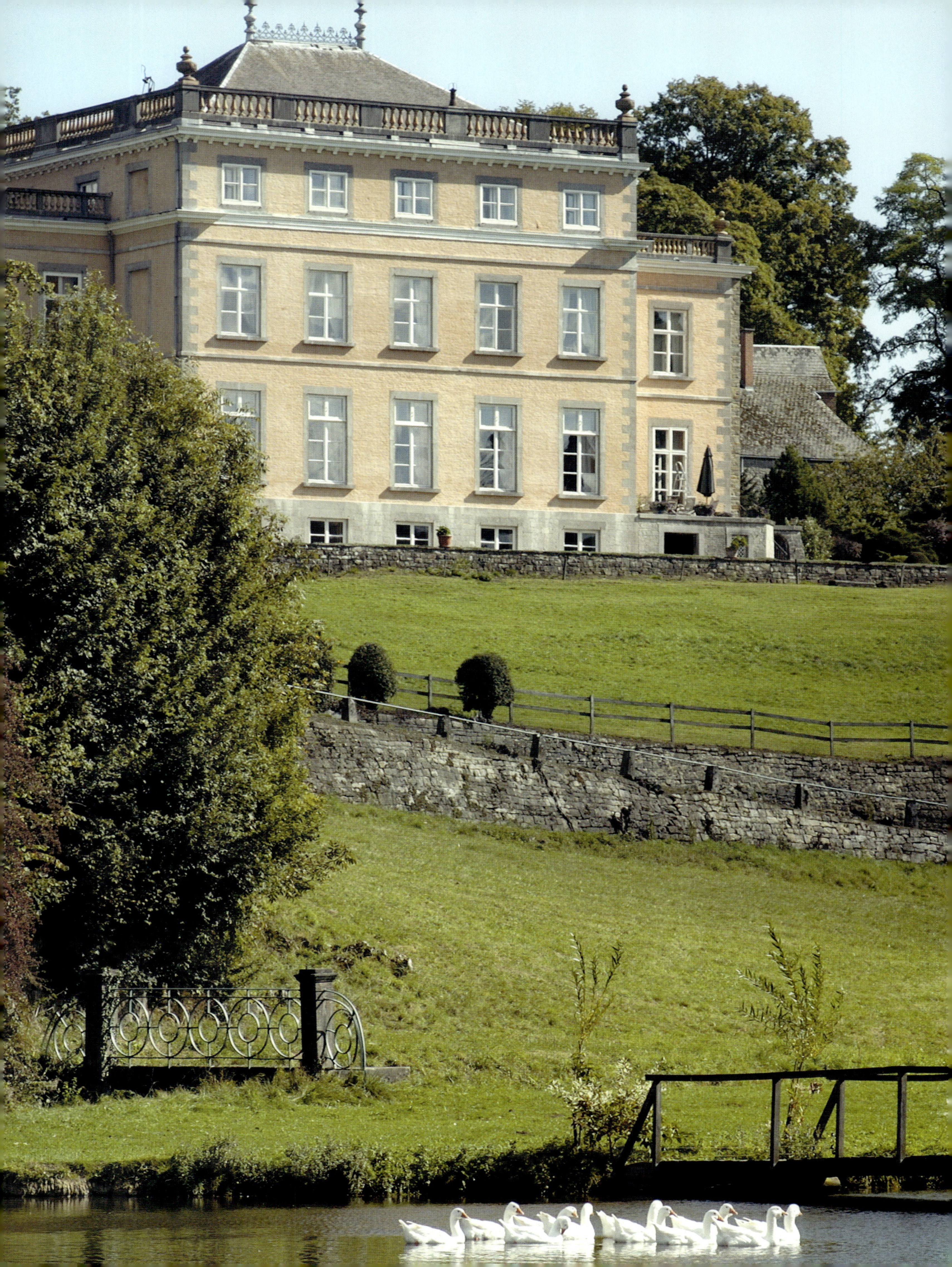

LE PARC-JARDIN RESTAURÉ
DU CHÂTEAU DE SAINT-FONTAINE

Vers la moitié du 19ième siècle, le Château de Saint-Fontaine, situé à la limite des provinces de Namur et de Liège dans le Condroz, a été entièrement reconstruit.

Le domaine, qui compte actuellement plus de 400 ha, a été entièrement restauré entre 1996 et 2003. Le parc-jardin quelque peu abandonné a été réhabilité par ses actuels propriétaires, qui l'ont agrémenté de nouvelles plantations.

Dès le début des travaux de restauration, le parc animalier a également été agrandi: un cheval et trois ânes, des chevreuils, des paons, des cygnes,... ont trouvé leur place dans le domaine.

Le potager est de la main de *Marie d'Ursel*; l'on doit néanmoins la restauration du parc-jardin en grande partie à la passion et à la persévérance des propriétaires.

PAGE DE GAUCHE ET CI-DESSUS
Une allée de tilleuls récemment plantée mène au château restauré.

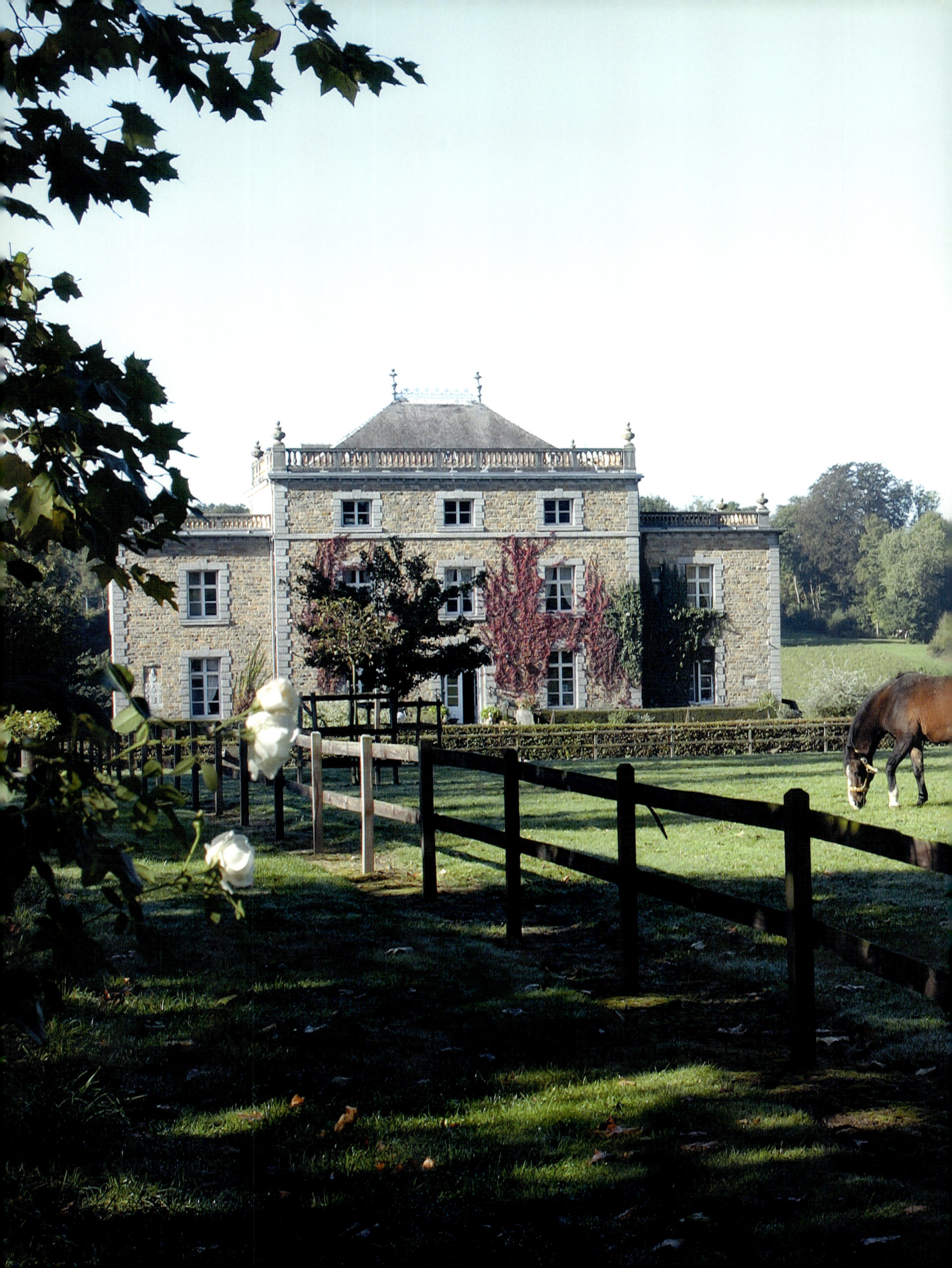

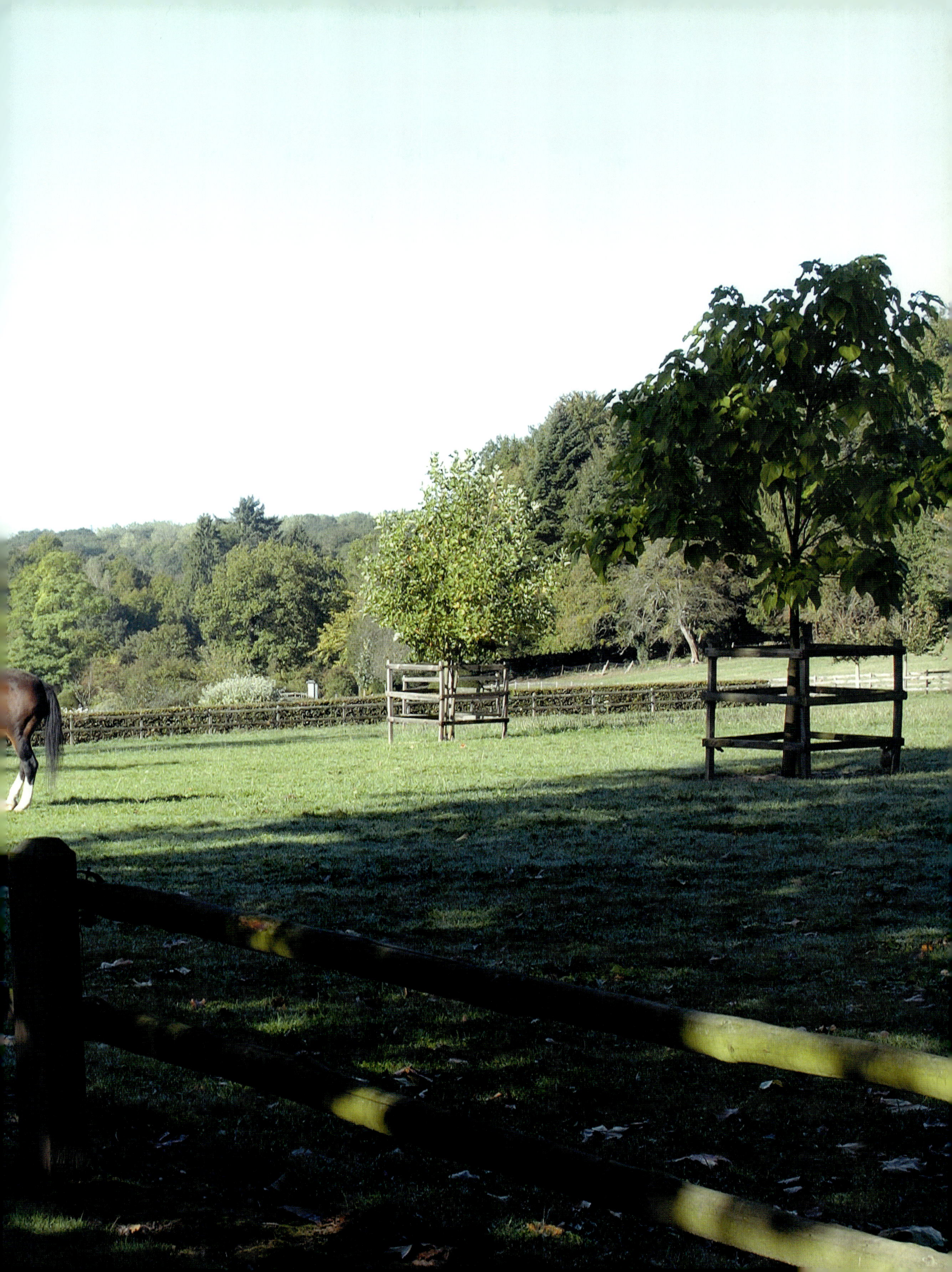

PP. 26-29

Le domaine du Château de Saint-Fontaine est un véritable havre de paix pour les animaux.

Pages suivantes
Le domaine de 400 ha est traversé par la rivière de *L'Ossogne*.

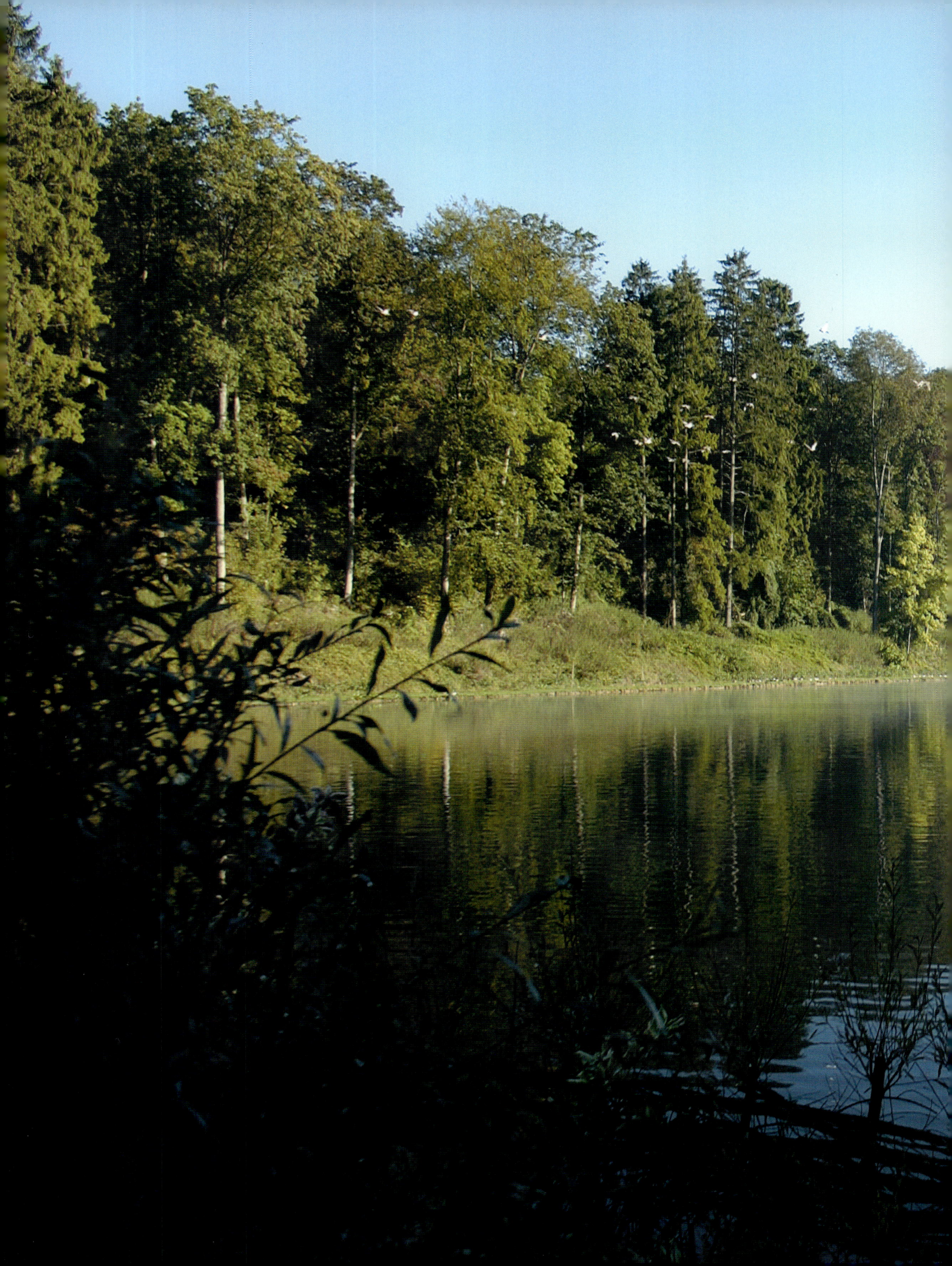

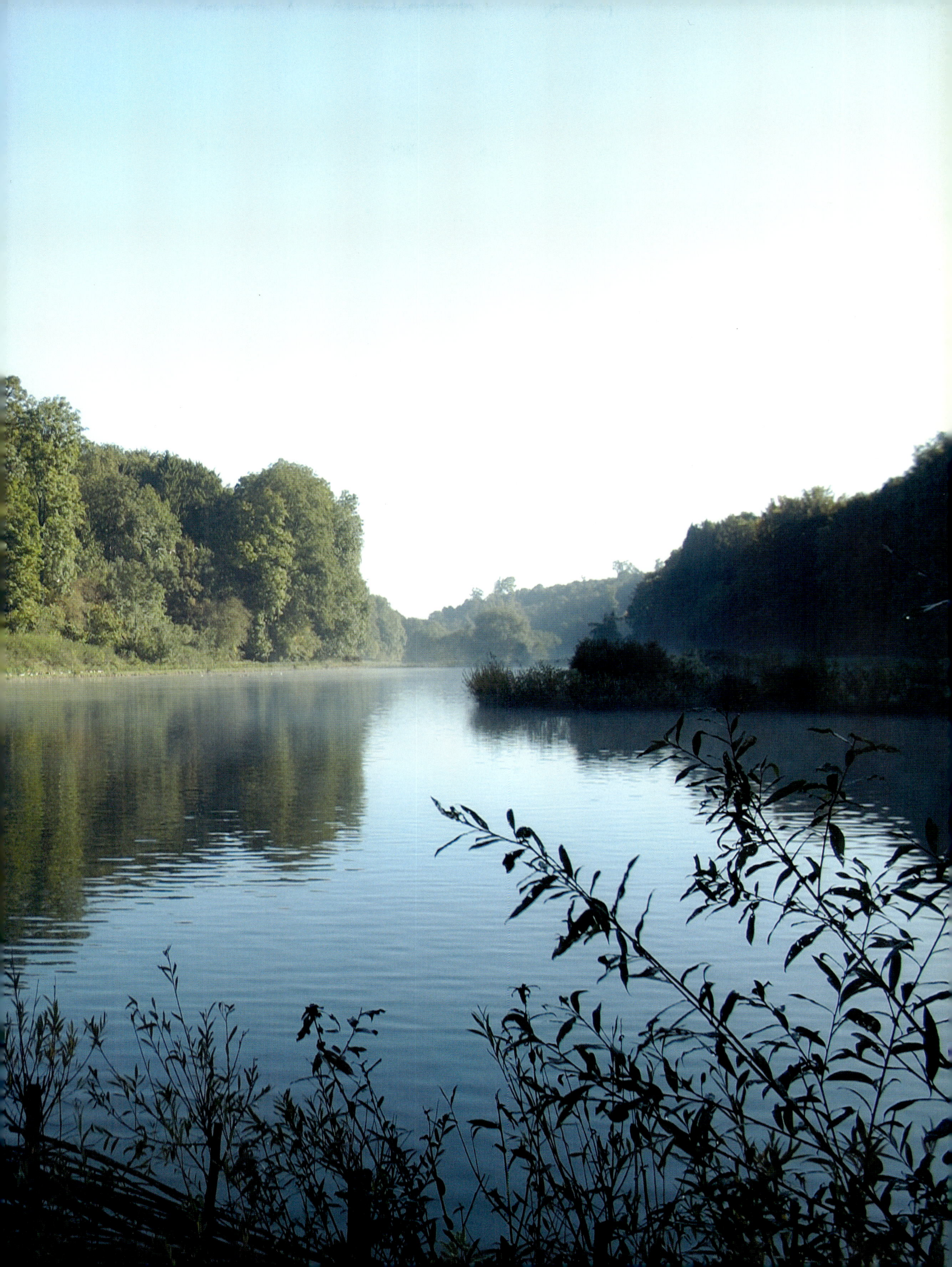

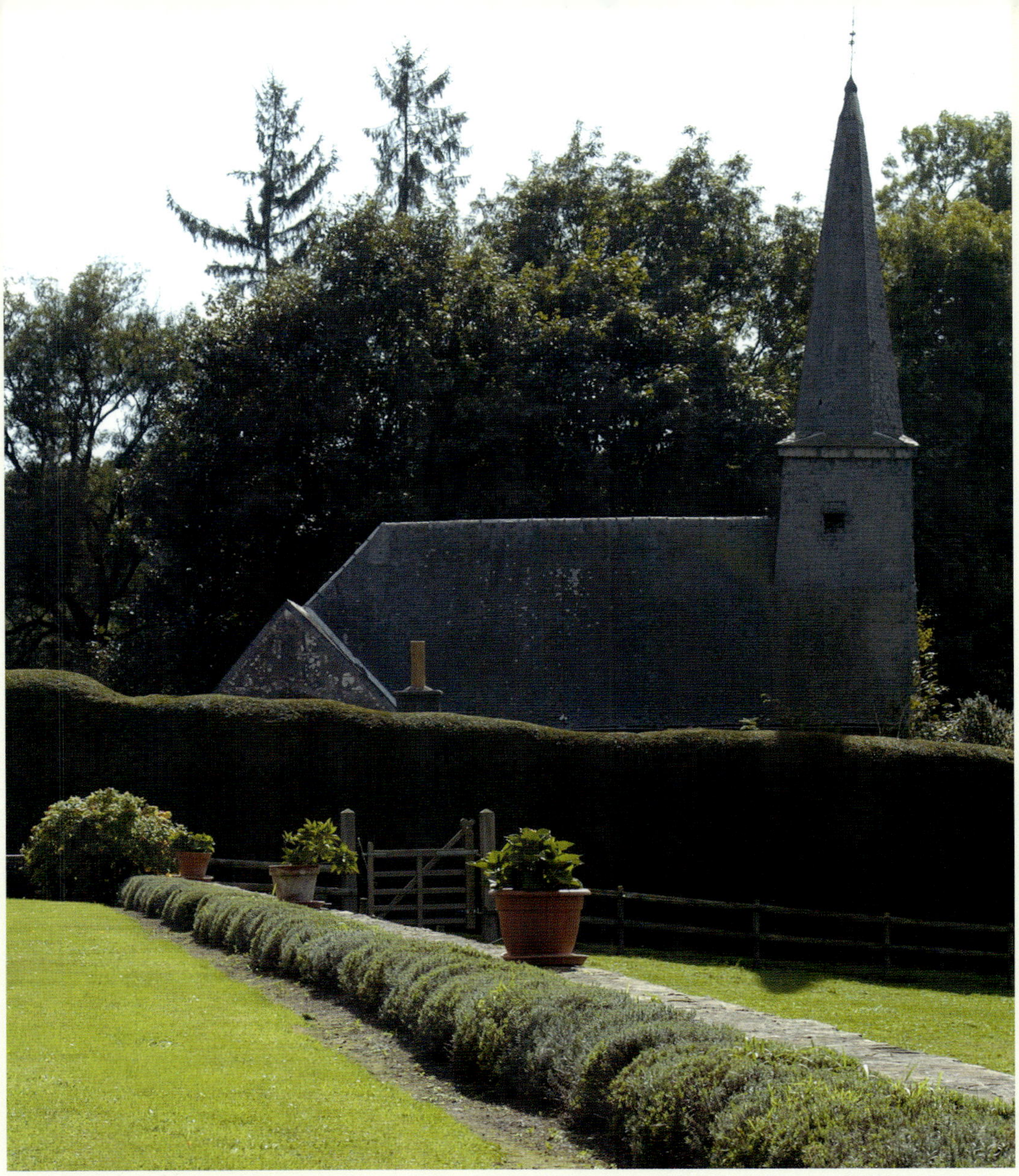

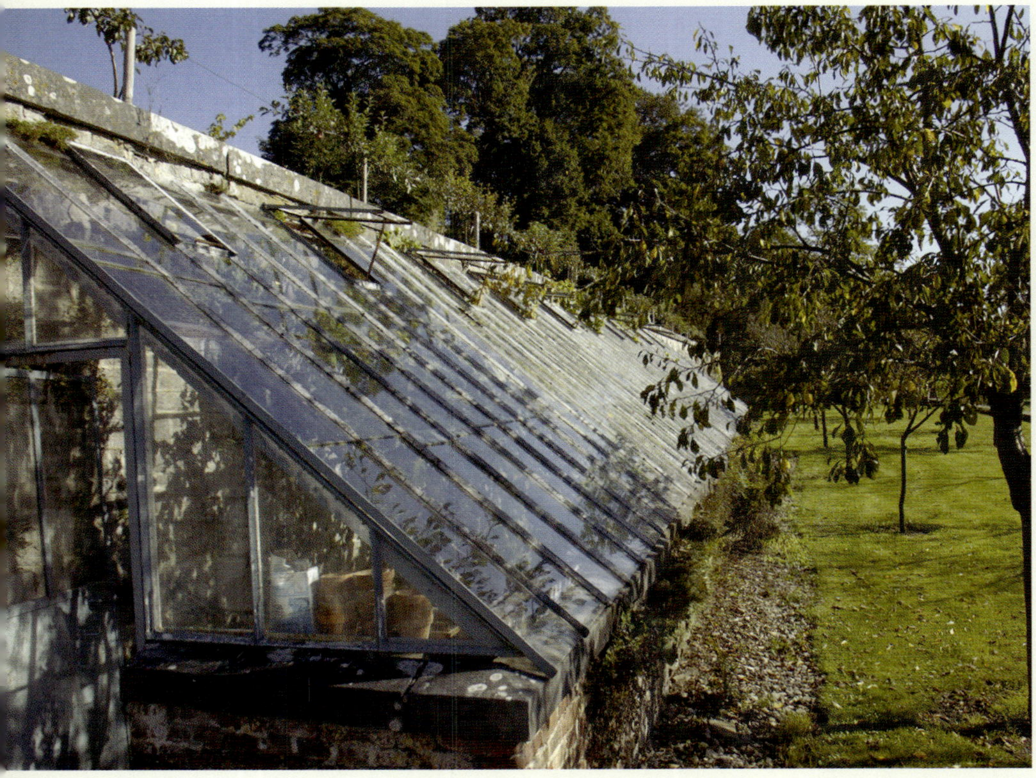

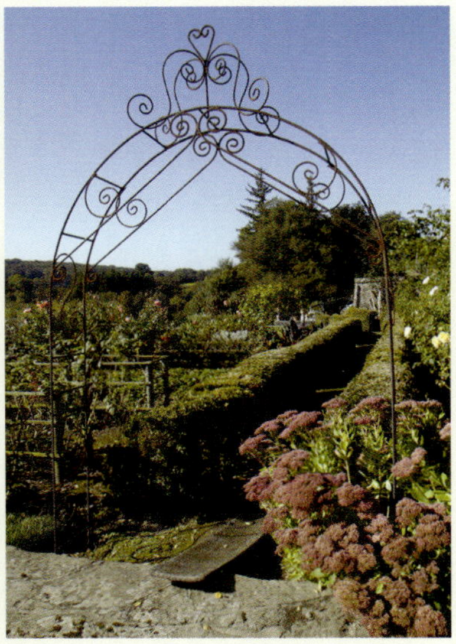

PP. 32-33

Le caractère historique des lieux a été entièrement respecté par les propriétaires, qui l'ont néanmoins adapté aux exigences de confort modernes.

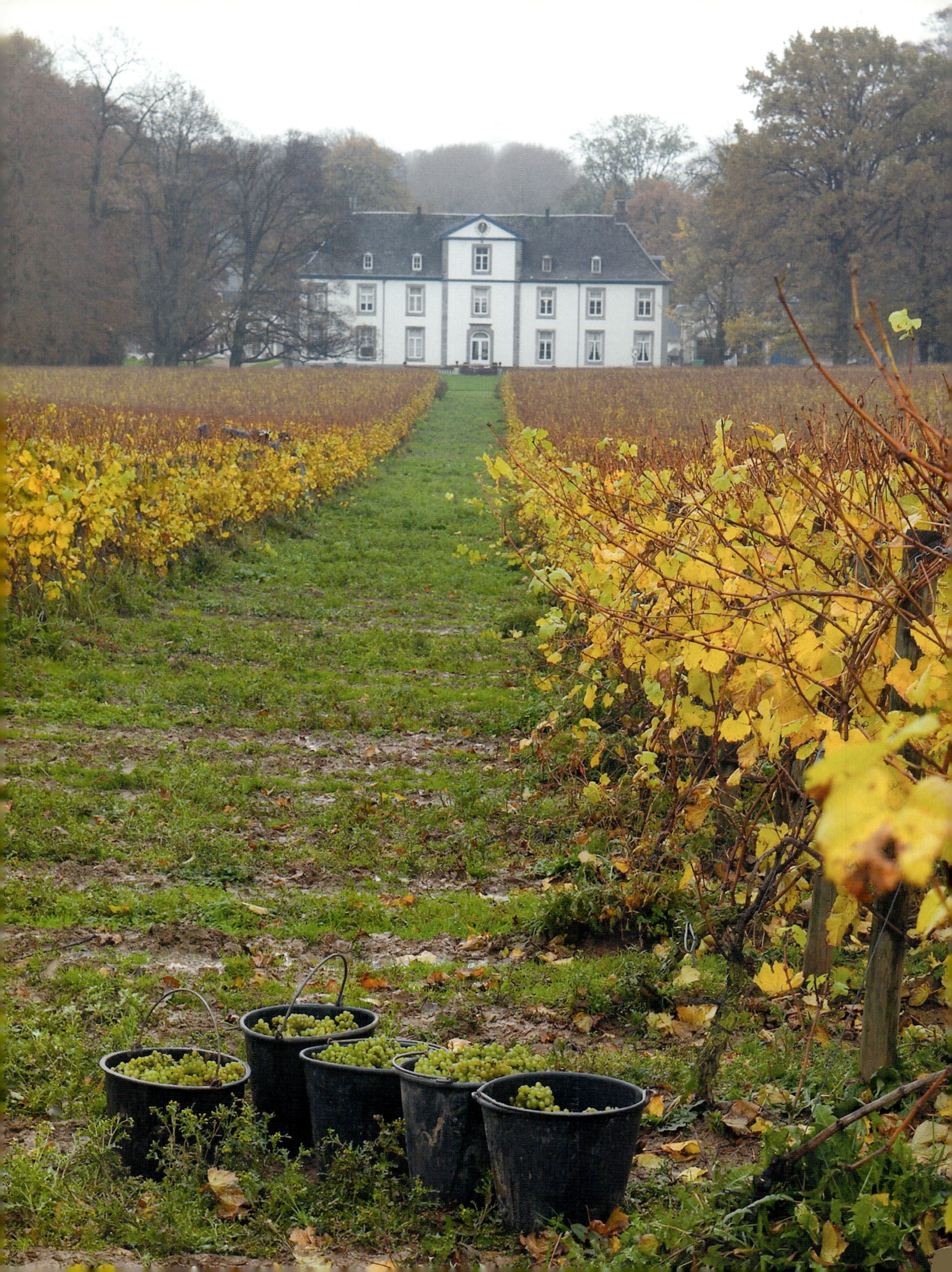

LE CHÂTEAU VITICOLE DE GENOELS-ELDEREN IMPLANTÉ DANS UN SOMPTUEUX ÉCRIN

Depuis 1990, la famille *van Rennes* est propriétaire du château de Genoels-Elderen, le seul château viticole de Belgique.
Déjà en 200 après J.-C., la viticulture a été introduite sur ce domaine, mais cette activité a cessé en 1812 sous *Napoléon*.
Lorsque la famille *van Rennes* réalise ses premiers essais en 1991 et plante des vignes deux années plus tard, elle perpétue donc en quelque sorte une ancienne tradition.
Aujourd'hui, le domaine se compose d'un vignoble de 16 ha – le plus grand de Belgique - dont 95% de *Chardonnay* et 5% de *Pinot Noir*. Le vin de Genoels-Elderen a remporté au cours des dernières années de nombreux prix internationaux et figure à la carte des vins des plus prestigieux restaurants d'Europe.

PP. 36-37
Sur ce domaine, un premier château fut construit en 1140. Le deuxième château fut détruit par les habitants de Tongres au cours de la première moitié du 18ème siècle en raison de sympathies avec la Hollande. Le château actuel fut construit vers 1750 et modernisé un siècle plus tard: les lucarnes et les grandes fenêtres datent de cette période.

PP. 38-39
Allée bordée de tilleuls hollandais d'environ 120 ans.

PAGE DE GAUCHE ET CI-DESSUS
Après 180 ans d'inactivité, la viticulture a été réhabilitée dans le domaine de Genoels-Elderen.
Le château offre une vue magnifique sur la nature.

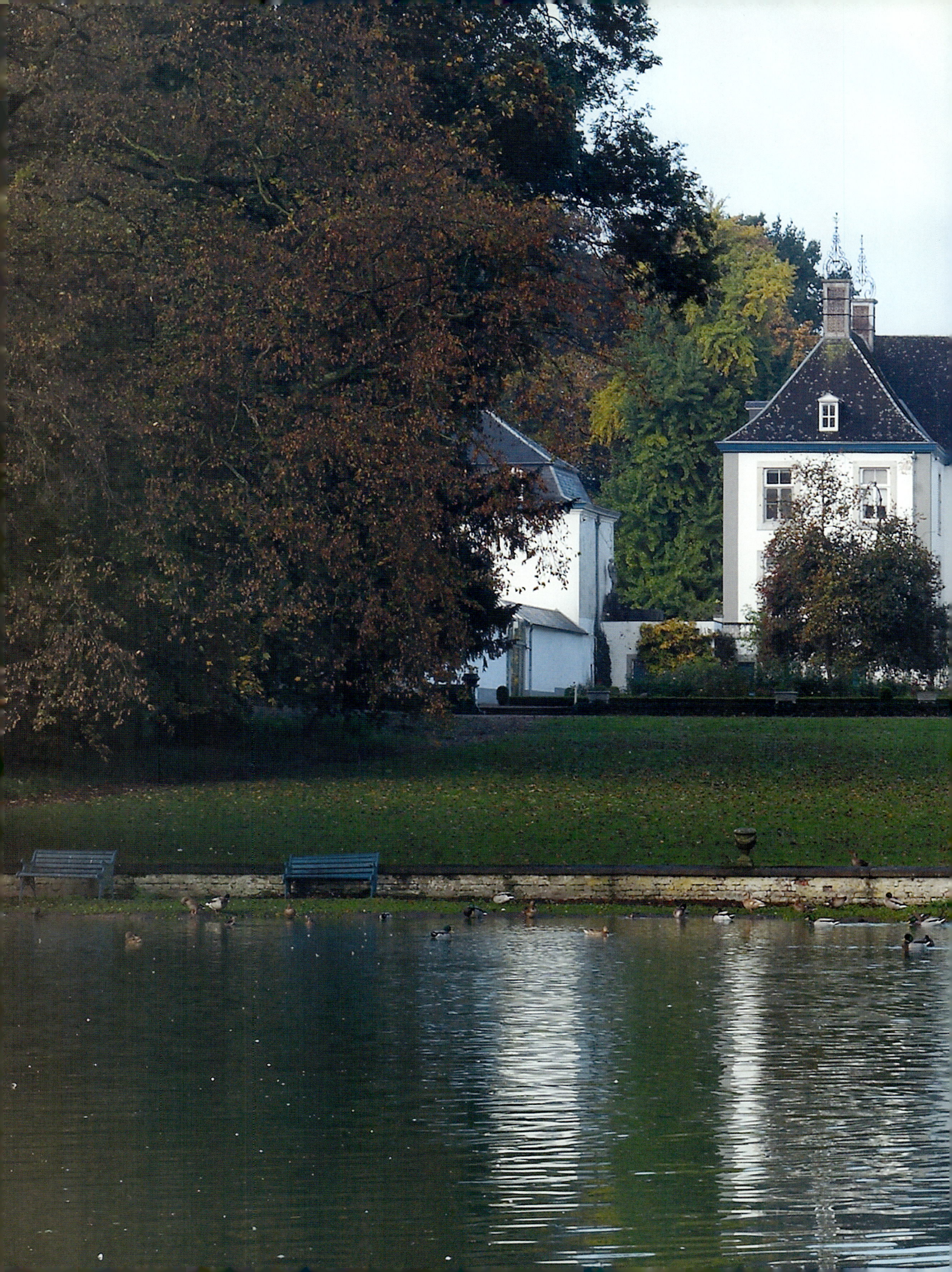

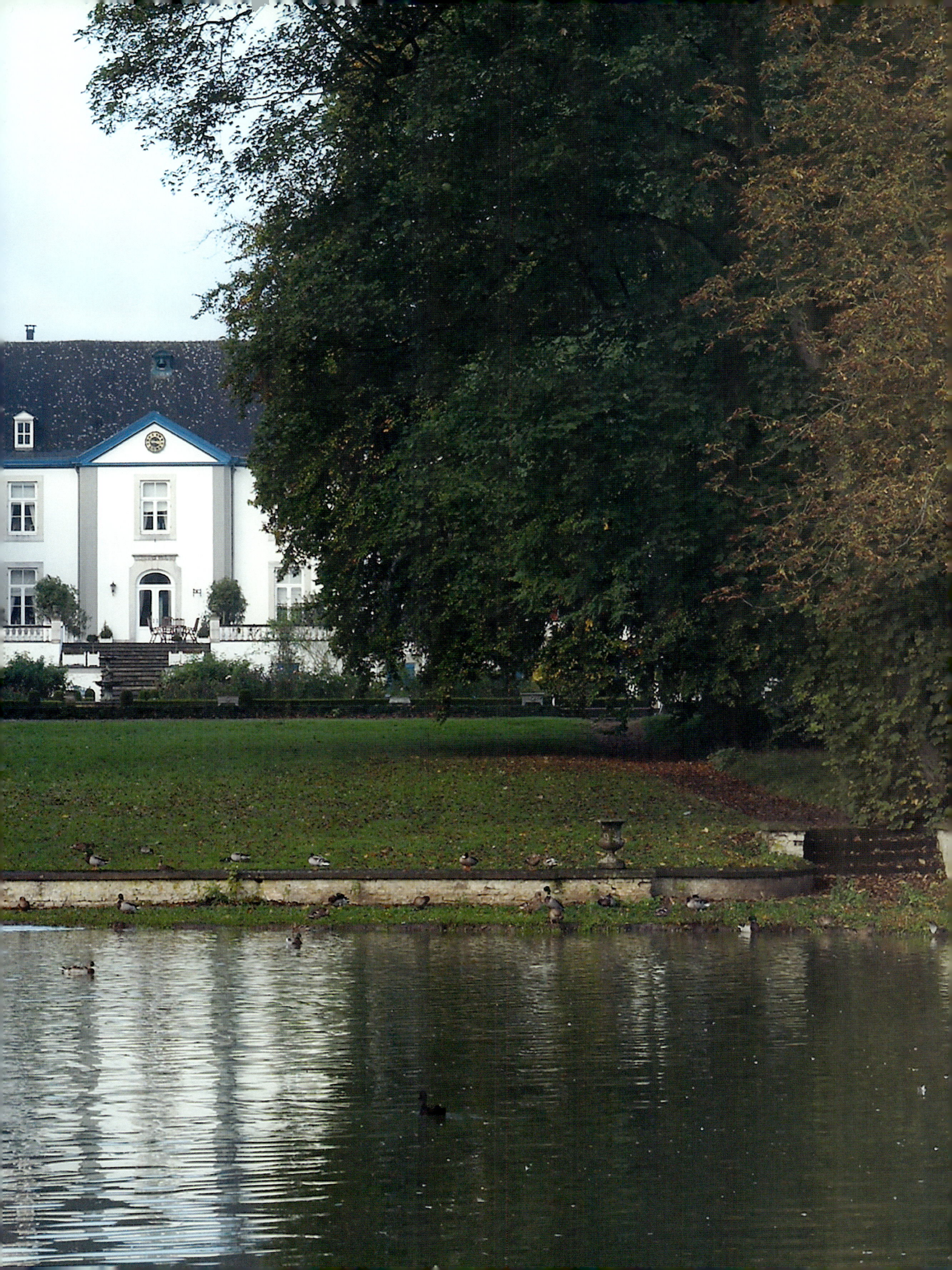

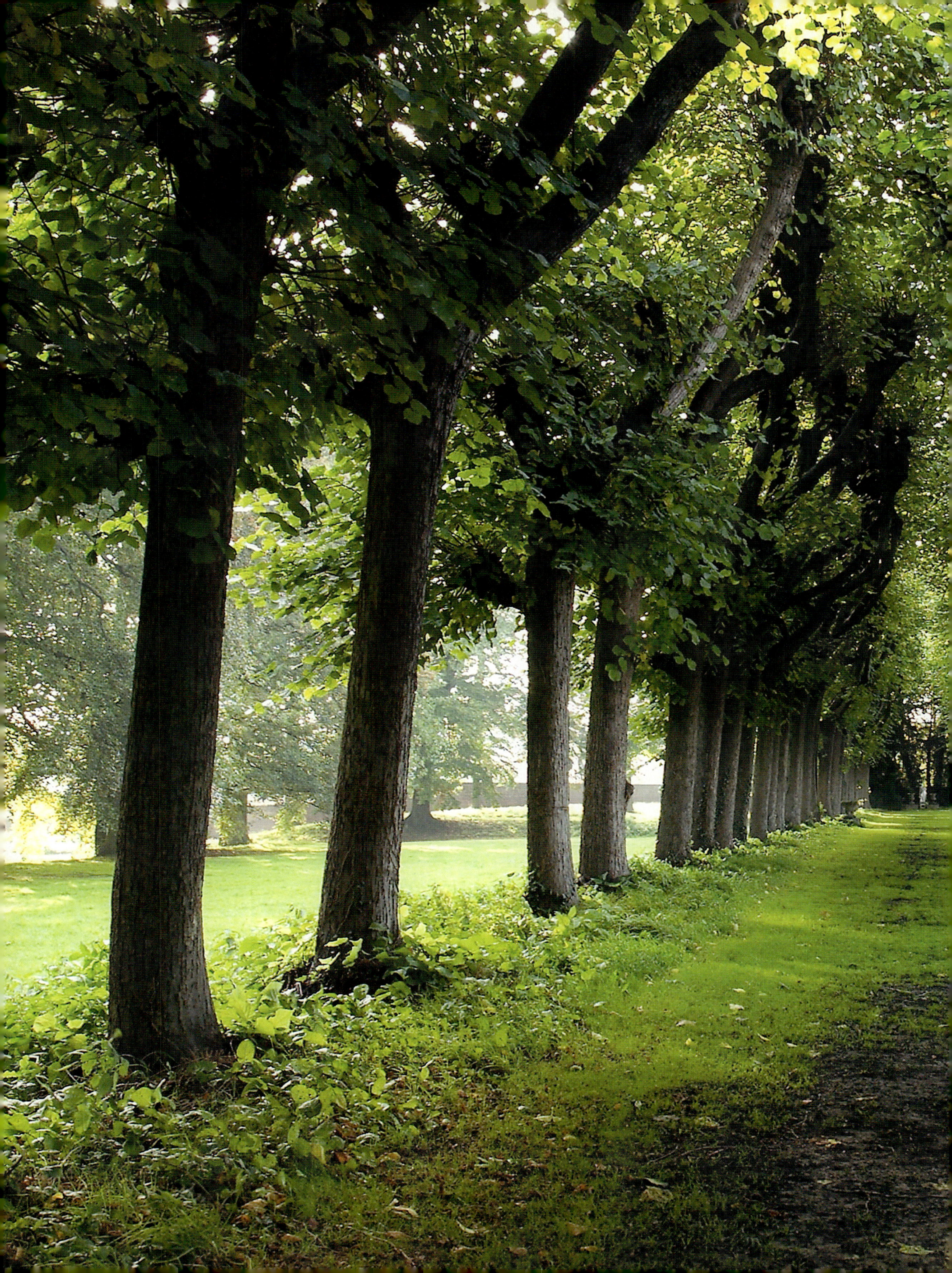

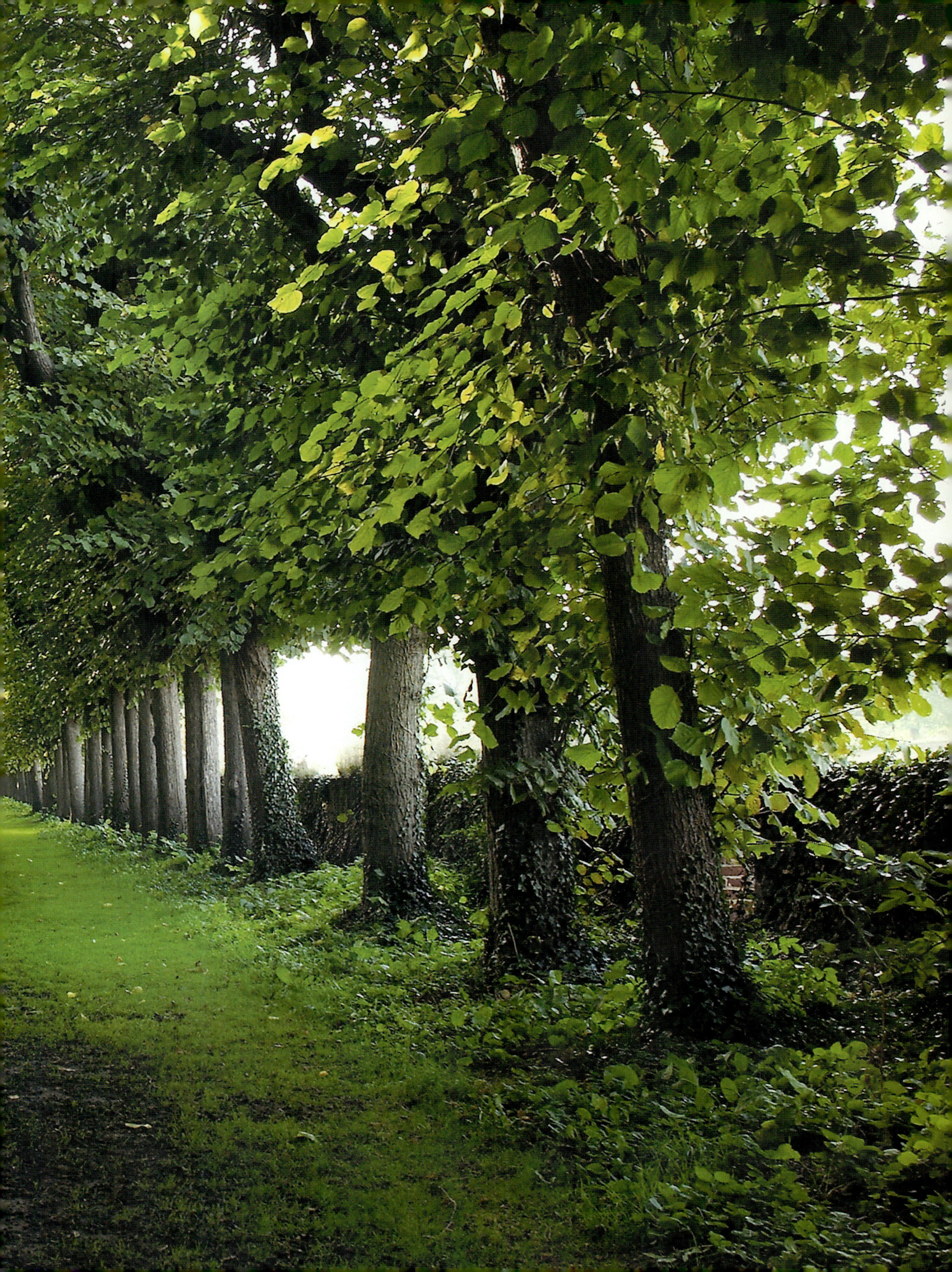

Ci-dessus

Les buis ont été plantés par madame *van Rennes*. La fontaine a été trouvée dans une ancienne villa anversoise. L'allée des peupliers à l'arrière-plan mène à un tumulus romain.

La ferme viticole. A l'avant-plan, un vignoble expérimental.

Il n'y a pas que la culture de la vigne qui a été réhabilitée: le château du 18ème siècle et le parc ont aussi été minutieusement restaurés. La contribution de madame *van Rennes* a été précieuse: elle a aménagé un jardin de roses comptant 32 variétés différentes, a imprimé une structure au parc en plantant des haies et boules de buis,... Aujourd'hui, le château de Genoels-Elderen dégage une *joie de vivre* débordante: résultat de plus de dix années de dur labeur.

Château viticole de Genoels-Elderen
Kasteelstraat 9
B - 3770 Riemst
TEL.: +32 (0)12 39 13 49
www.wijnkasteel.com

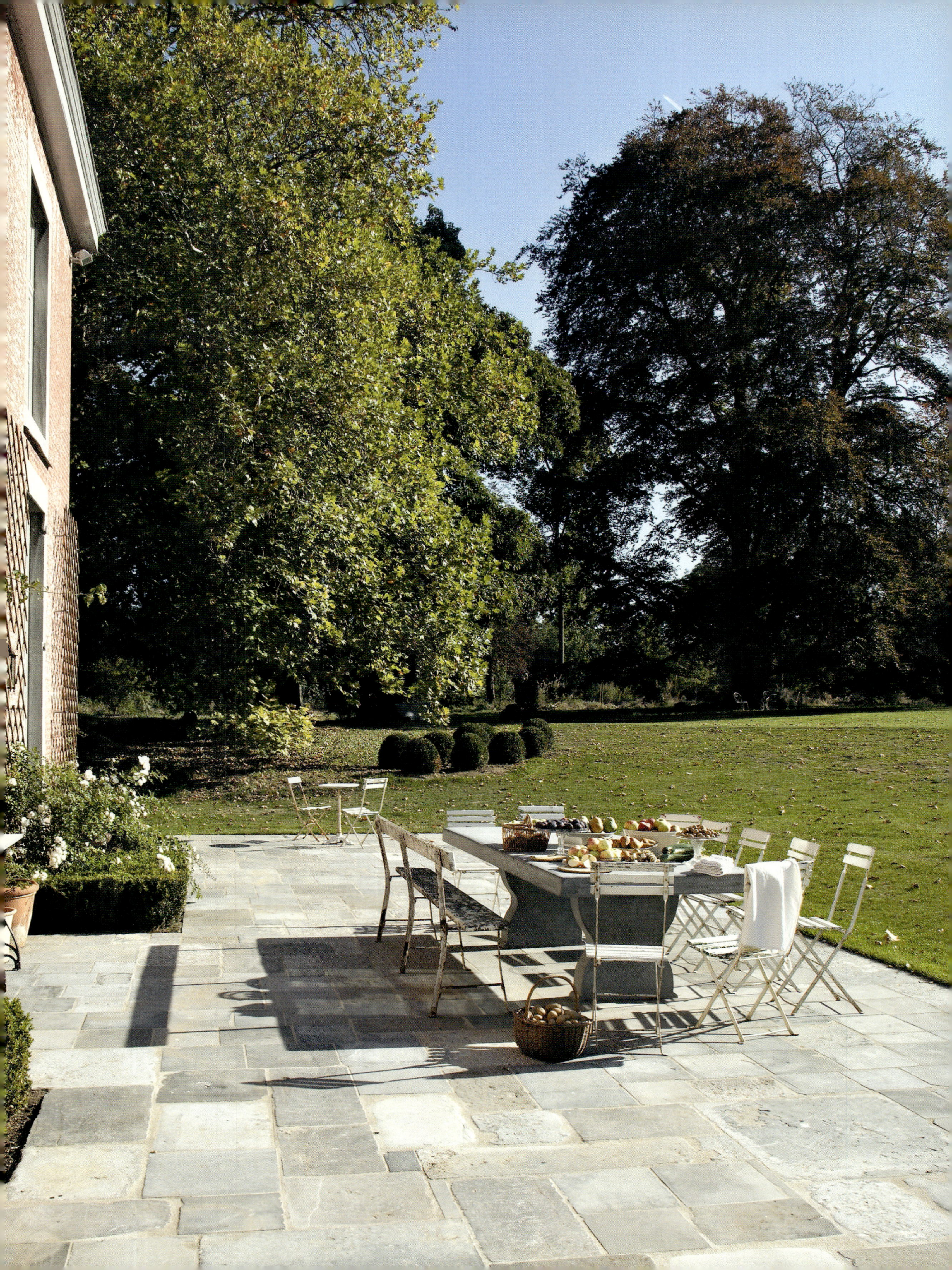

LE PARC-JARDIN D'UNE MAISON DE CAMPAGNE DU 19ᵉᵐᵉ SIÈCLE EN HESBAYE WALLONNE

Une jeune famille a acheté en 1999 une authentique demeure de campagne en Hesbaye wallonne. Cette maison date du 19ème siècle et est répertoriée patrimoine exceptionnel.
Les travaux de restauration débutent dans l'enthousiasme le plus complet, en veillant à respecter au mieux le caractère historique de la demeure.

Cette maison de campagne est entourée d'un parc séculaire qui a été restauré par ses actuels propriétaires avec autant de persévérance que de recherche d'authenticité. Le parc avait été laissé à l'abandon pendant 40 années, mais a pu être réhabilité grâce à l'aide d'*Antoine le Hardÿ*. Cet arboriculteur et éminent auteur a prodigué des conseils pour le choix des nouvelles plantations (*Cornus controversa, Nyssa sylvatica, Enkianthus campanulatus*,...). Le domaine comporte également deux arbres exceptionnels repris au catalogue *de Spoelberch*: un *Cladastrus lutea* ou virgilier (l'un des plus grands de Belgique) et un *Acer pseudoplatanus* (érable sycomore).

PAGE DE GAUCHE ET CI-DESSUS
Fruits et légumes de la propre récolte.
La terrasse se compose de dalles en pierre bleue récupérées chez l'antiquaire en matériaux de construction *Kersten* de Guihoven, qui a également fourni la table en pierre bleue.

PAGES SUIVANTES
La restauration de cette maison de campagne n'est que très récente; en 2003, de jeunes arbres ont encore été plantés.

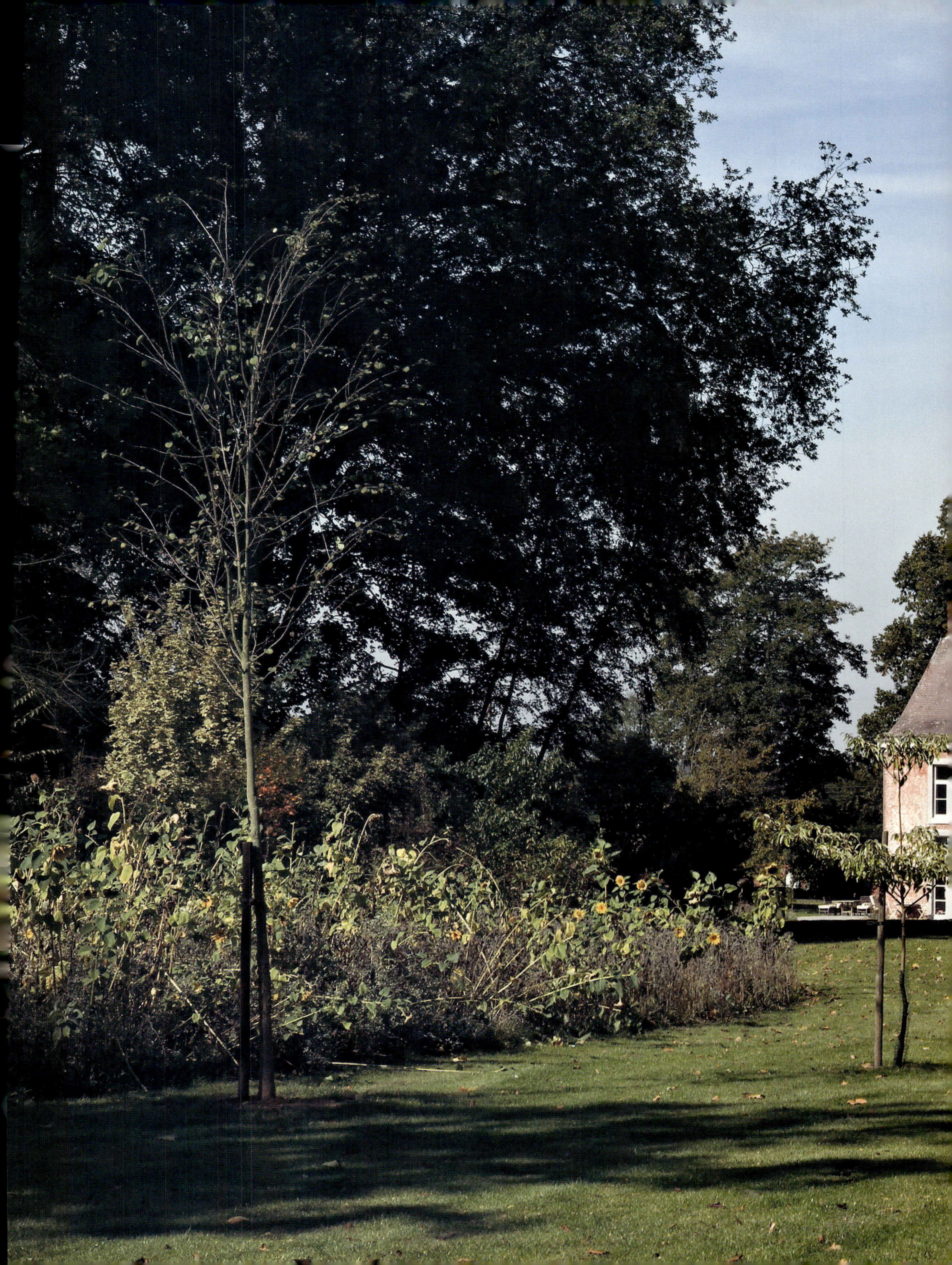

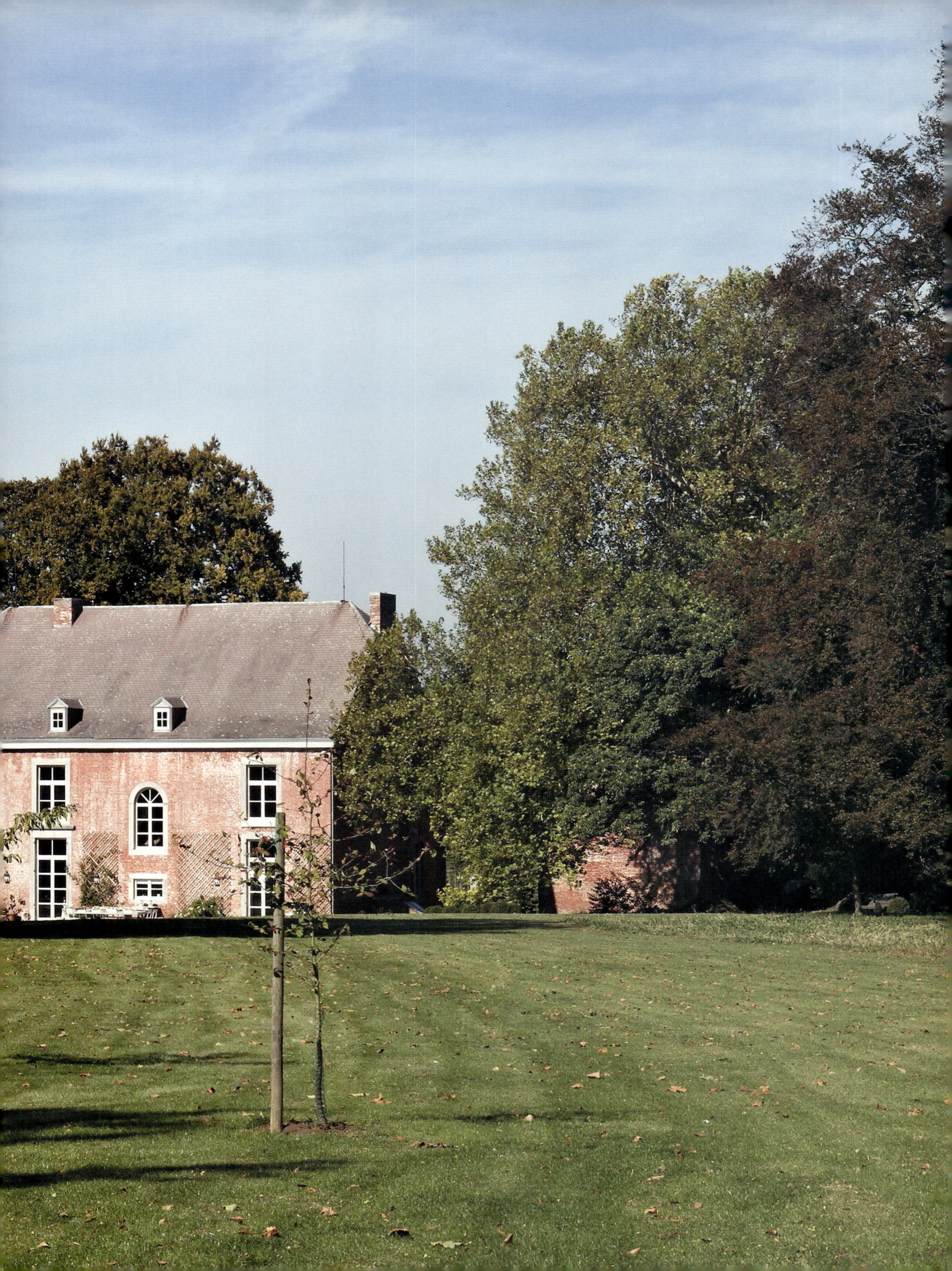

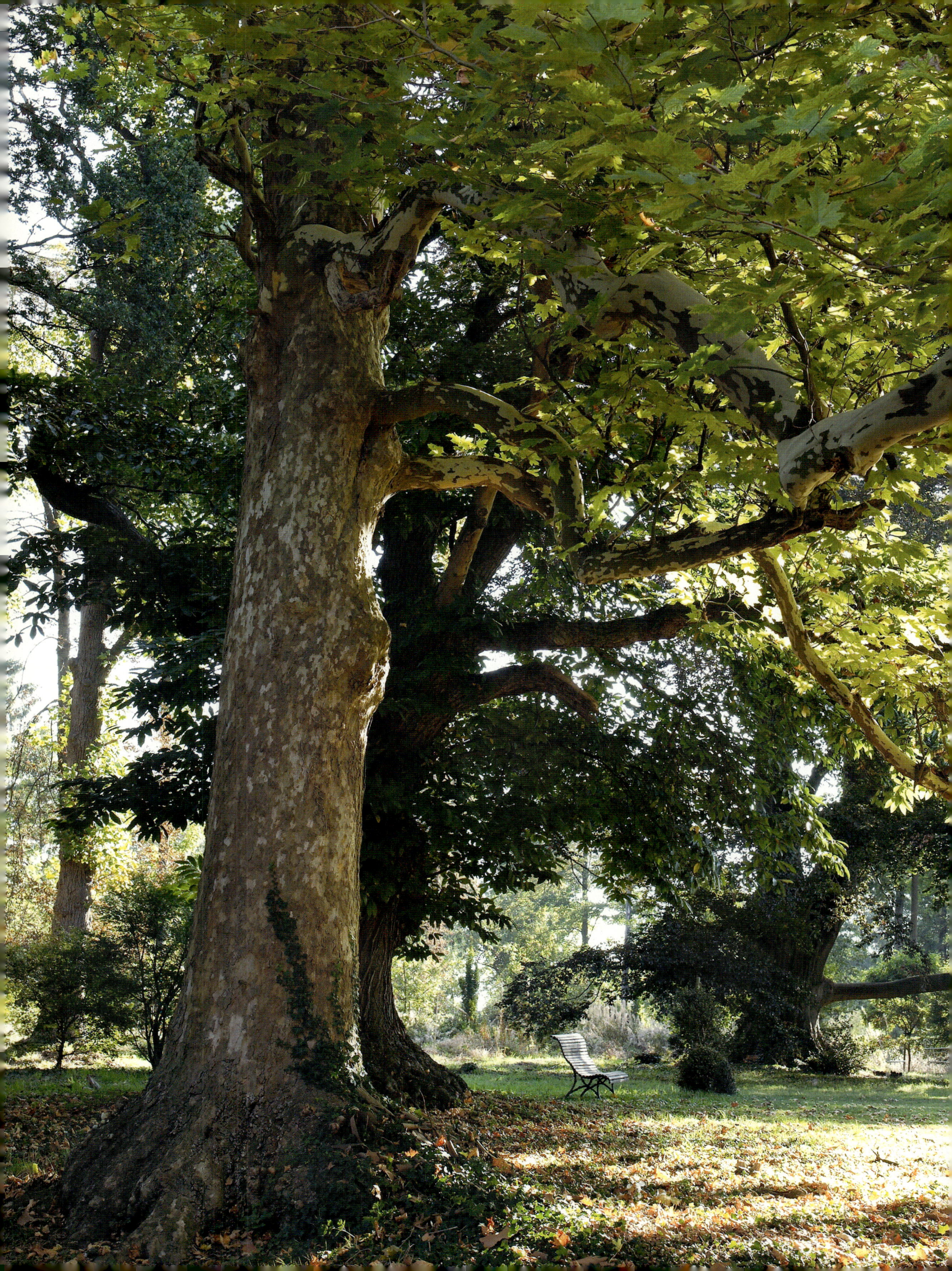

Ci-dessus
L'annexe qui mène au potager est le lieu de repos idéal
pour les poules d'une espèce particulière ("wyandottes")
qui s'ébattent ici en toute liberté.

Le patrimoine arboricole de ce parc séculaire est remarquable; deux exemplaires sont repris au catalogue *de Spoelberch*.

PARCS ET JARDINS DE CHÂTEAUX | 47

CI-DESSUS

La petite table et les chaises ont été trouvées sur le marché aux puces local.

CI-CONTRE

Il faudra encore attendre plusieurs années avant que les rosiers recouvrent la façade arrière.

48 | Parcs et jardins de châteaux

Pintades en liberté.

L'allée fait partie du parc. Le long du chemin, un pré fleuri a été semé récemment.

PARCS ET JARDINS DE CHÂTEAUX

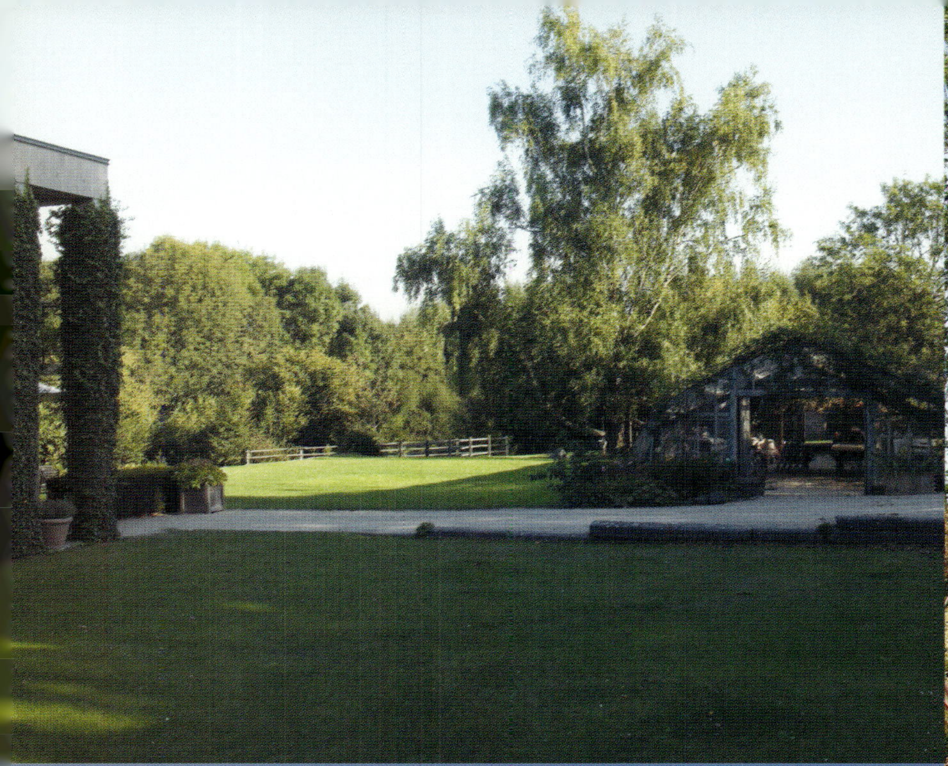
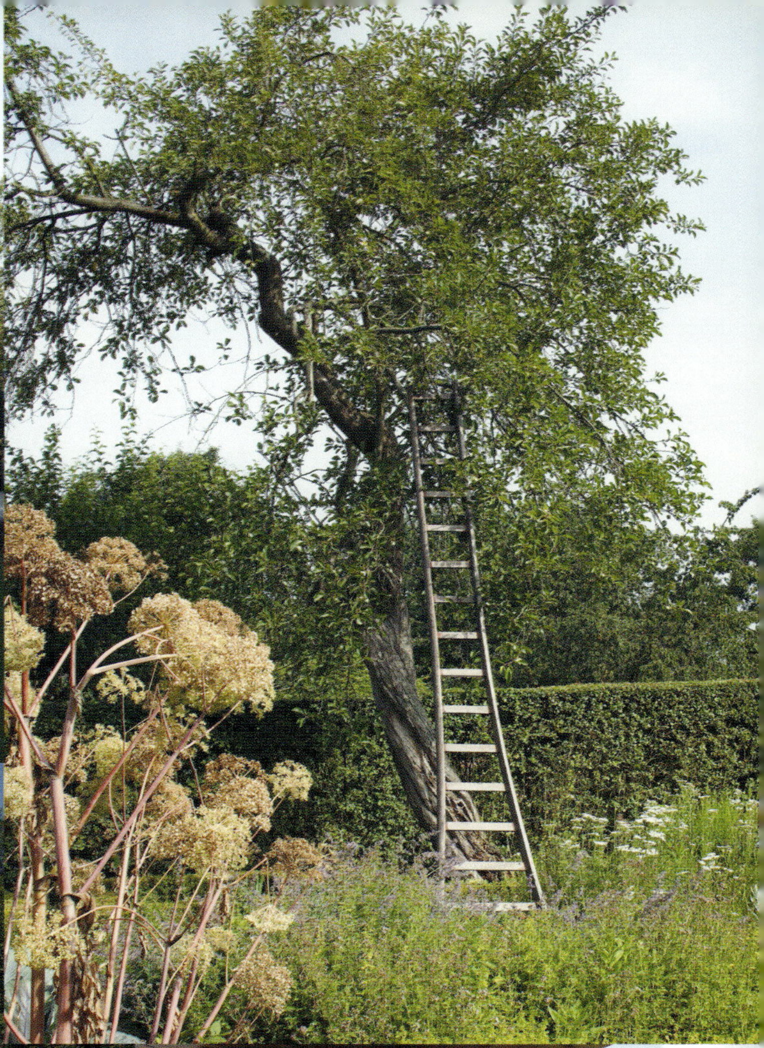
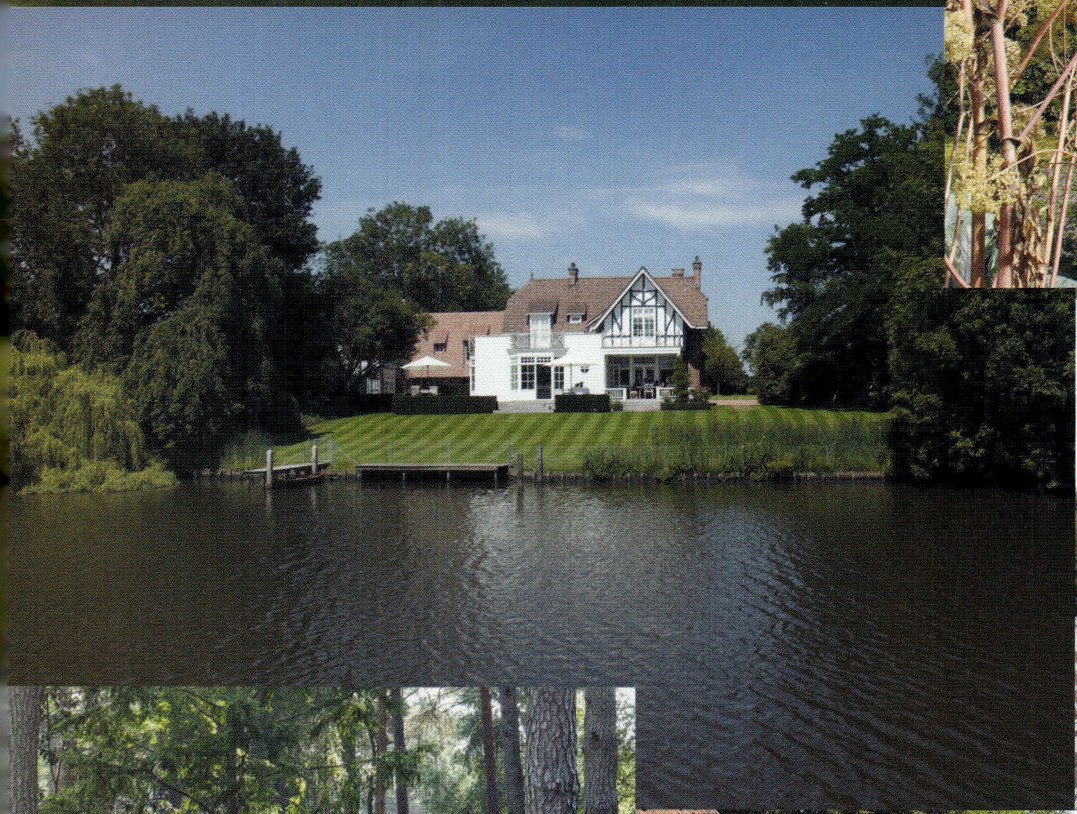
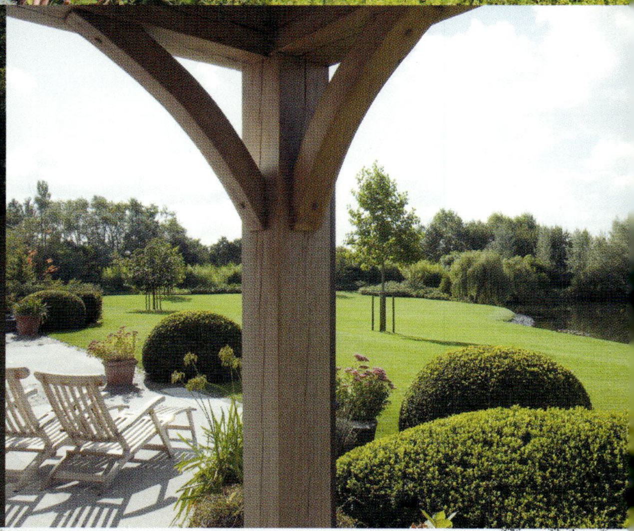
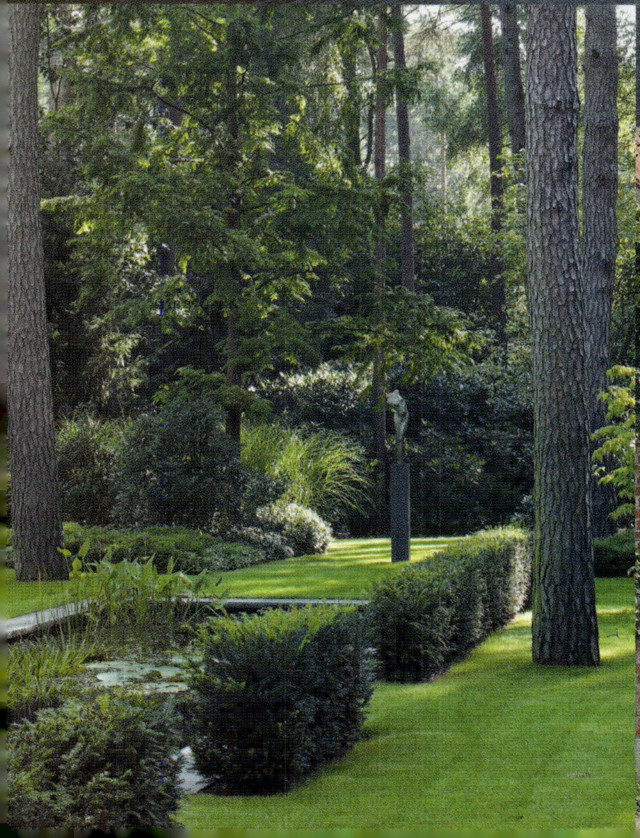
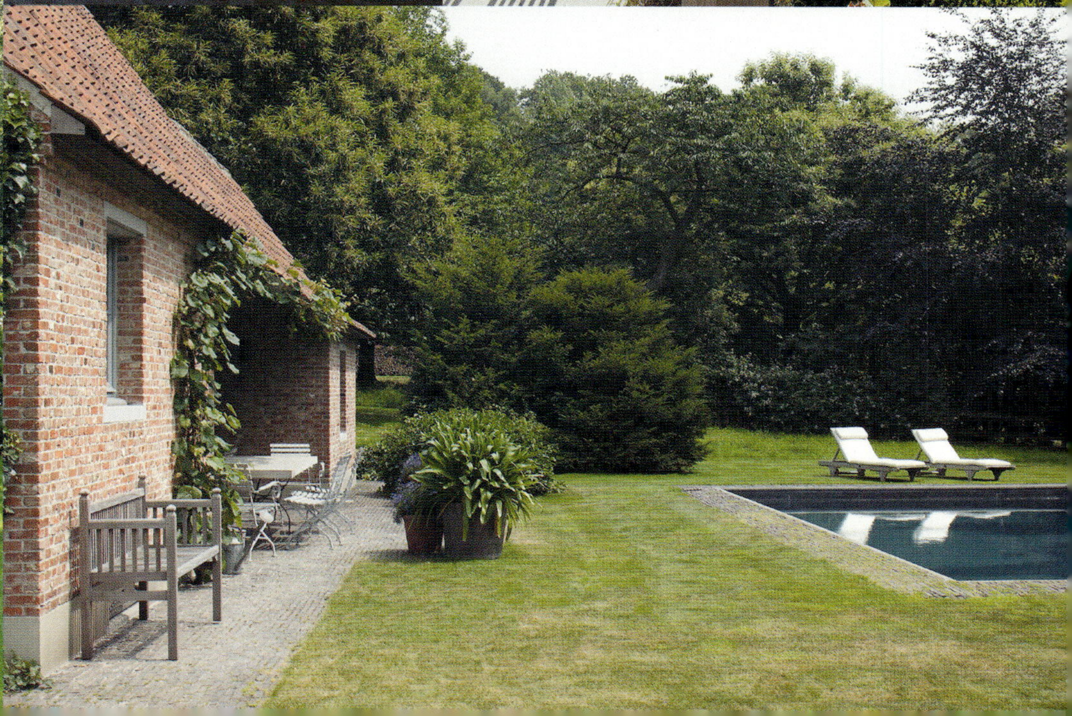

PARTIE II

JARDINS CAMPAGNARDS

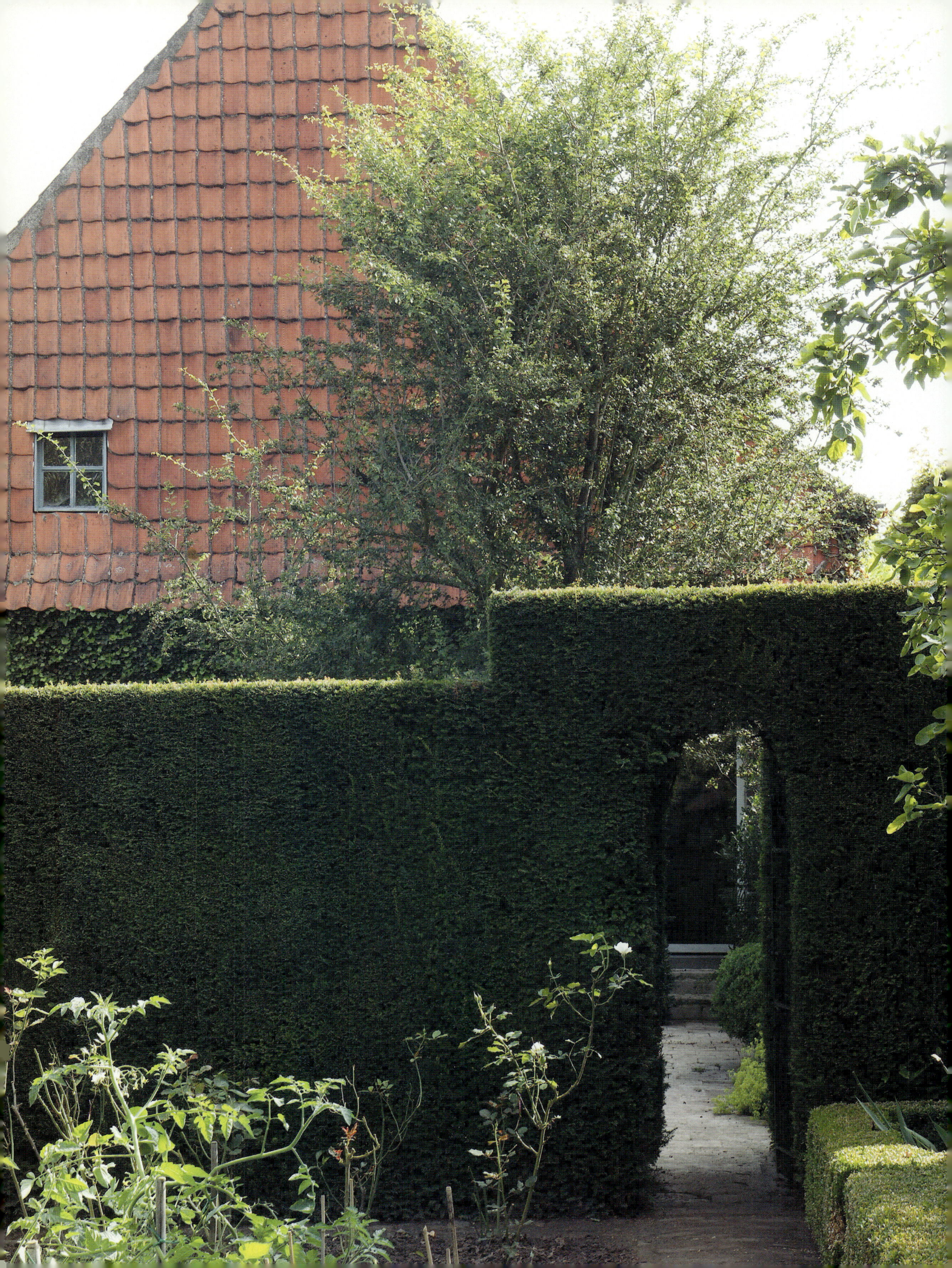

ROBERT CUYPERS: UNE RECHERCHE PERMANENTE D'AUTHENTICITÉ

Robert Cuypers est vétérinaire de formation. En 1971, l'illustre architecte *Raymond Rombouts* va rénover sa ferme quelque peu délabrée: c'est le début d'une longue complicité dans le travail.

A la tête d'un énorme cheptel de moutons de Texel et du Suffolk (env. 500 brebis), *Cuypers* a entretenu les jardins de nombreux clients de *Raymond Rombouts* : en été, ses moutons venaient paître les vastes prairies de grands domaines et en hiver, ils étaient logés dans les étables de *Cuypers*.

Par ailleurs, en tant que fervent collectionneur d'anciens buis, *Cuypers* a intensifié ses contacts avec *Rombouts*, qui a fait appel à lui pour l'aménagement et l'entretien de divers jardins.

En 1987, *Cuypers* abandonne l'exercice de la médecine vétérinaire pour se consacrer exclusivement à sa passion.

Autodidacte, *Robert Cuypers* va acquérir une notoriété, au-delà même du cercle sélect des clients de *Rombouts*. En 2002 et 2003, il fut premier et deuxième lauréat du concours flamand "De Vlaamse Tuinaannemer".

A l'image de son tuteur, *Cuypers* attache de l'importance à l'authenticité et à l'équilibre naturel entre la maison, le jardin et la nature environnante.

Le jardin de *Cuypers*, présenté dans ce reportage, en est une parfaite illustration.

La haie basse est constituée de buis (*Buxus suffruticosa*), une variété à croissance très lente qui ne doit être taillée que d'un seul centimètre par an. De cette manière, la plante de buis peut pousser de manière naturelle.

A droite sur la photo, une haie d'aubépine parallèle au chemin de pierre. *Cuypers* a créé un mur de haies de 60 m de long qui fait écran entre la maison et la rue.

PAGES SUIVANTES
De sa maison, *Cuypers* profite d'une vue sur un site protégé. A gauche sur la photo, une maison d'hôtes ; devant une sélection de la vaste collection de buis (*Buxus sempervirens*) que Cuypers possède en plus de mille exemplaires et qui ont souvent plusieurs années d'âge. A droite, un ancien verger avec entre autres un poirier centenaire et des cerisiers d'environ 35 ans.

PAGE DE GAUCHE
Une ancienne ferme à toiture plate a été transformée par *Raymond Rombouts* en une authentique ferme parfaitement intégrée dans le paysage.
Dans le jardin, *Robert Cuypers* a créé huit clos qui s'enchaînent de manière logique au moyen de sentiers et de haies. La haie d'ifs taillée a trente-cinq ans.

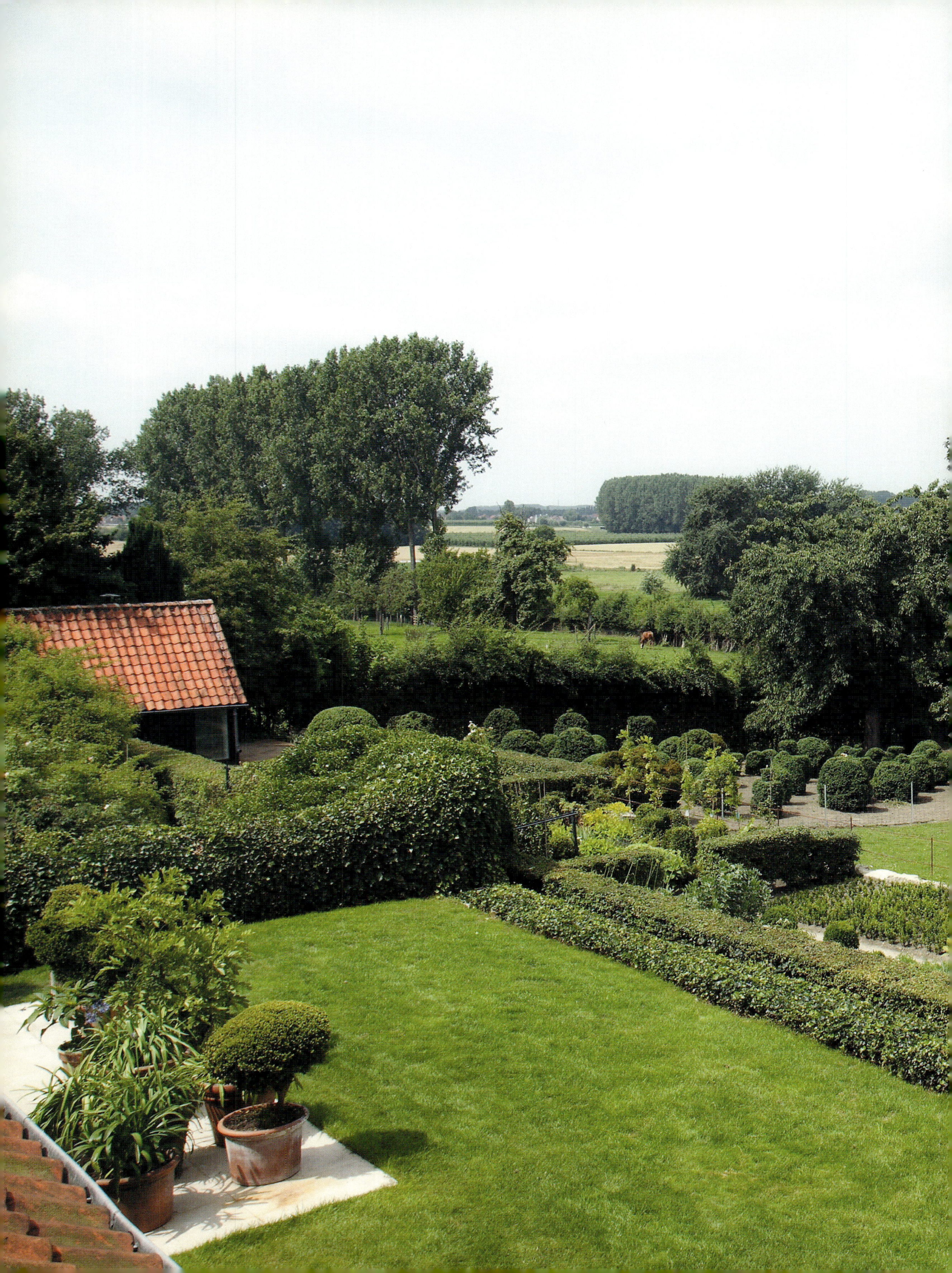

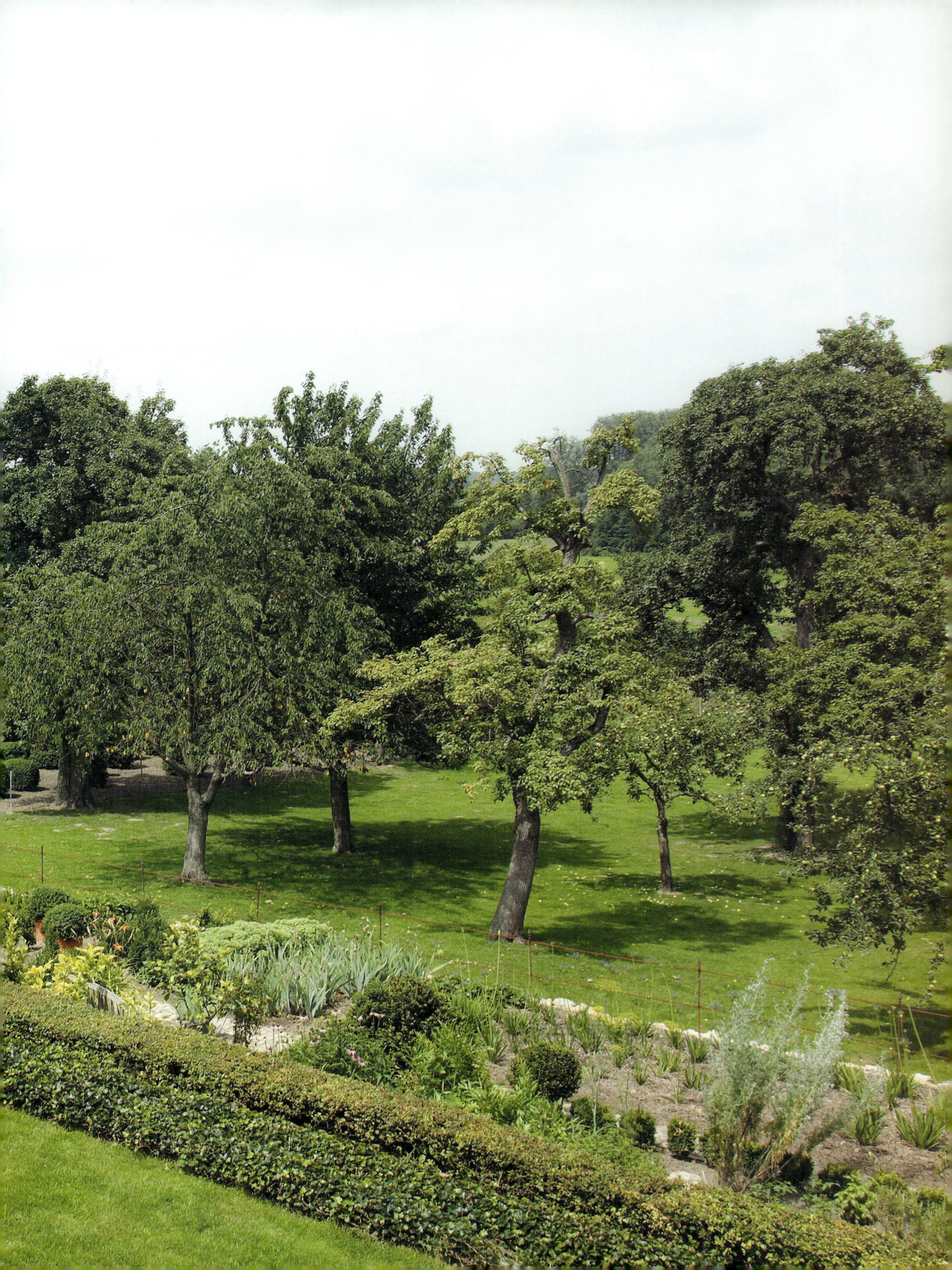

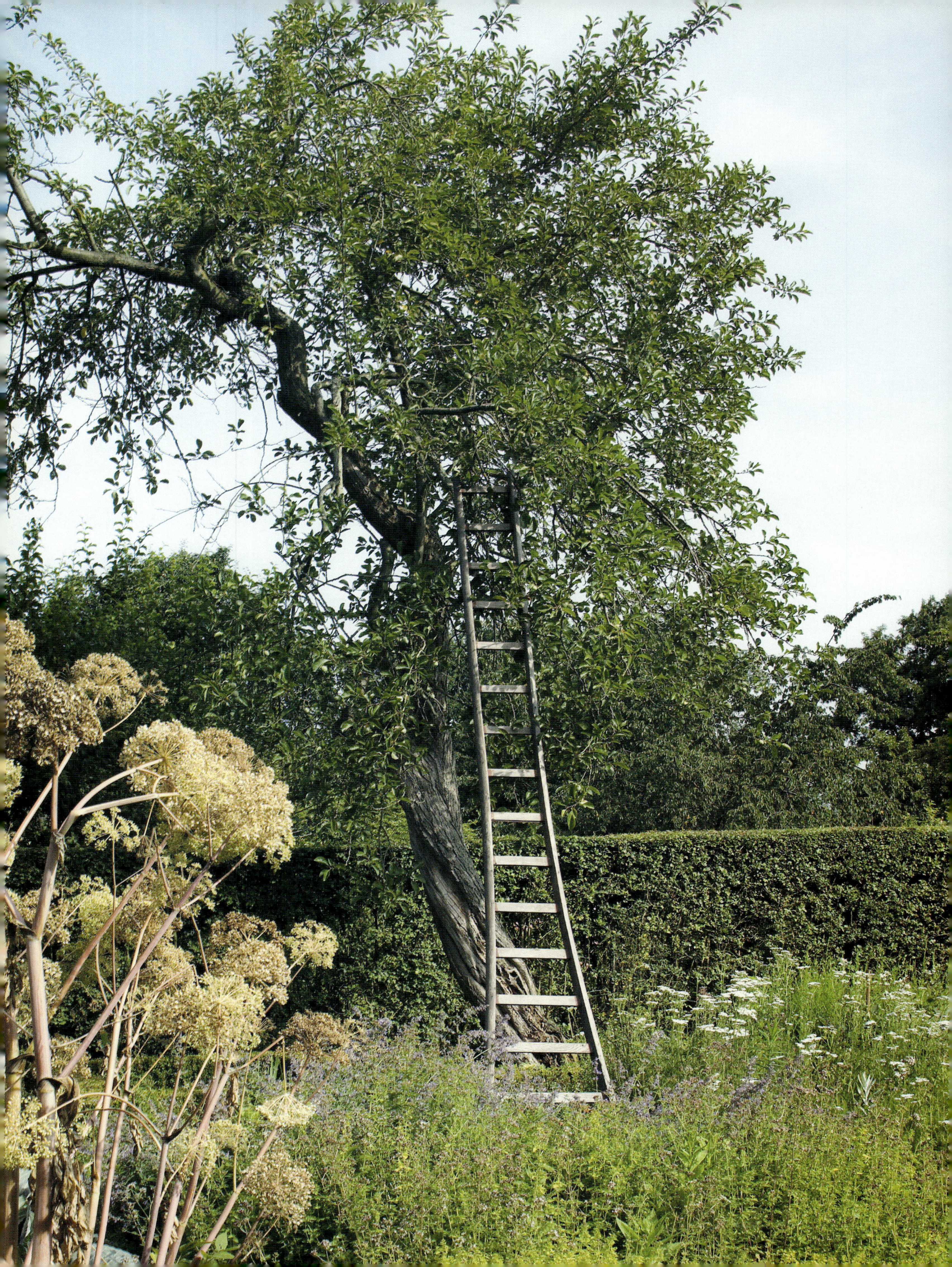

De part et d'autre du gîte, une haie d'ifs (à gauche) et une haie d'aubépine (à droite).

A l'extrême gauche, une impression du lierre grimpant (4,5 m de hauteur). A droite à l'avant-plan, une terrasse en pierre bleue (agrémentée de thym couvre-sol) et à l'arrière, un coin du jardin aromatique. A l'extrême droite, un petit bassin destiné aux oiseaux et crapauds.

PAGE DE GAUCHE
Le prunier date de 1902.

Ci-dessus

Différents clos mènent aux étables. Un sentier en briques de ferme se mélange aux pavés de Gobertange. Les clos sont séparés par des haies d'aubépine.
Les quatre parterres sont décorés de buis à croissance lente (*Buxus suffruticosa*), qui à terme forment un tapis de buis.

Une partie de la collection d'anciens buis. *Cuypers* ne taille ses buis qu'après 20 ans, de manière à leur permettre de se développer naturellement.

Depuis la maison d'hôtes, vue panoramique de plus de 6 km sur le Velpedal. La propriété de *Cuypers* s'étend sur 5,5 ha. Son troupeau de moutons entretient 82 ha de prairies.

Sentier en pierre de Gobertange.

La seule pelouse se situe près de la terrasse couverte.

JARDINS CAMPAGNARDS

60 | JARDINS CAMPAGNARDS

Curo sprl

Robert Cuypers
Walmersumstraat 33
B - 3380 Bunsbeek (Glabbeek)
TEL.: +32 (0)16 77 11 66
FAX: +32 (0)16 77 78 15
MOB.: +32 (0)475 71 04 89
curo@swing.be

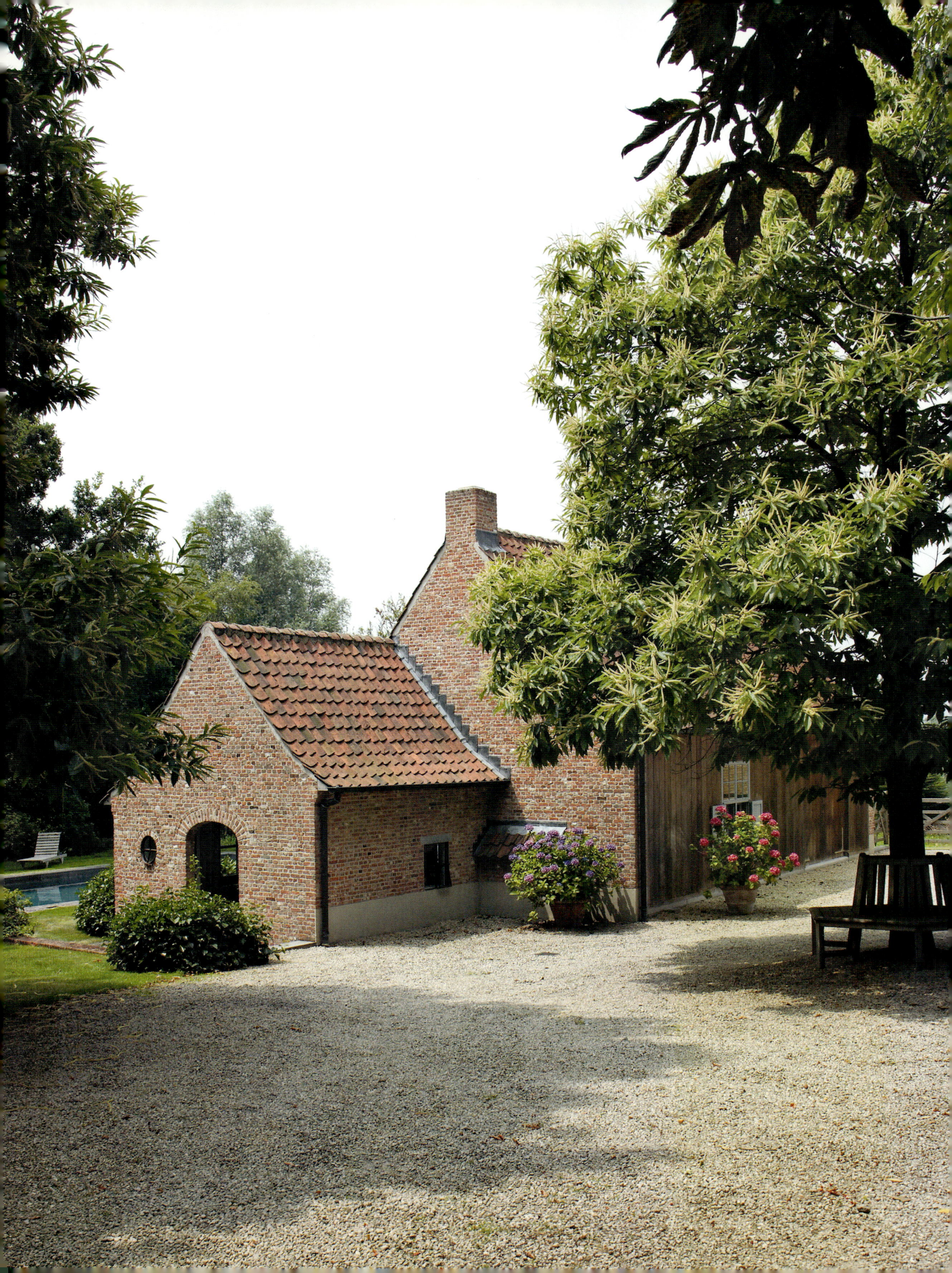

UNE MAISON D'ÉTÉ INTEMPORELLE PARFAITEMENT INTÉGRÉE DANS LE PAYSAGE

L'architecte *Frank Van Laere* a restauré une ancienne remise en un bâtiment de caractère constitué d'une maison d'été et d'une piscine. Grâce au style intemporel et à l'utilisation de matériaux anciens, le bâtiment semble parfaitement intégré dans le paysage.

Cette maison d'été fait partie d'une ancienne propriété de campagne qui est aux mains de la même famille depuis 1830. Elle servait auparavant de pavillon de chasse rattaché à un château. Le domaine comprend également un moulin et diverses dépendances.

Les propriétaires actuels plantent chaque année de nouveaux arbres et espèrent ainsi assurer la pérennité du verger à basses tiges qui se compose de variétés rares de pommiers, poiriers et pruniers.

Rik Storms a placé les dalles anciennes autour de la maison et de la piscine, pendant que *Ludo Dierckx* se chargeait de l'aménagement du jardin autour de la maison d'été ainsi que la pose des anciens pavés hollandais.

PAGE DE GAUCHE, CI-DESSUS ET PP. 64-65

Frank Van Laere a restauré pierre par pierre une ancienne remise qui faisait partie de la propriété d'un château. Contre la façade arrière, grimpe une vigne vierge. La piscine est entourée de pierre bleue de récupération.

PP. 66-67

Au centre de la photo, un ancien cadran solaire provenant des Cotswolds. Les anciennes dalles en pierre bleue ont été récupérées dans une usine de Courtrai.

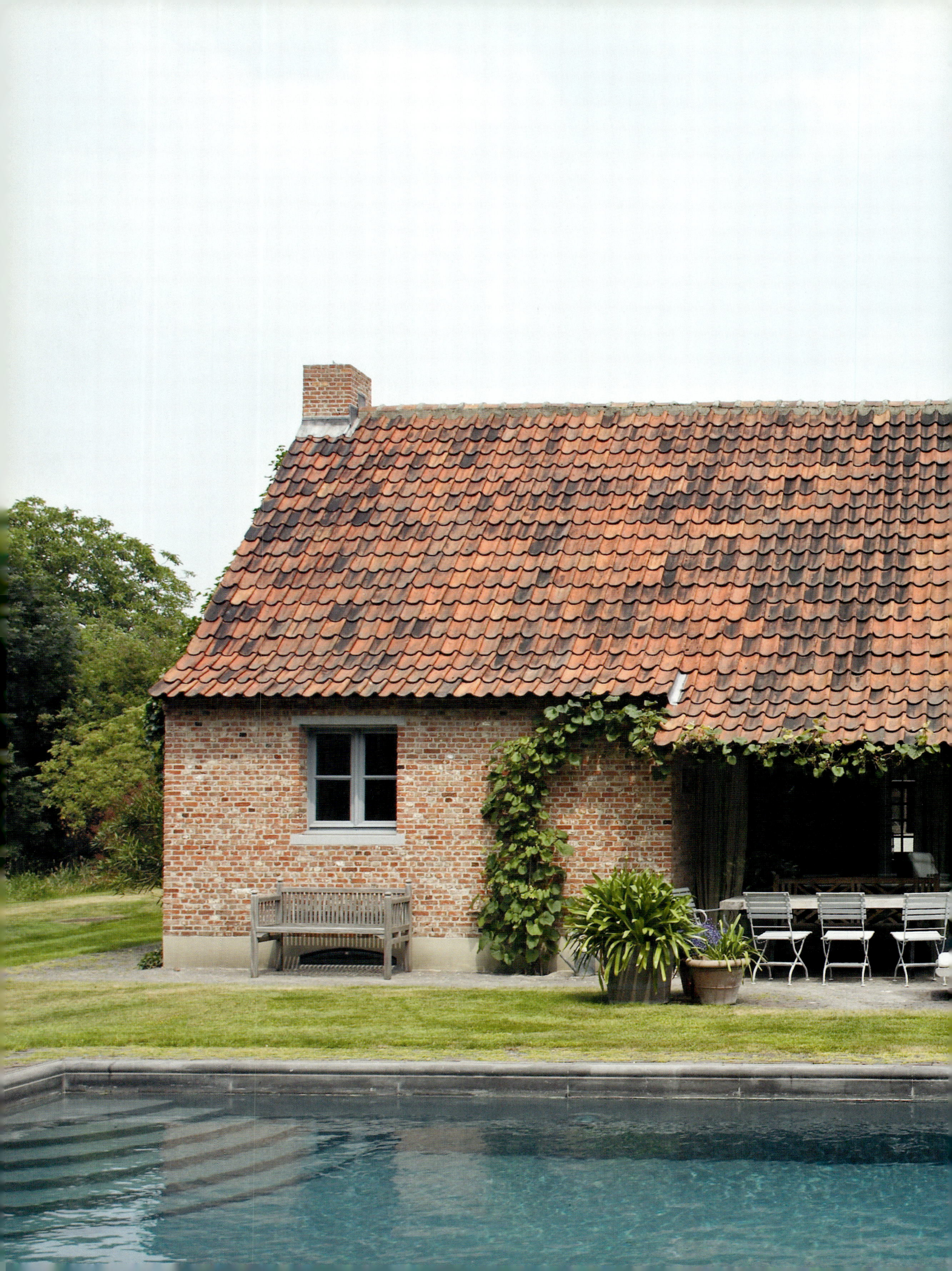

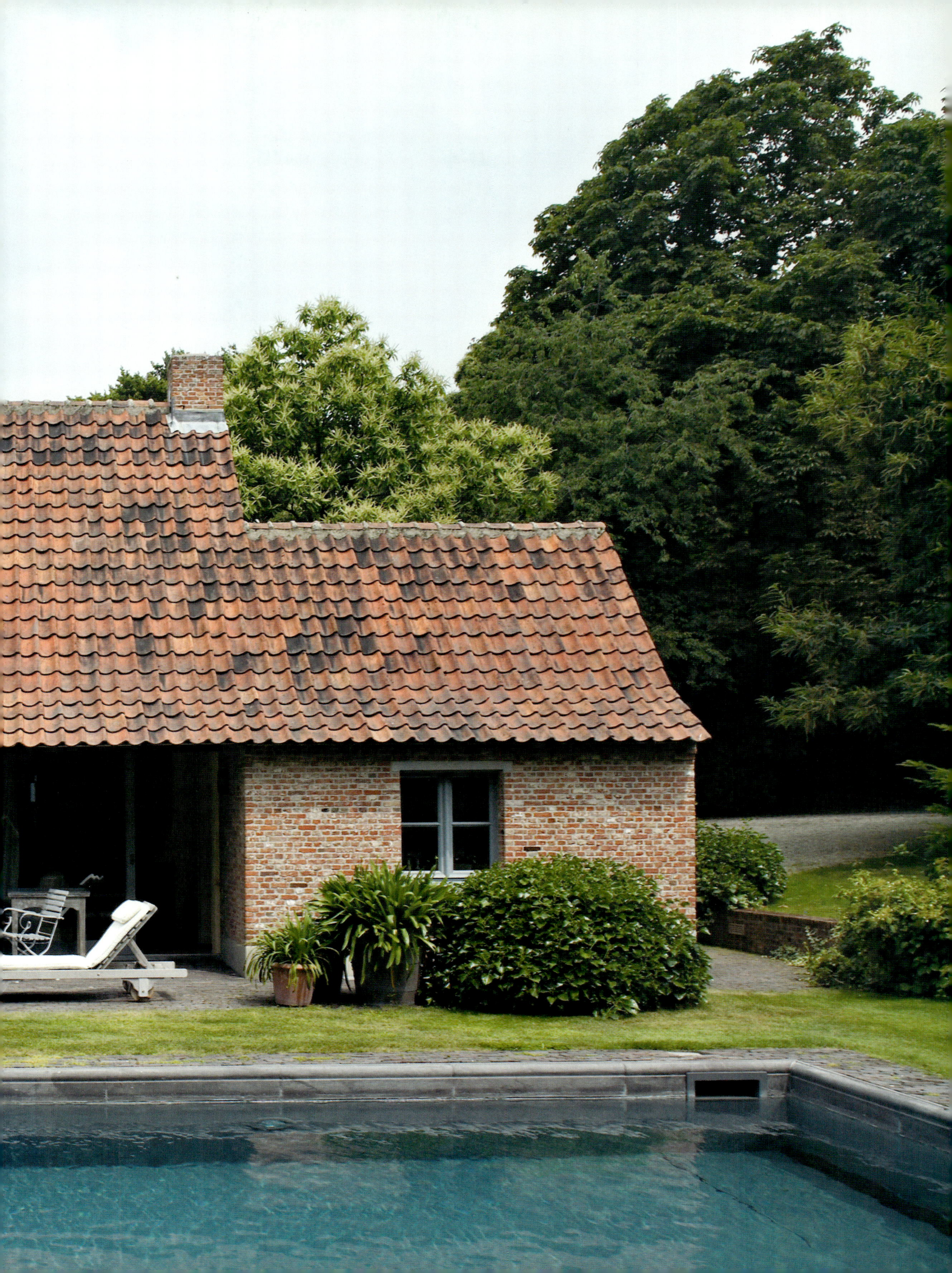

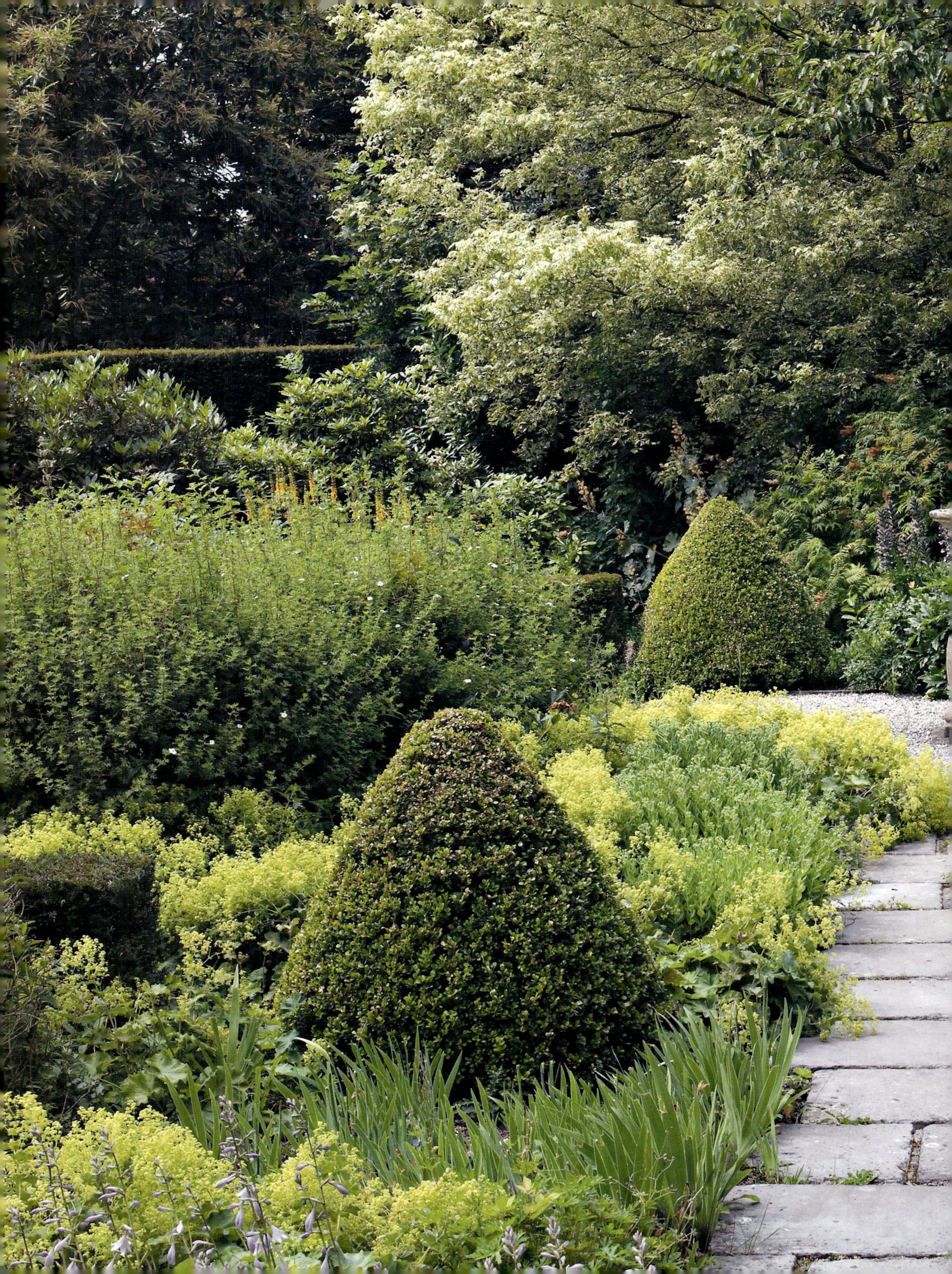

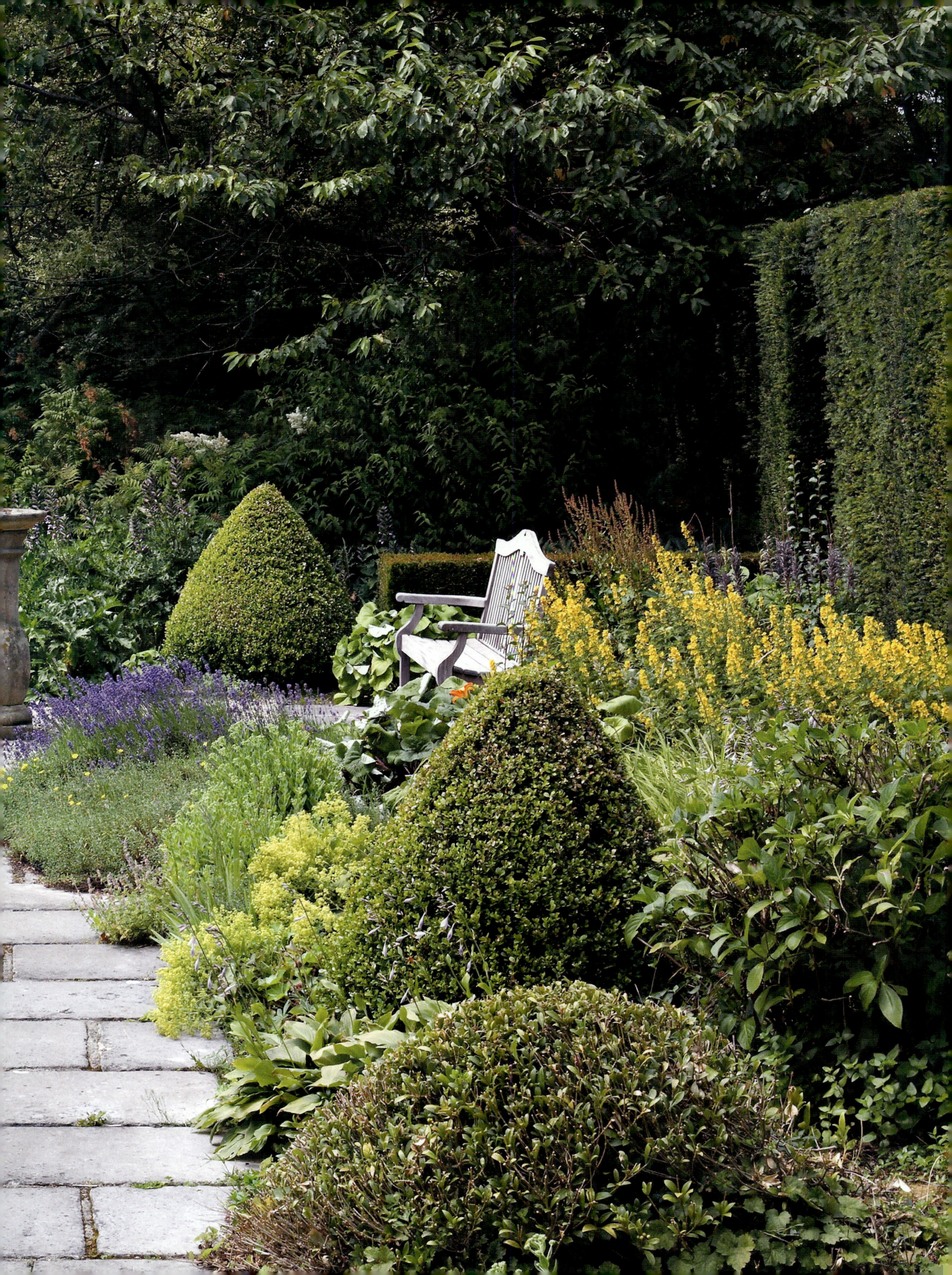

JARDINS CAMPAGNARDS

PP. 68-69
L'habitation et la maison d'été se trouvent à proximité d'un bois de conifères.

VAN LAERE FRANK
 Architecte
 Koninklijkelaan 60
 B - 2600 Berchem
 TEL.: +32 (0)3 281 05 11
 FAX: +32 (0)3 218 42 25

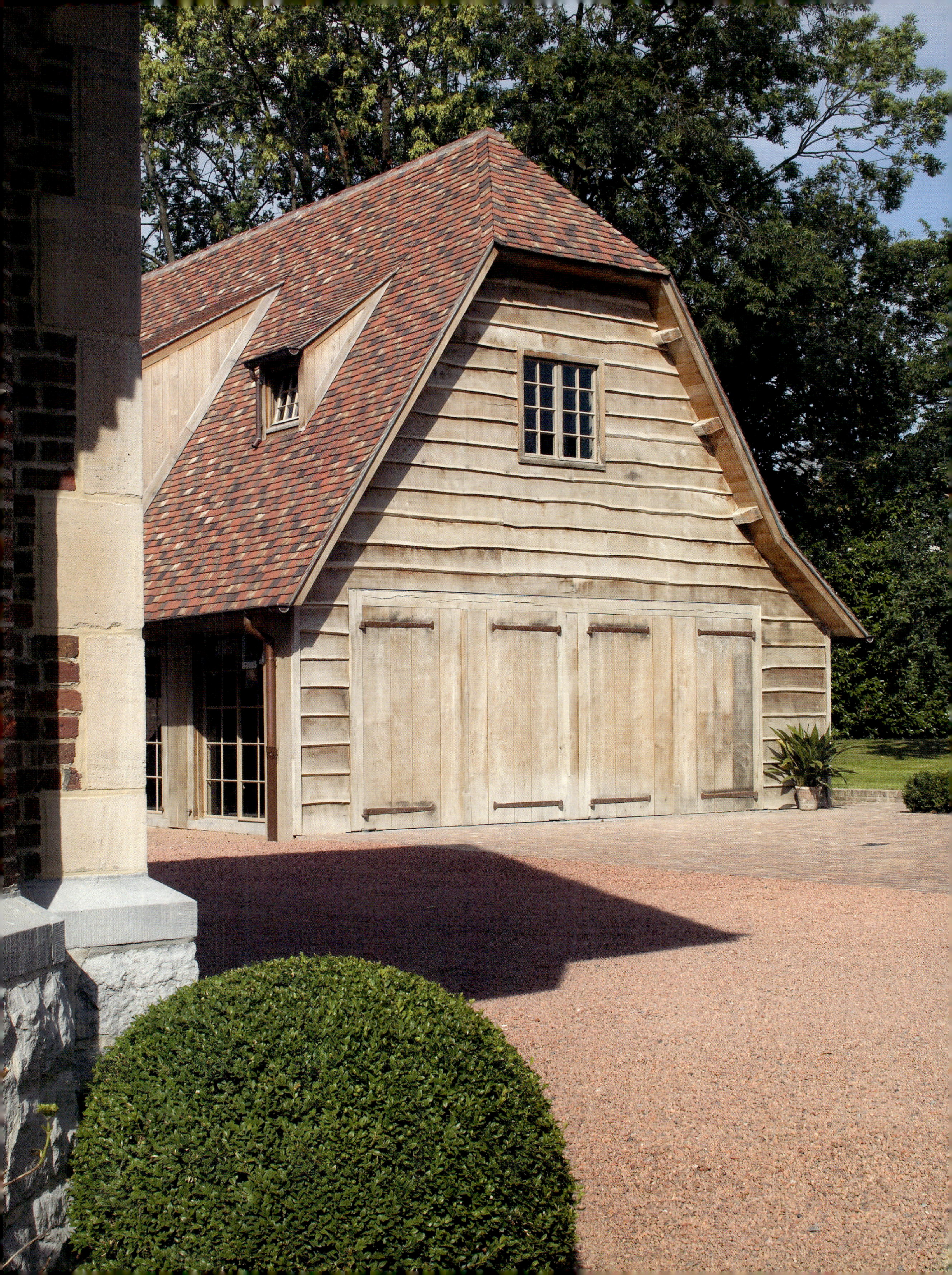

UNE DÉPENDANCE DE CARACTÈRE DE STYLE ANGLO-NORMAND

En 1995, l'architecte *Xavier Donck* a restauré en étroite collaboration avec les propriétaires le "Mill Lodge", située le long de la Lys et offrant une vue unique sur le village d'artistes de Latem-Saint-Martin.
Ce cottage d'avant-guerre de style anglais, qui servait initialement de résidence de vacances, a pu grâce à une minutieuse restauration être transformé en résidence principale.
Dans une deuxième phase, l'architecte *Donck* a ajouté à la propriété une orangerie, également de style anglais, entièrement construite en bois.
La dernière étape des travaux s'est achevée récemment par la construction d'une dépendance qui semble avoir toujours existé et qui est en relation étroite avec la nature environnante.
La dépendance qui sert de salle d'exposition et de bureau à un jeune couple actif dans l'univers de la mode est une construction à ossature de bois. Une attention particulière a été accordée à l'intégration d'anciens éléments afin de conférer un cachet intemporel à l'ensemble: le bois de chêne a été cherché de manière très sélective chez des marchands de matériaux anciens, les charpentes et structures en bois ont été fabriquées selon des principes de construction ancestrales,...

PAGE DE GAUCHE ET CI-DESSUS

Cette "remise" est une construction à ossature de bois érigée selon des principes de construction ancestraux.
La dépendance qui sert de salle d'exposition et de bureau entretient une relation étroite avec la nature.

PP. 72-73

L'architecte *Donck* a procédé en trois étapes, en commençant par la restauration du cottage situé au centre. Ensuite, l'orangerie de style anglais (à gauche du bâtiment principal) et enfin, en 2003, l'achèvement de la dépendance à droite.

PP. 74-75
L'ancien verger a été réhabilité. De nombreux arbres ont dû être plantés.

PP. 76-77
Le "Mill Lodge" se situe le long de la Lys.

JARDINS CAMPAGNARDS

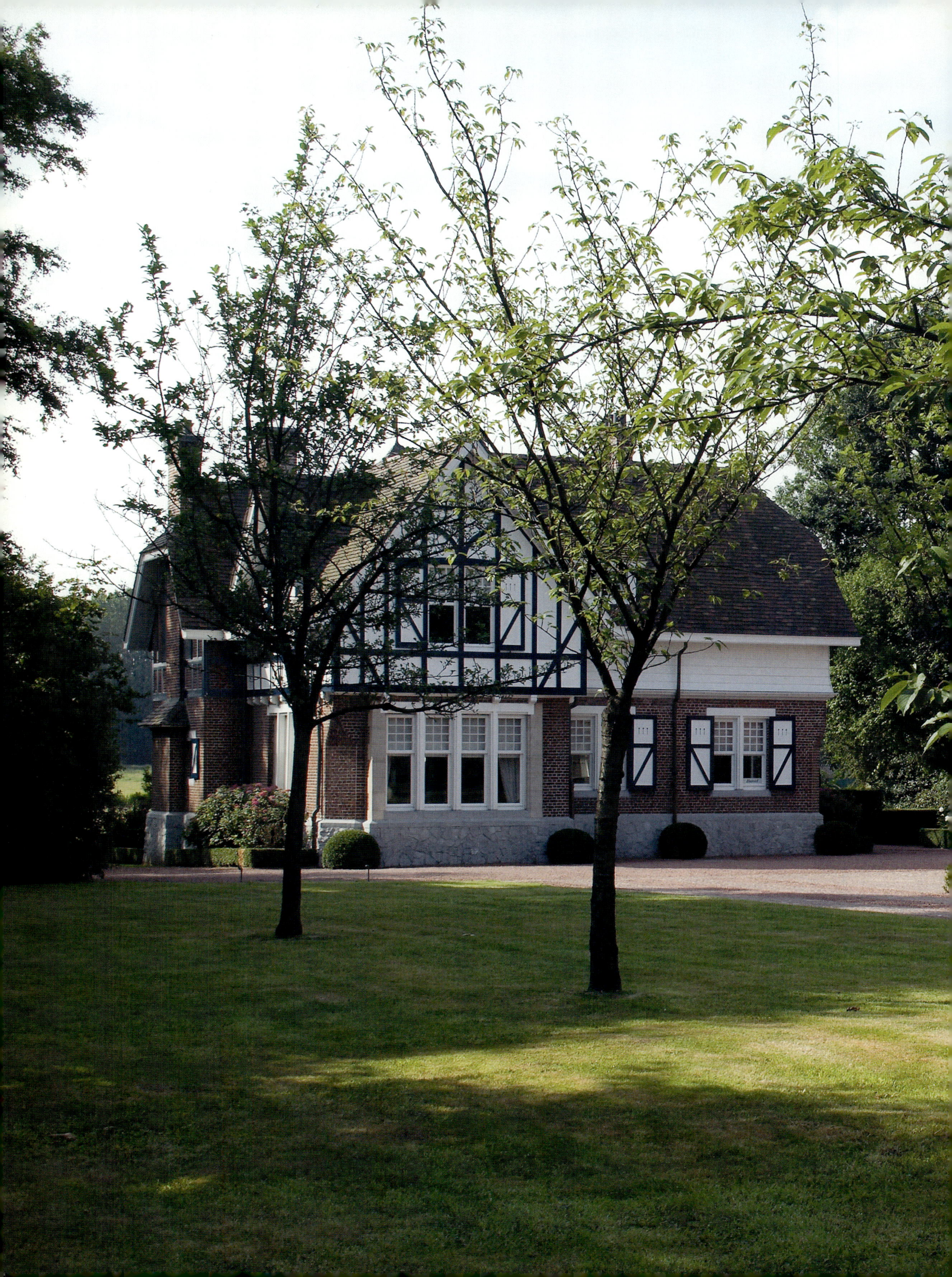

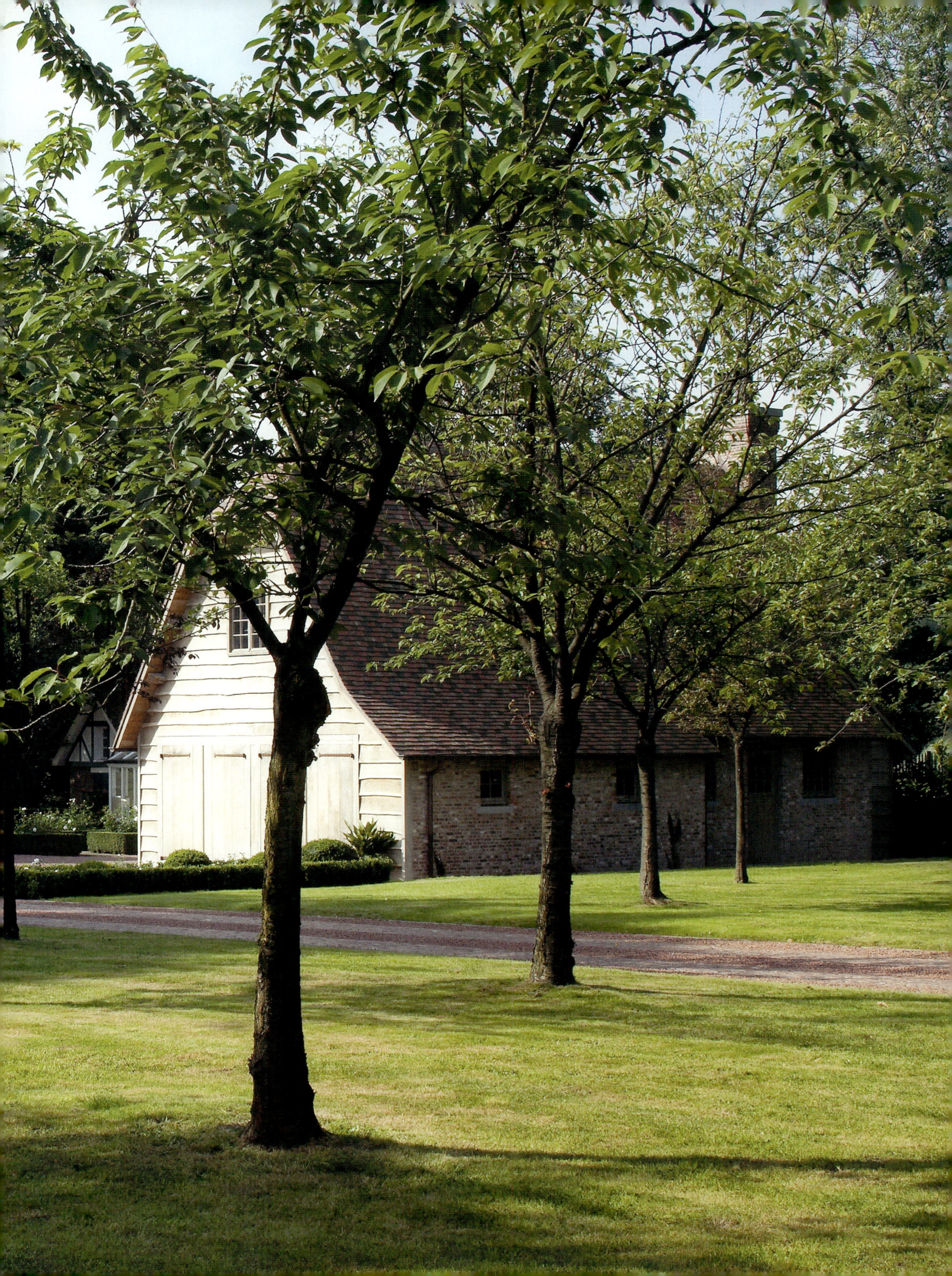

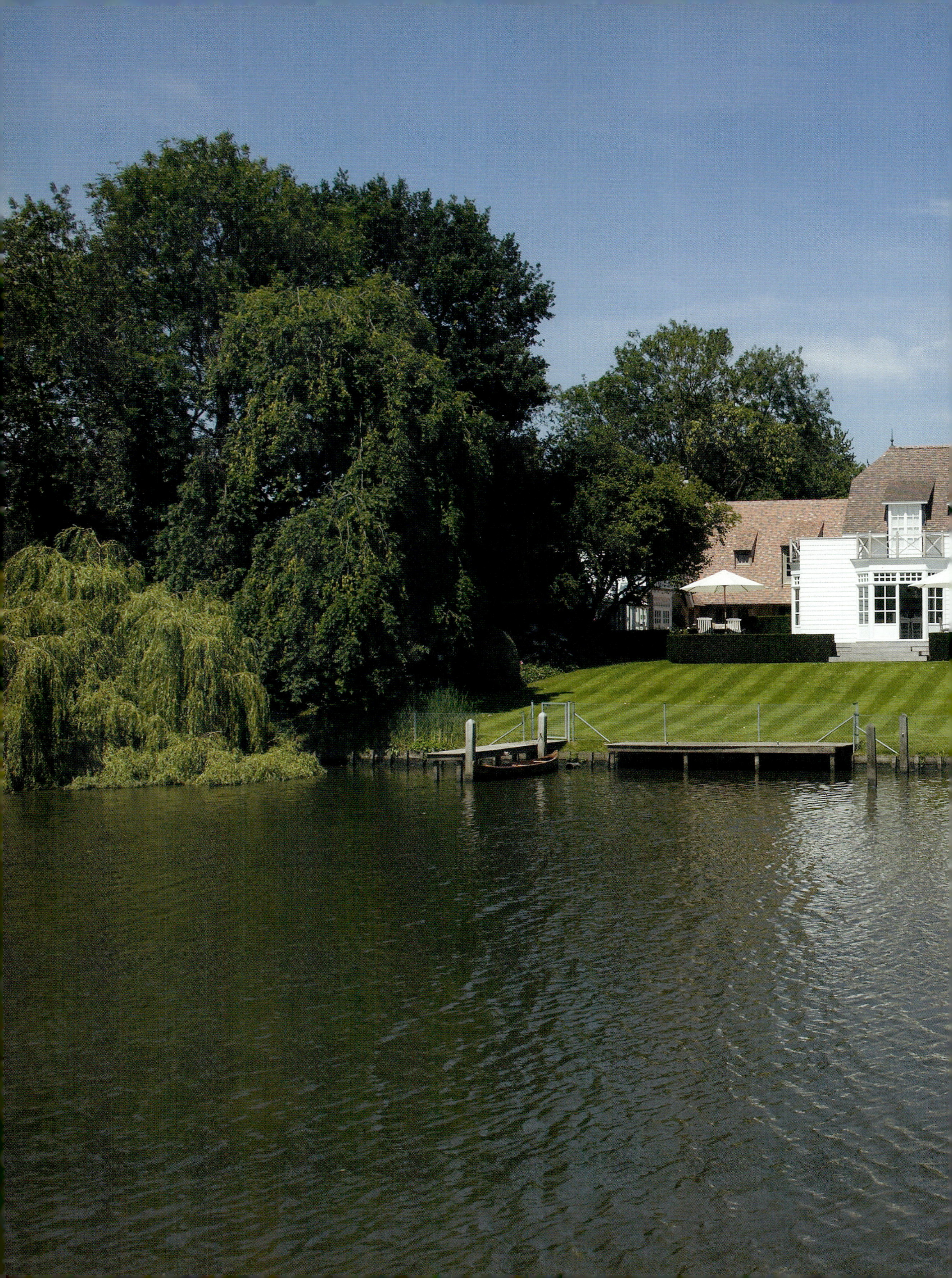

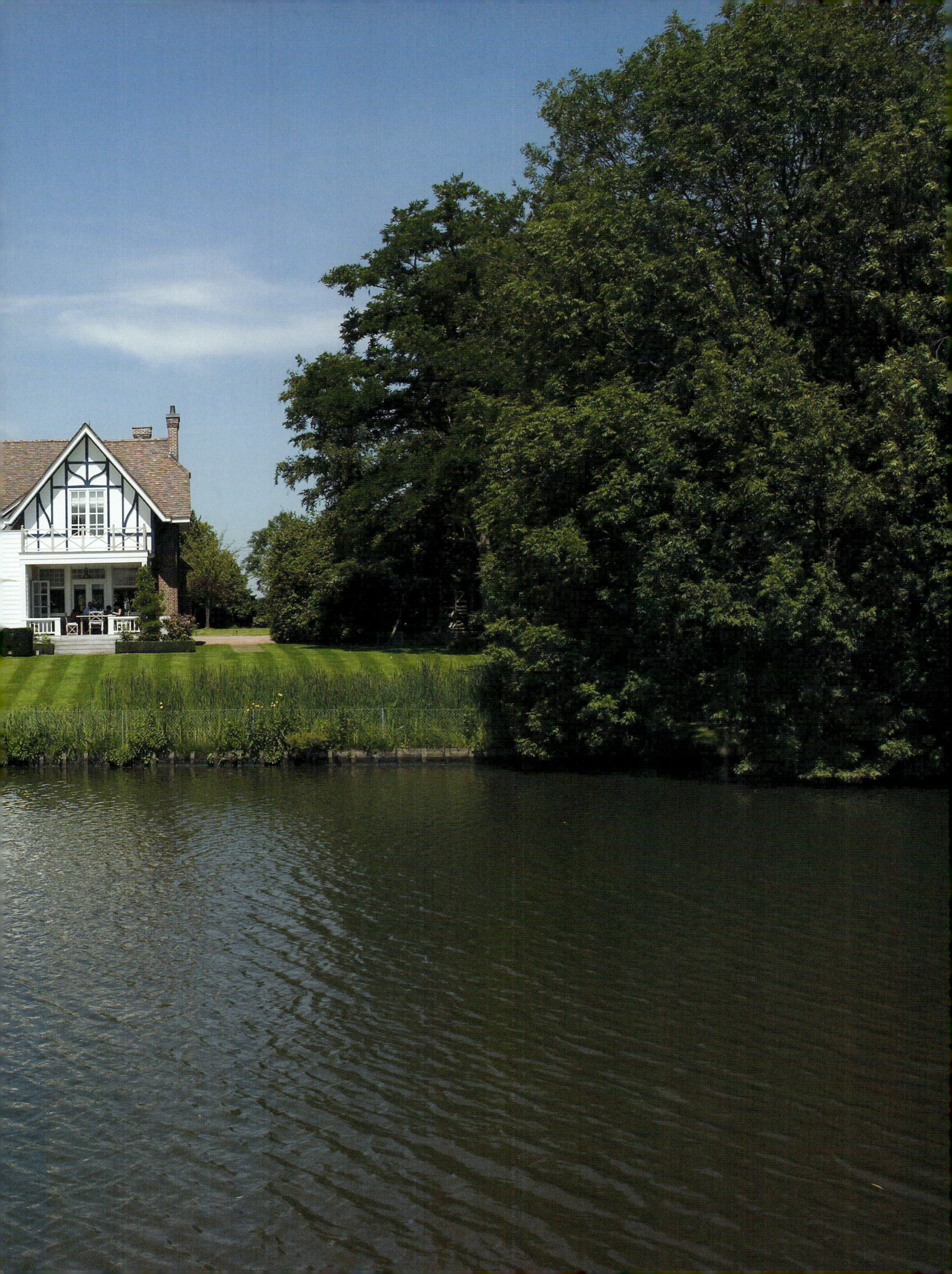

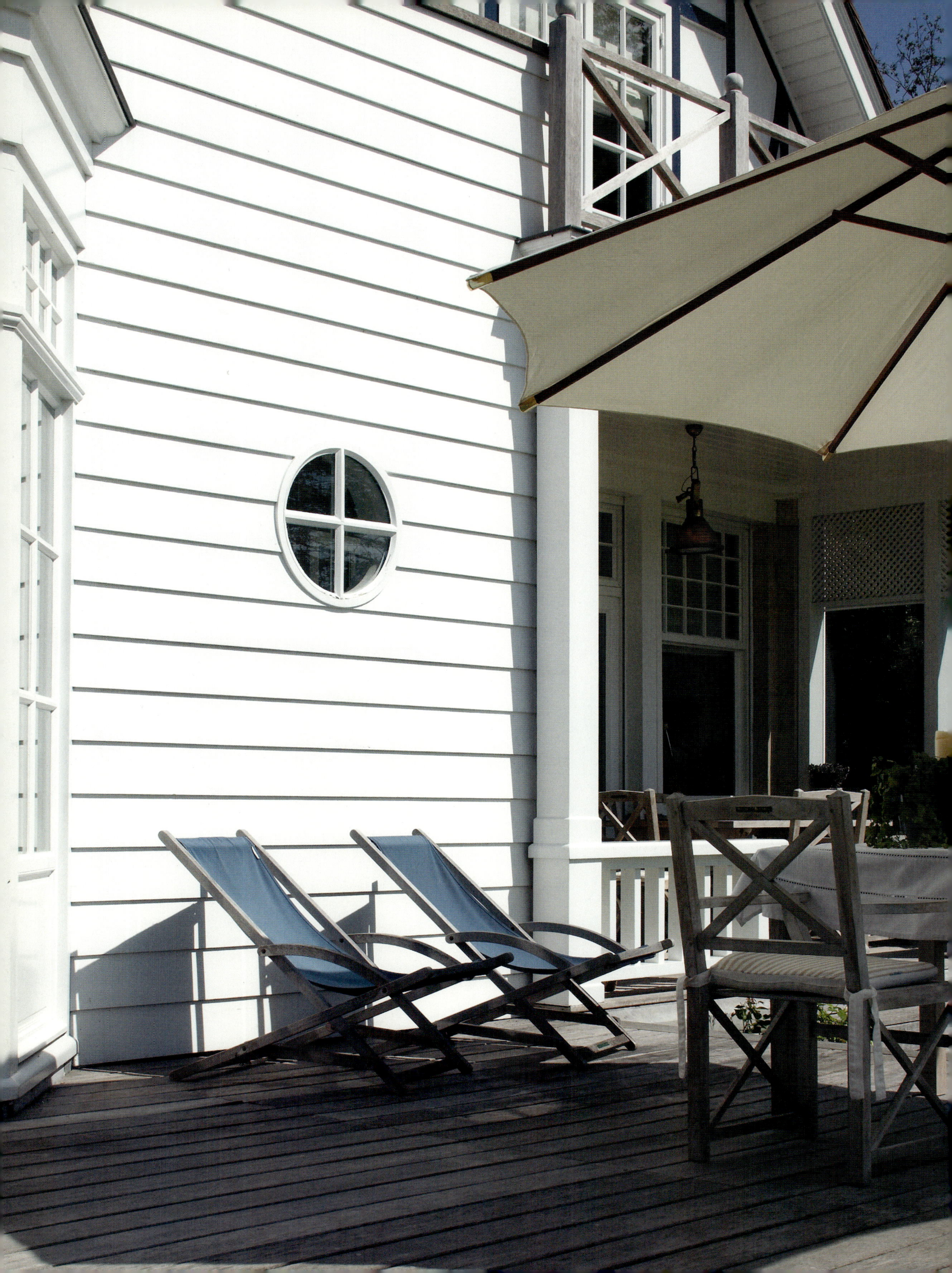

De la maison, l'on jouit d'une vue panoramique sur Latem-Saint-Martin.

Pour les propriétaires, cette dépendance de style anglo-normand est l'endroit rêvé pour recevoir des clients en toute décontration et sérénité: loin de l'agitation et dans un cadre extrêmement personnel.

DONCK & PARTNERS
Architecte Xavier Donck
Witte Kaproenenstraat 20
B - 9800 Deinze
TEL.: +32 (0)9 386 96 86
FAX: +32 (0)9 386 96 48
E-mail: x.donck@pandora.be

PAGE DE GAUCHE
La terrasse se compose de planches de bankiraï.

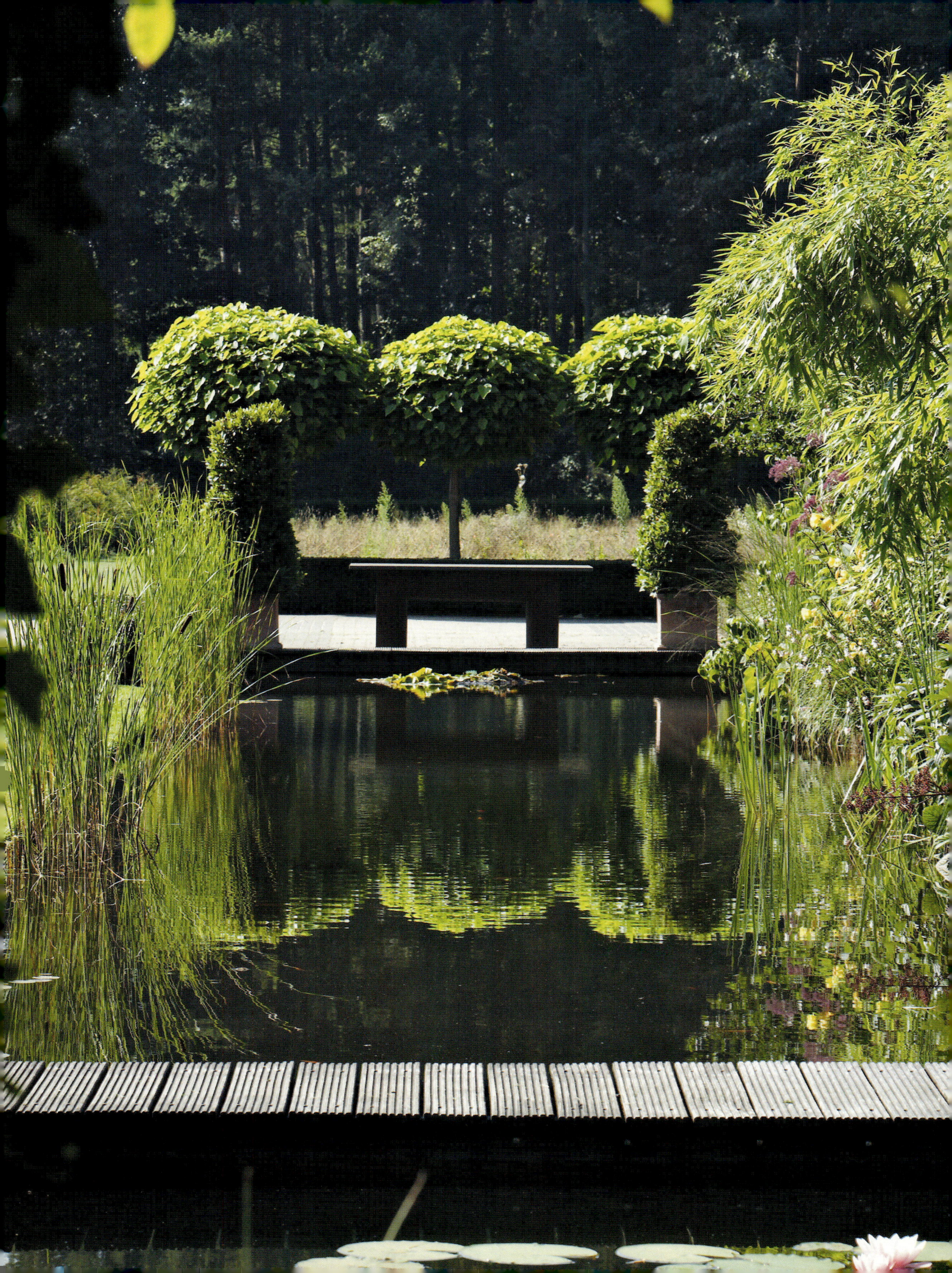

FASCINANTE CONFRONTATION DE LIGNES ET DE COURBES

Le célèbre jardinier et horticulteur néerlandais *de Vries* a fait bâtir une nouvelle maison dans un splendide coin de nature à Eerbeek. Il a demandé à l'architecte-paysagiste *Arend Jan van der Horst* de créer un jardin parfaitement coordonné au style de la maison.

Le choix s'est porté sur une fascinante confrontation de lignes et de courbes.
Devant la maison, une longue allée de catalpas boules a été aménagée et associée à des haies d'ifs, une pelouse et un étang, tous deux de forme allongée. Ces différentes lignes convergent vers l'habitation d'architecture rectiligne et austère.
Autour de cette structure primaire, *Arend Jan van der Horst* a créé un jeu de courbes qui produit une atmosphère presque féerique: plantes vivaces à grandes feuilles (*Hosta*, *Darmera*, *Gunnera*), arbustes solitaires autour d'un grand étang aux lignes courbées.
Derrière la maison, a été planté un vaste jardin d'herbes bordé de part et d'autre d'un potager et d'un jardin ornemental (séparés par une haie d'ifs). A l'arrière du jardin, des platanes taillés en plateau ont été choisis comme éléments en hauteur.

Derrière la maison, une terrasse offre une vue sur le jardin aromatique situé plus en arrière. Les platanes taillés en plateau apportent l'ombre nécessaire.

Vue sur la cascade depuis le séjour. Le pont en bois sert de liaison oblique.

PAGE DE GAUCHE
Un jeu de lignes inattendu renforce l'horizontalité de ce jardin: le pont en bois, la haie d'ifs, etc.

PAGES SUIVANTES
En venant du fond du jardin, l'on découvre près du jardin d' herbes une deuxième terrasse délimitée par des platanes. Les haies taillées droites structurent les différentes pièces du jardin.

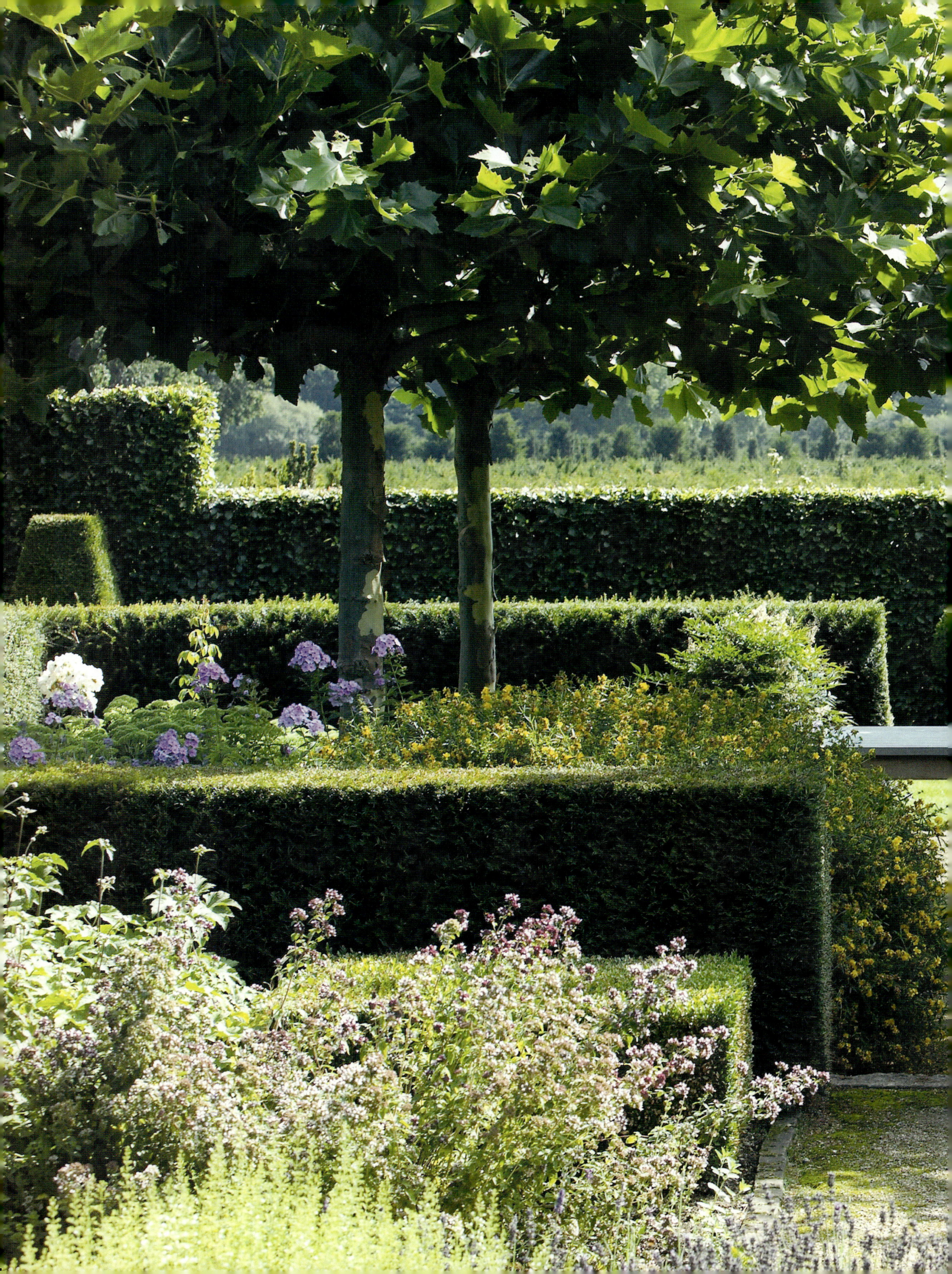

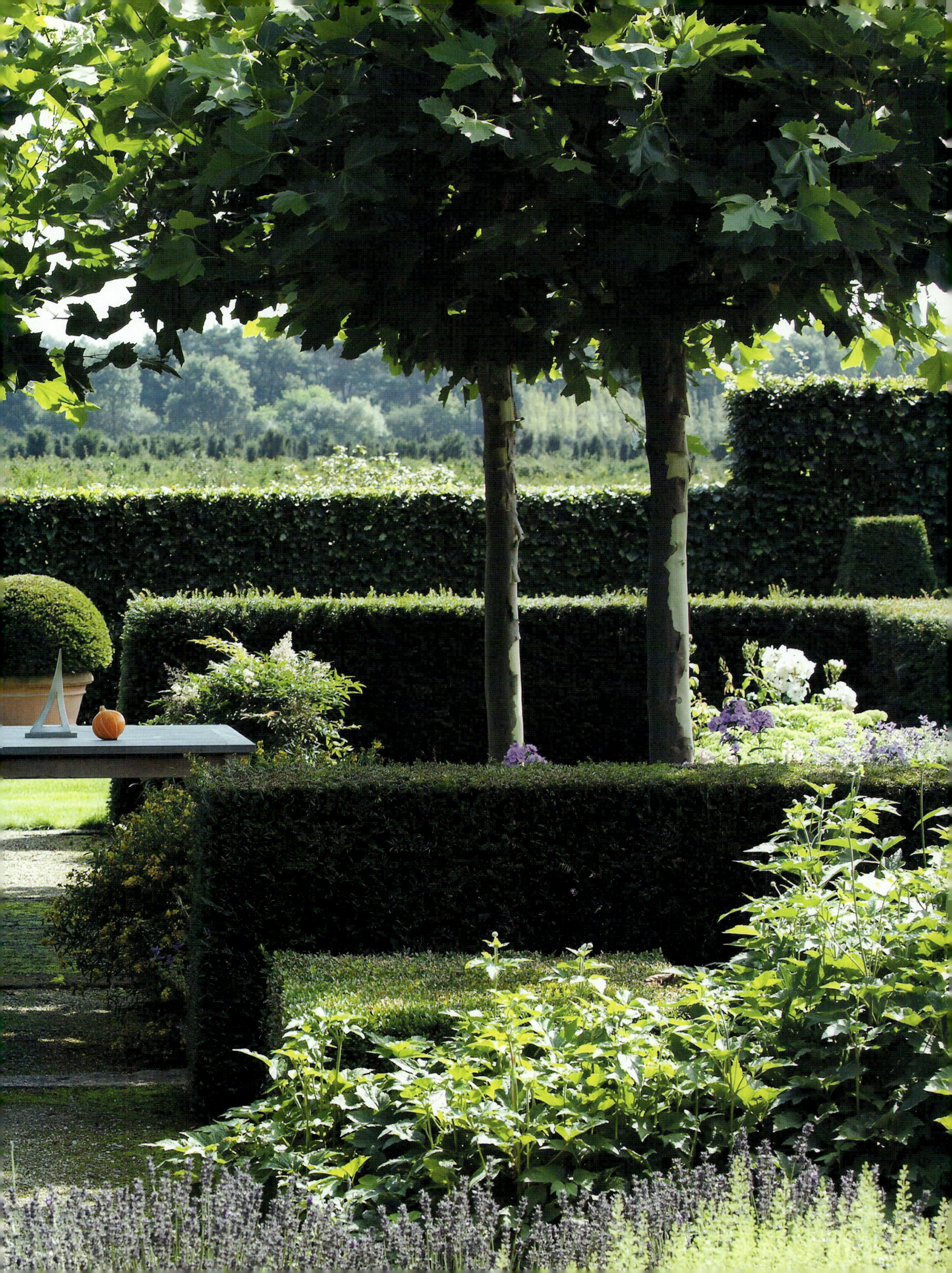

Le jardin ornemental richement garni se compose de gazons, arbustes solitaires (*Viburnum*, *Catalpa*) et de nombreux grands parterres dont chacun est composé d'une seule sorte de plante vivace. A côté du pont, une auge a été installée pour les oiseaux.

L'escalier se compose
d'anciens seuils en
pierre bleue.

La cascade est fabriquée en acier
inoxydable *Kortenstaal*. La cascade
produit un agréable bruit de fond et
apporte l'oxygène nécessaire aux
poissons.

AREND JAN VAN DER HORST
Oude Hoeveweg 8
NL - 4444 SR Baarsdorp
TEL.: +31 (0)113 567223
FAX: +31 (0)113 567229
arendjanvanderhorst@wanadoo.nl

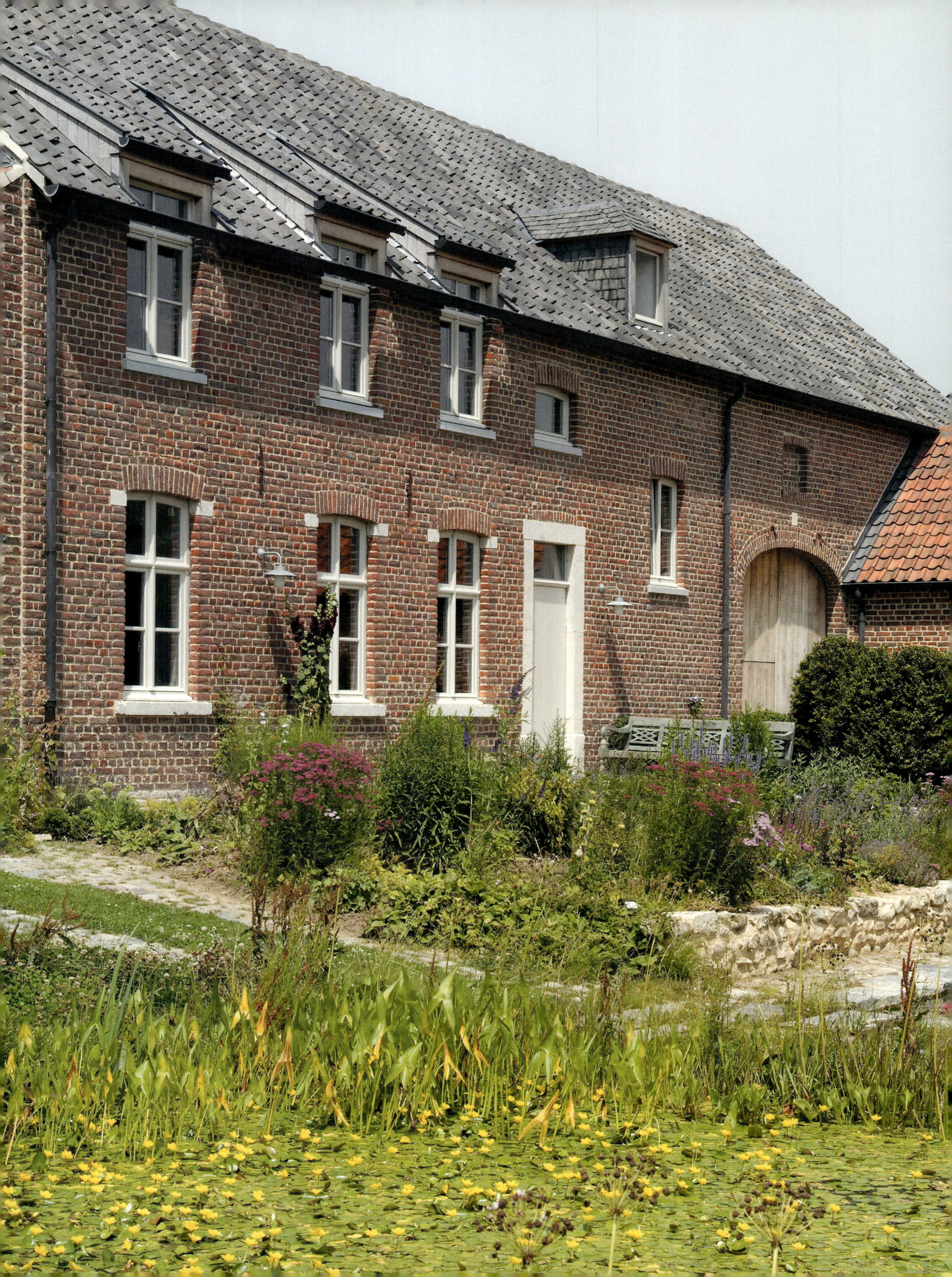

JOUER SUR LES DIFFÉRENCES DE NIVEAU

Cette réalisation a représenté un défi de taille dans la carrière de l'entrepreneur de jardin *Robert Cuypers*.

Une ferme des années '20, laissée à l'abandon depuis plusieurs années, a été restaurée en profondeur par les propriétaires. La grande différence de niveau entre l'entrée de la ferme et la rue est toutefois restée. C'est la raison pour laquelle *Robert Cuypers* a opté pour de nombreux escaliers en pente douce avec de très larges marches pour compenser et dissimuler la différence de niveau. Les différentes terrasses et la piscine écologique sont des éléments visuels reposants qui intègrent l'habitation de manière optimale dans le paysage environnant.

La grande différence de niveau entre l'entrée et la rue est compensée par des escaliers à grandes marches en pierre bleue. Les murets et pavés ont été réalisés en pierre de Gobertange.

PAGE DE GAUCHE

Après la restauration de cette ferme laissée à l'abandon, le jardin et les abords extérieurs ont été réaménagés par *Robert Cuypers*.

La piscine écologique est délimitée par de la pierre bleue récupérée sur la digue près du Casino d'Ostende: les eaux salines lui ont conféré une magnifique patine. Pavés en pierre de Gobertange.

La façade arrière de la maison. L'escalier est en pierre bleue, la terrasse en pierre de Gobertange.

Récemment, ce verger a été aménagé avec une dizaine de variétés d'arbres à haute tige.

Curo sprl
Robert Cuypers
Walmersumstraat 33
B - 3380 Bunsbeek (Glabbeek)
TEL.: +32 (0)16 77 11 66
FAX: +32 (0)16 77 78 15
MOB.: +32 (0)475 71 04 89
curo@swing.be

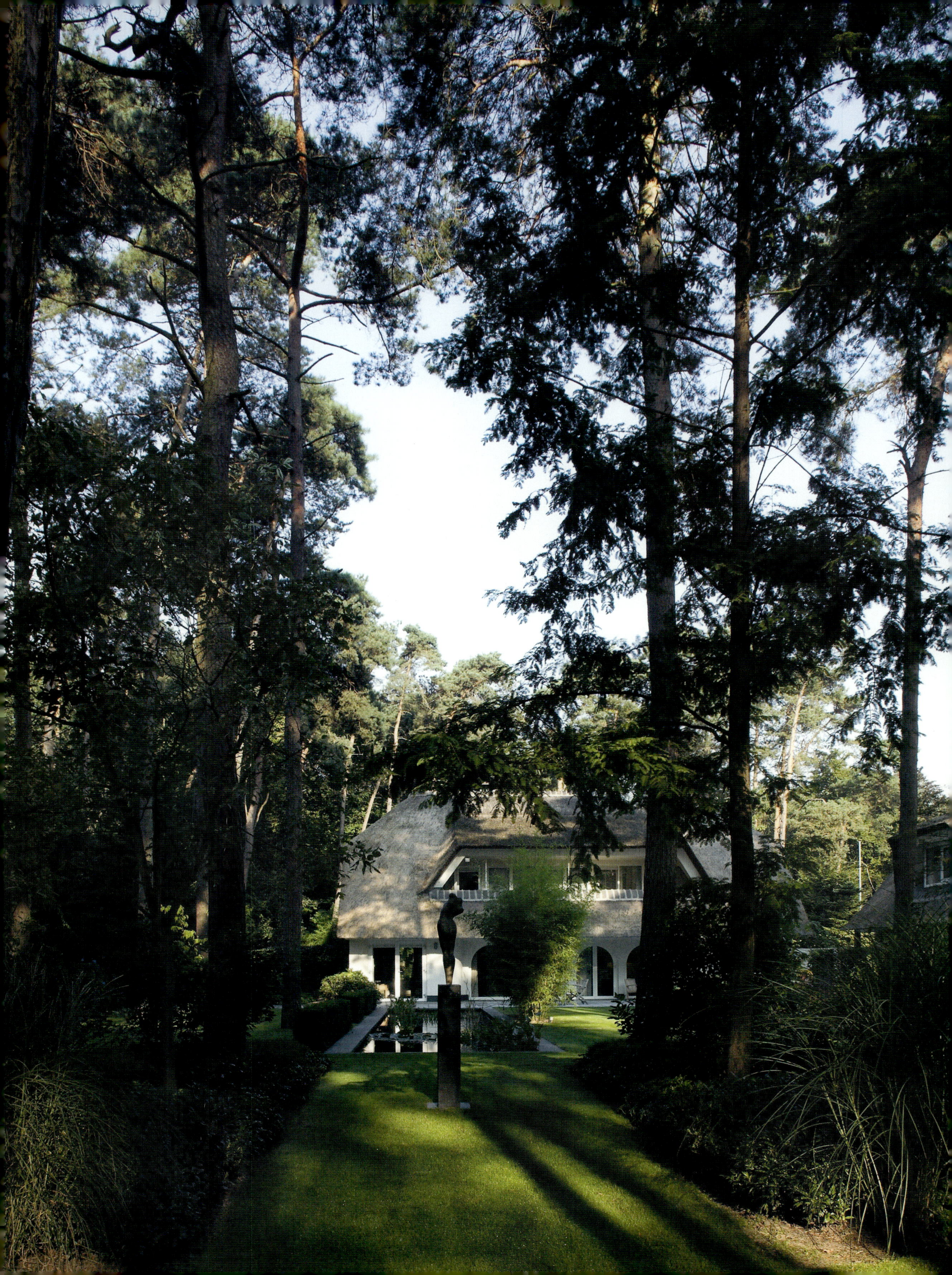

ACCENTS SOBRES DANS LE JARDIN ENTOURANT UNE MAISON AU TOIT DE CHAUME

L'architecte de jardin, *Arend Jan van der Horst,* a été appelé pour concevoir le jardin entourant une maison au toit de chaume.

Etant donné que l'habitation avait déjà un cachet extrêmement romantique, *van der Horst* décida de donner forme au jardin par de petites touches discrètes. Il a fait le choix des lignes droites centrées sur le séjour et un long étang qui a été réaménagé. Volontairement, la palette de couleurs a été maintenue monochrome.

L'étendue de pelouse a été aménagée sur une pente : elle coule harmonieusement vers la piscine couverte de conception moderne.

PAGE DE GAUCHE

L'étang, délimité par des pierres bleues, se situe à proximité de la façade, côté jardin, de cette maison au toit de chaume. La statue en bronze marque la transition entre l'étang et la pelouse.

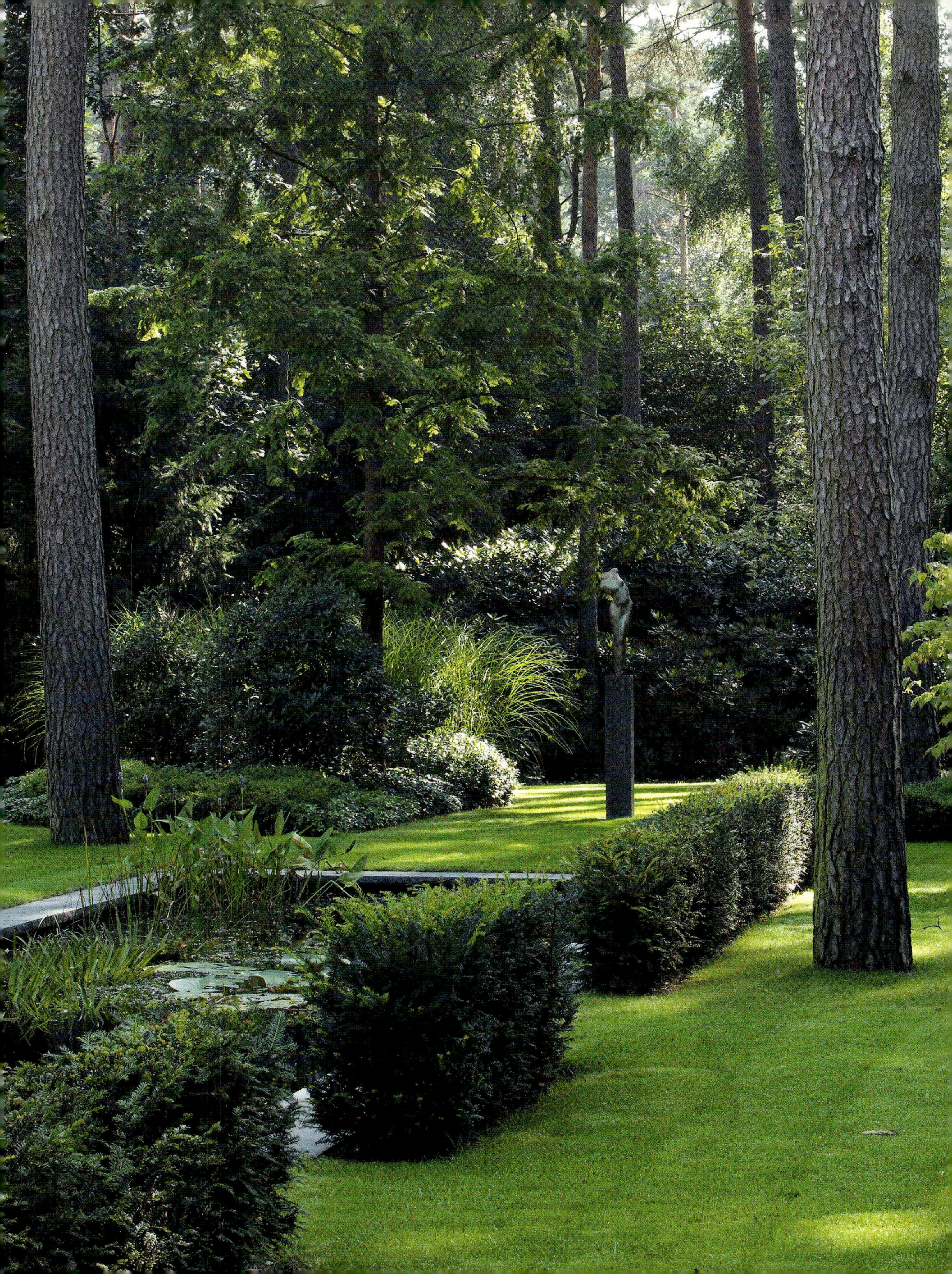

L'un des éléments originaux de la façade arrière: une fenêtre en demi-cercle. *Van der Horst* a placé devant celle-ci des terrasses en pierre bleue et petits pavés de granit gris. L'hydrangea blanc constitue le seul accent de couleur.

AREND JAN VAN DER HORST
Oude Hoeveweg 8
NL - 4444 SR Baarsdorp
TEL.: +31 (0)113 567223
FAX: +31 (0)113 567229
arendjanvanderhorst@wanadoo.nl

PAGE DE GAUCHE
Le pin sylvestre confère de superbes accents verticaux. La longue haie d'ifs renforce la structure de l'étang et confère profondeur à ce jardin.

JARDINS CAMPAGNARDS | 93

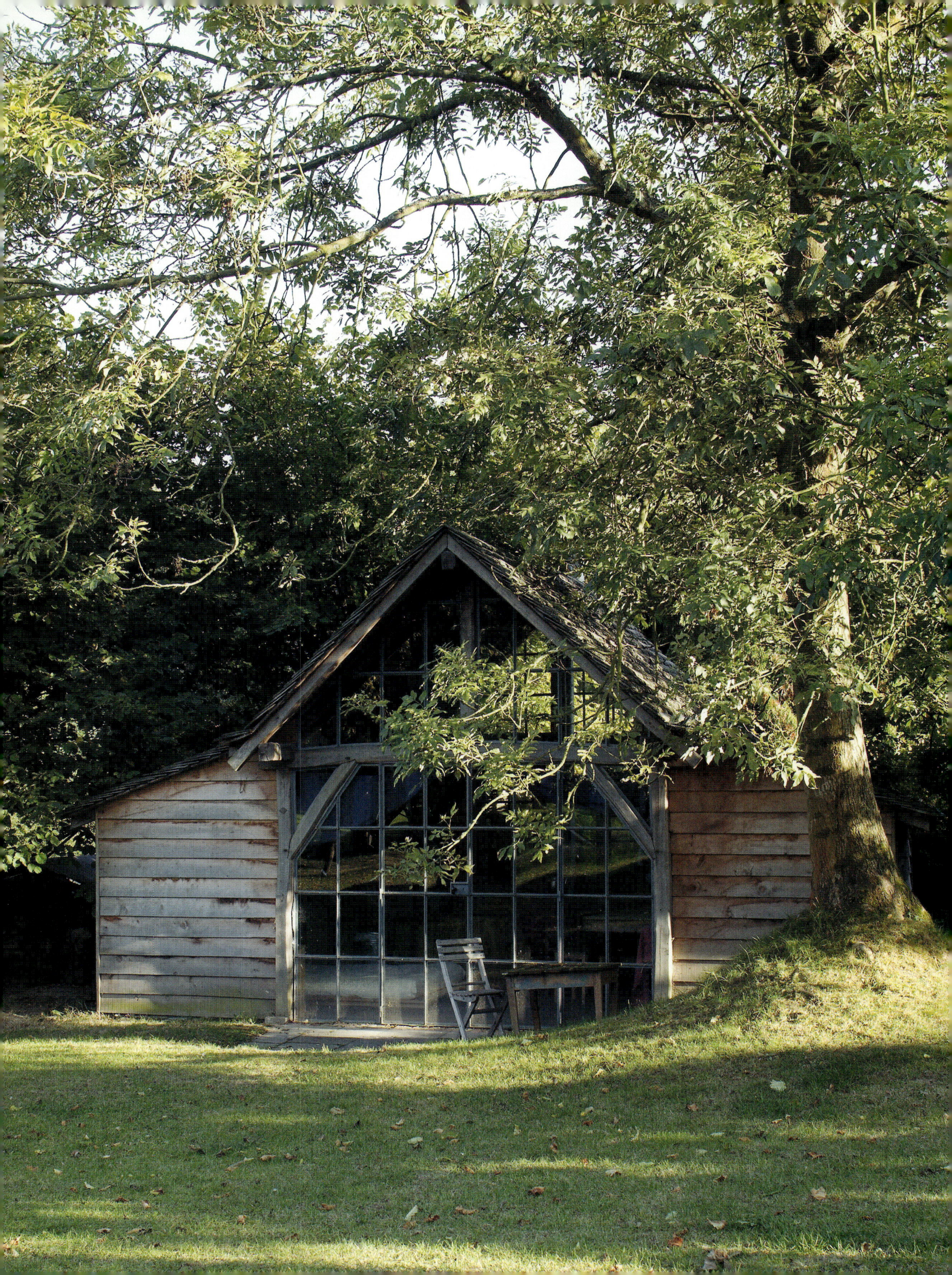

HARMONIE D'ANCIEN ET DE NEUF DANS UNE RÉGION BOISÉE DU BRABANT WALLON

En 1987, les architectes *Pesleux* et *Van Hamme* (*Studio Architecture*) ont construit une habitation résolument contemporaine dans un style qui fait fortement penser à *Mario Botta*.

La bâtisse est implantée dans un domaine de 2 ha. Le jardin de campagne est orné de nombreux éléments amusants qui tempèrent la rectitude de l'architecture. *Xavier Sepulchre*, importateur exclusif des portails et clôtures *British Gates* pour l'ensemble du continent européen, a imaginé et réalisé cette spacieuse maison de jardin et a également placé les clôtures en bois de châtaignier.

Pour adoucir le caractère austère de la façade et renforcer le lien avec le jardin, un lierre (*Hedera helix*) a été planté contre les piliers.

PAGE DE GAUCHE
Cette maison de jardin créée par *Xavier Sepulchre,* qui était à l'origine un atelier, sert actuellement de salle de fête polyvalente, de salle de jeux pour les quatre enfants, etc. Un lit a même été prévu.
Planchéiage en bois de cèdre blanc de l'Atlantique, une essence rare. La toiture a été fabriquée en bois de châtaignier.

PP. 96 À 99
Xavier Sepulchre est importateur exclusif des portails et clôtures *British Gates*. Dans ce jardin, il a placé des clôtures *Post and Rail* en bois de châtaignier scié. Celles-ci existent également en bois de châtaignier fendu.

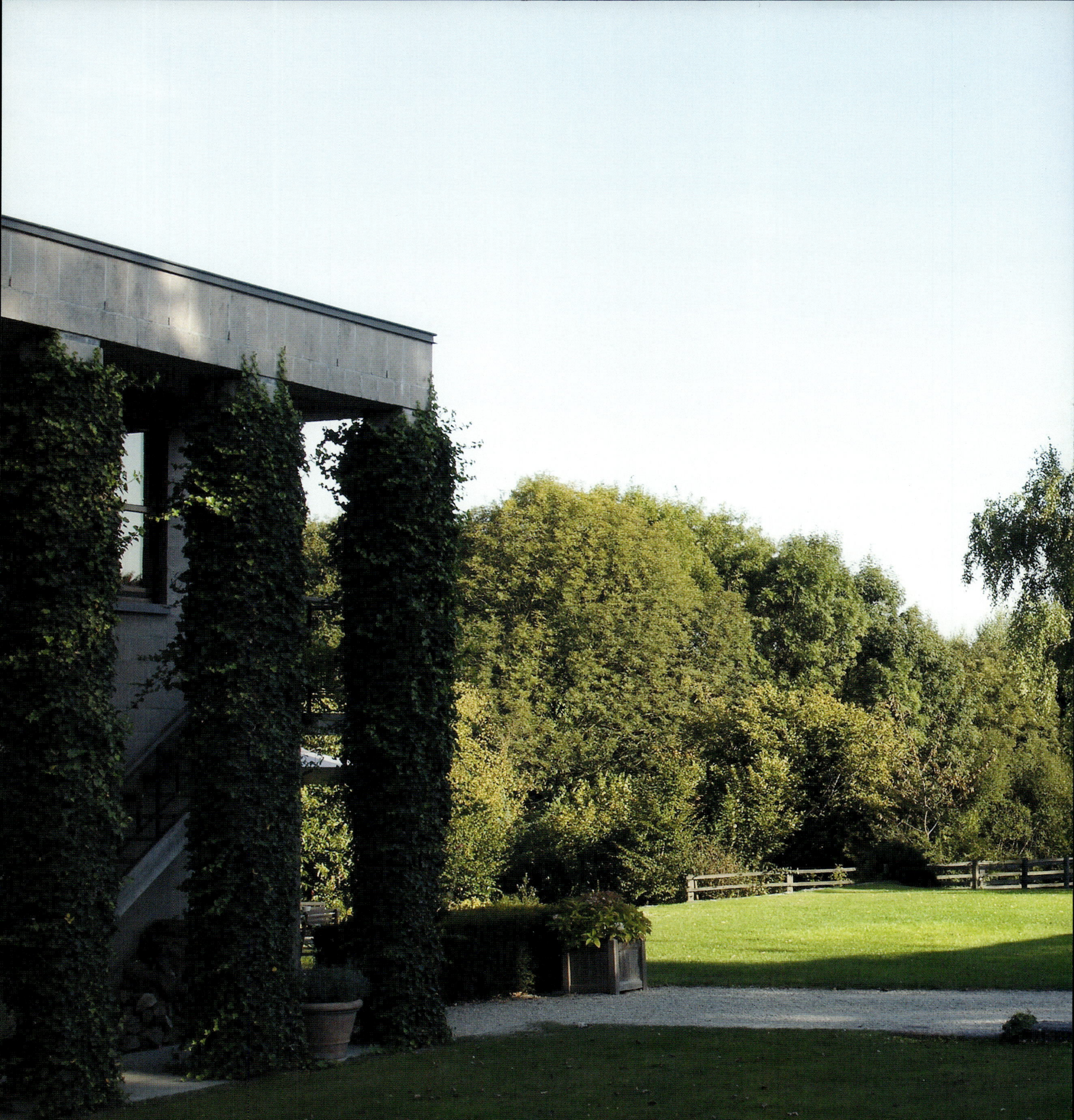

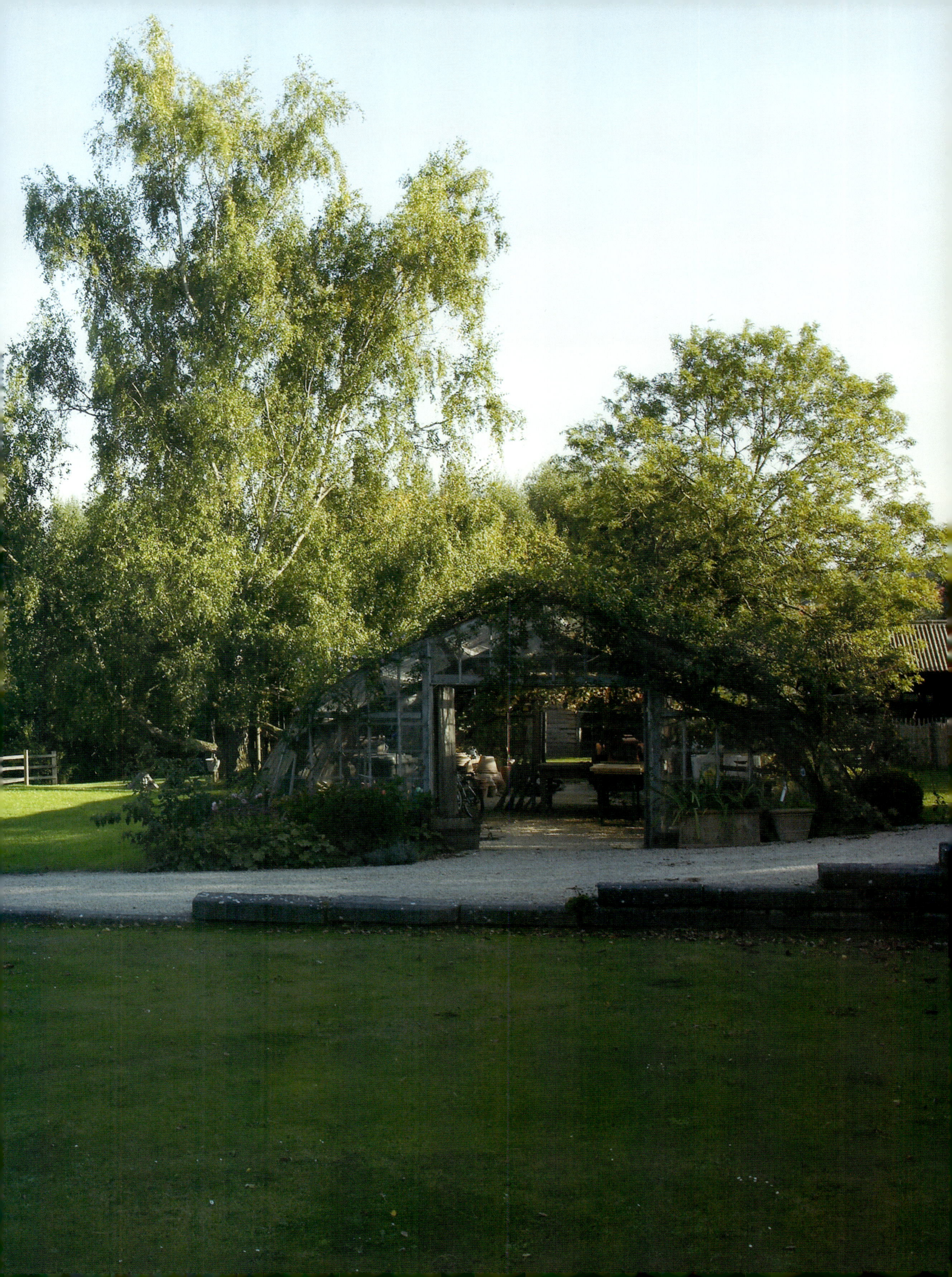

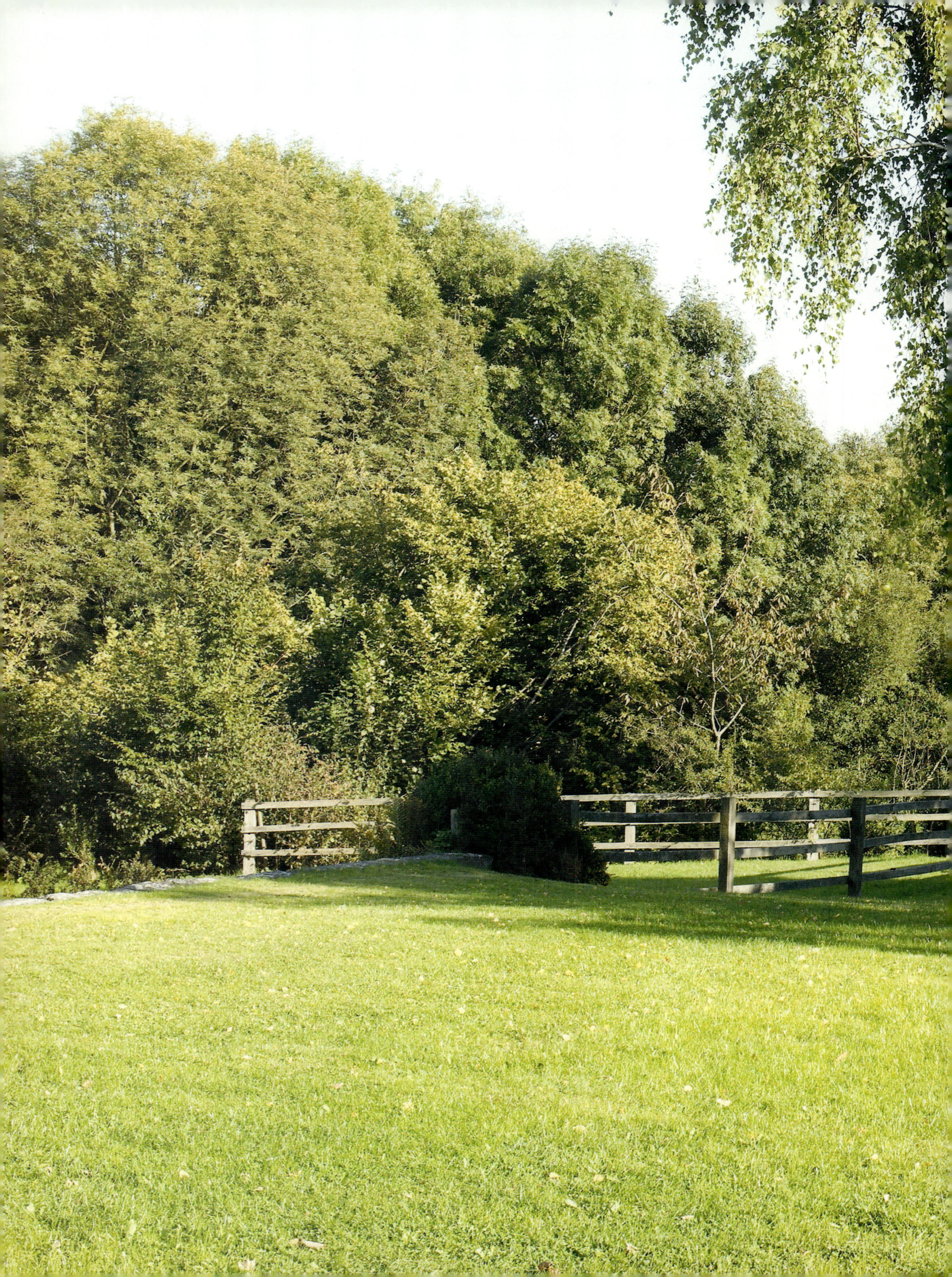

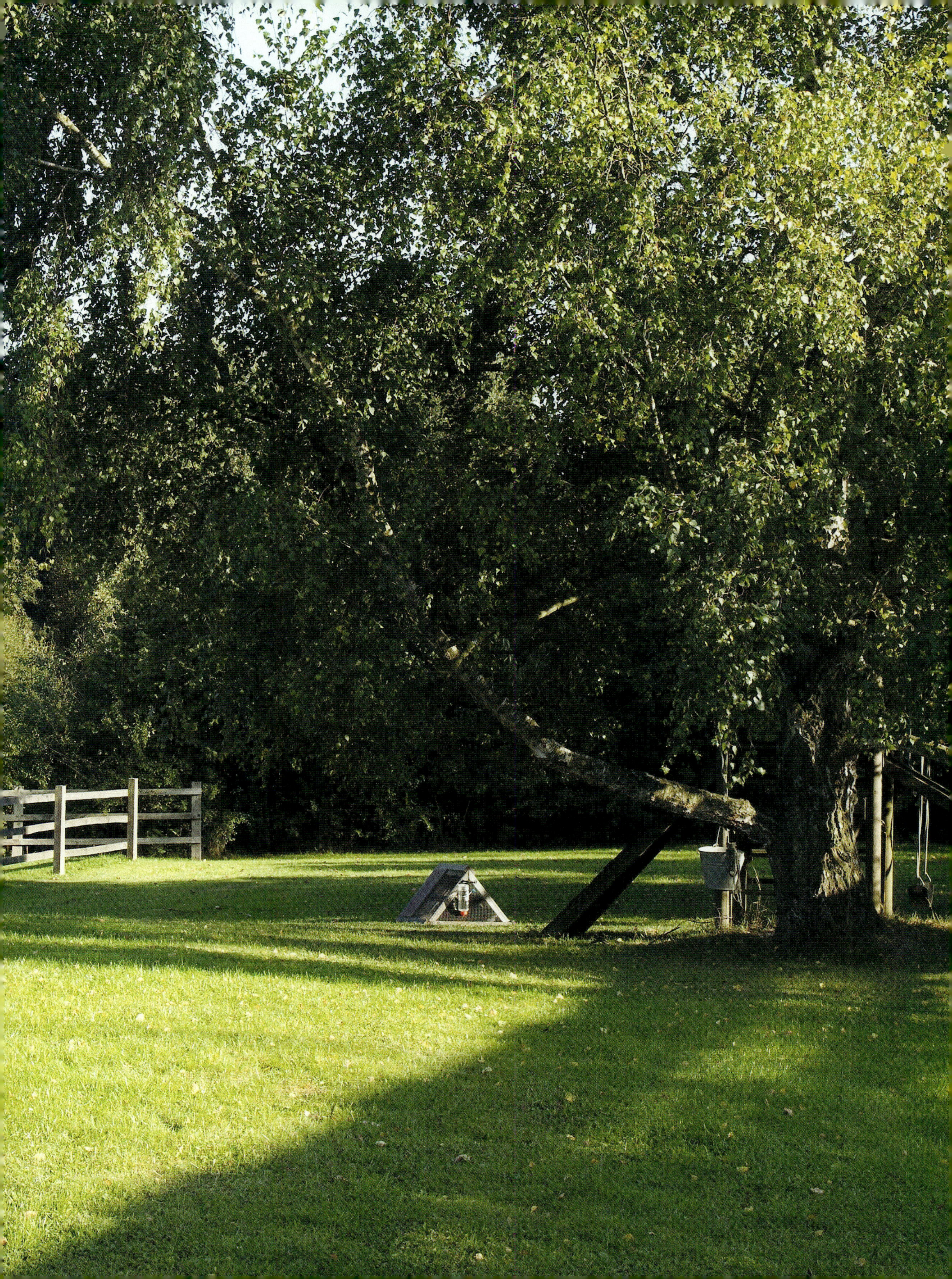

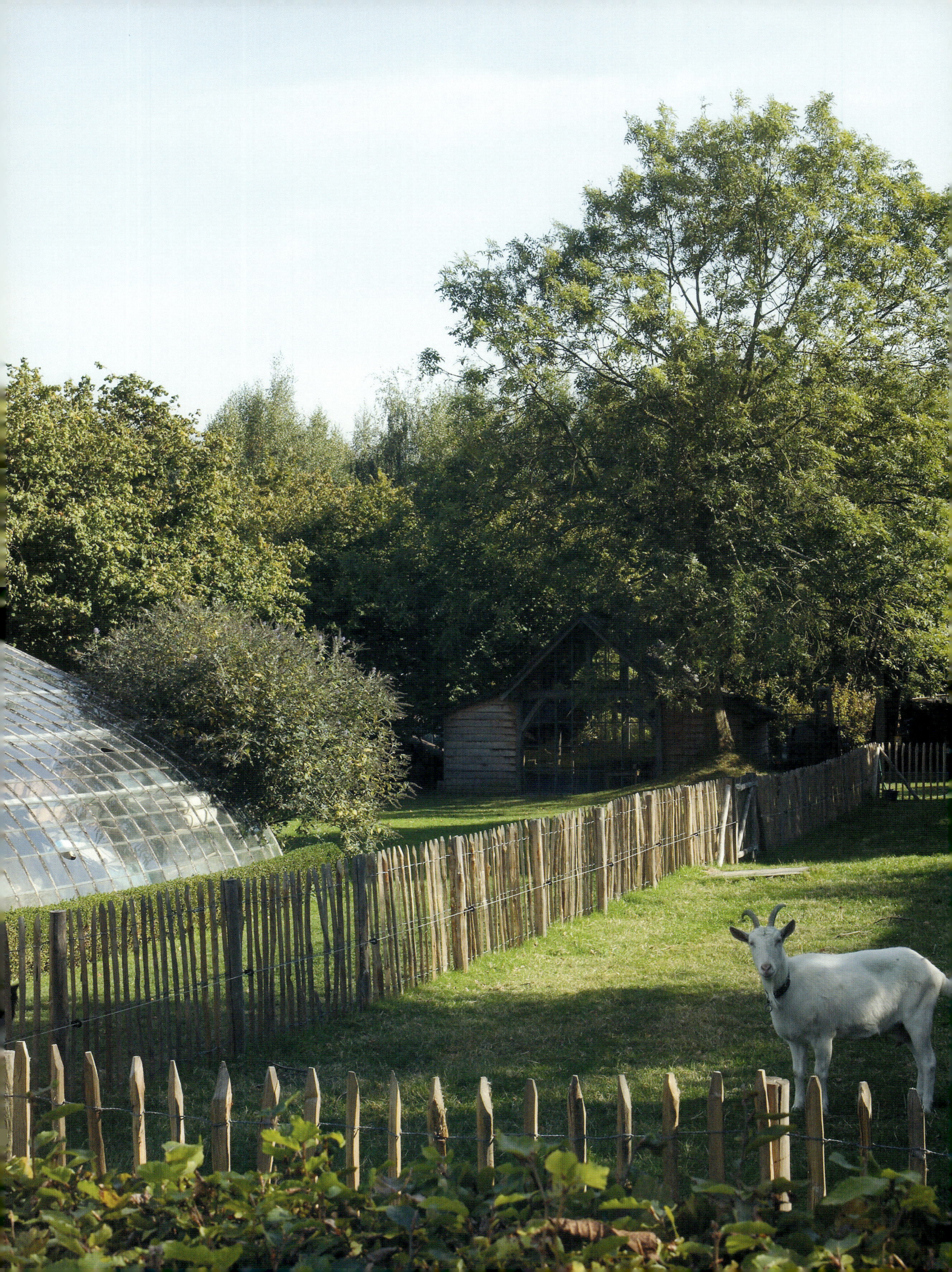

De nombreux éléments contribuent au charme intemporel de ce jardin: une serre d'avant-guerre, une piscine écologique, un verger de pommiers et poiriers dont le plus vieil arbre remonte à 1929...

SEPULCHRE & DE BELLEFROID
45, Place A. Favresse
B - 1310 La Hulpe
TEL.: +32 (0)2 652 15 72
FAX: +32 (0)2 652 15 73
www.sepulchre-debellefroid.be
www.britishgates.com
belsep@skynet.be

PAGE DE GAUCHE

Cette clôture en bois de châtaignier est idéale pour les moutons et les chèvres. Sa hauteur varie de 50 cm à 2 mètres (sur la photo, elle atteint 1 mètre).

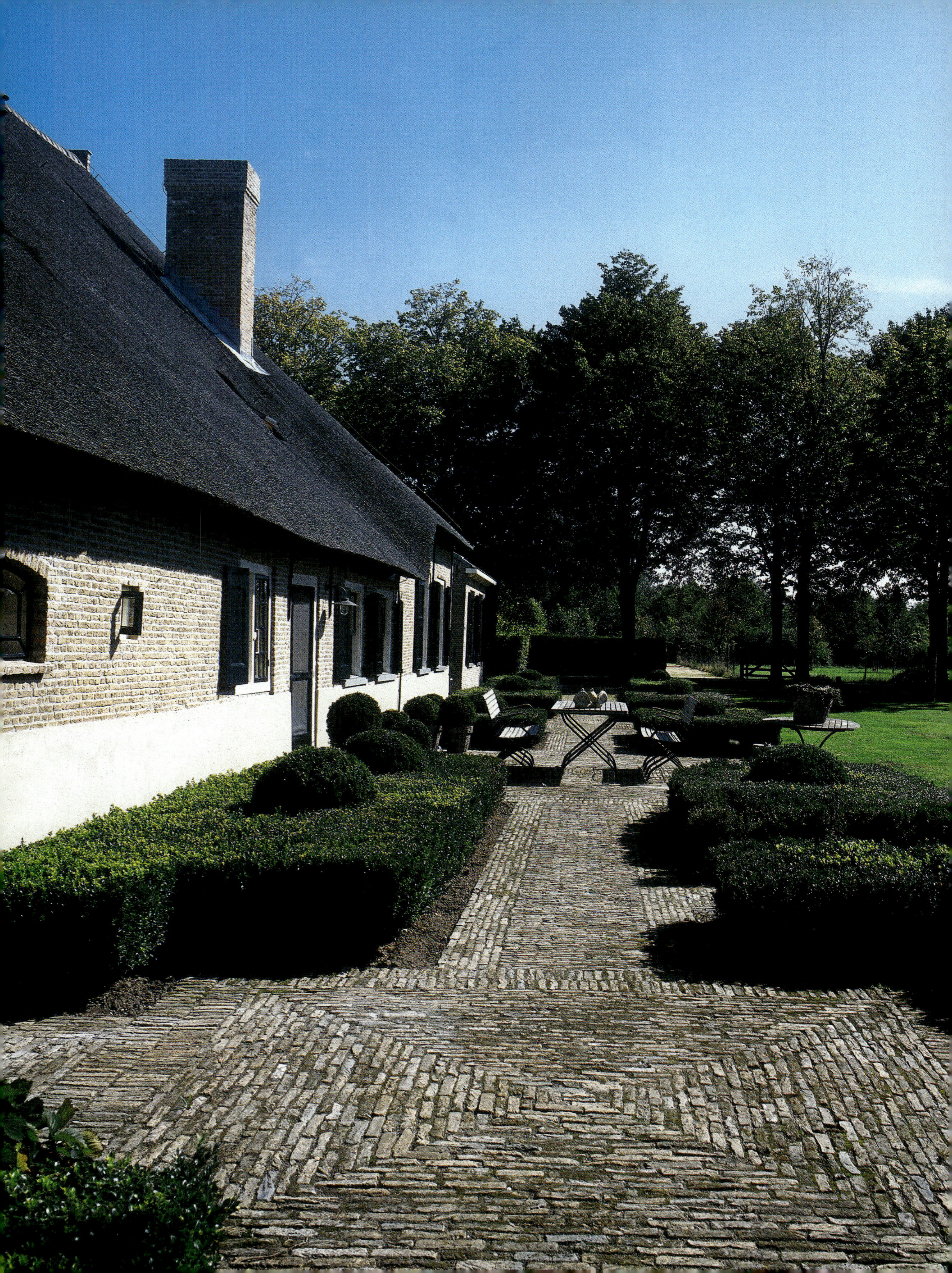

SOMPTUEUX PANORAMA DANS LE JARDIN D'UNE FERME MONUMENTALE DES POLDERS

L'architecte de jardin, *Arend Jan van der Horst*, a eu le privilège d'aménager le jardin de l'une des plus belles fermes du "Hoekse Waard", un gigantesque polder au sud de Rotterdam.
La ferme classée monument national est magnifiquement implantée au milieu d'un domaine de 2,5 ha et offre un somptueux panorama sur la nature environnante.

L'imposante toiture de chaume appelait un concept de jardin basé sur des grandes lignes et gros volumes.
Un jardin se situe à l'avant de la ferme: à cet endroit, *Arend Jan van der Horst* a opté exclusivement pour des *buis* afin d'accentuer la monumentalité. La façade de droite s'articule autour d'un axe qui conduit au terrain voisin et où ont été plantés une haie de *buis*, des *hortensias* et des tilleuls grimpants, ainsi que du lierre en guise de couvre-sol.
A l'arrière de la ferme, l'on découvre un immense jardin ornemental et un espace clos qui dissimule une piscine. L'ancien atelier du cocher a été transformé en maison d'été. Ce domaine comprend également un plan d'eau et d'innombrables pelouses que l'on aperçoit entre les chênes gigantesques. Des moutons se chargent d'une partie de la tonte des pelouses.

Entrée par l'allée des tilleuls.

PAGE DE GAUCHE
Le jardin de buis situé devant la ferme est composé de diverses terrasses en pierre d'Ijssel.

JARDINS CAMPAGNARDS

Le jardin des fleurs avec quatre platanes taillés en plateau.

Ci-contre et ci-dessus
Le jardin aux fleurs et ci-dessus une des nombreuses allées.

Arend Jan van der Horst
Oude Hoeveweg 8
NL - 4444 SR Baarsdorp
TEL.: +31 (0)113 567223
FAX: +31 (0)113 567229
arendjanvanderhorst@wanadoo.nl

L'axe latéral avec les tilleuls taillés, les *hortensias* et la haie de *buis*.

Pages suivantes
La piscine se situe dans une espace complètement clos. A cet endroit, *Arend Jan van der Horst* a utilisé d'anciennes dalles de pierre bleue belge et d'anciens petits pavés en terre cuite de format "Waal".

Jardins campagnards

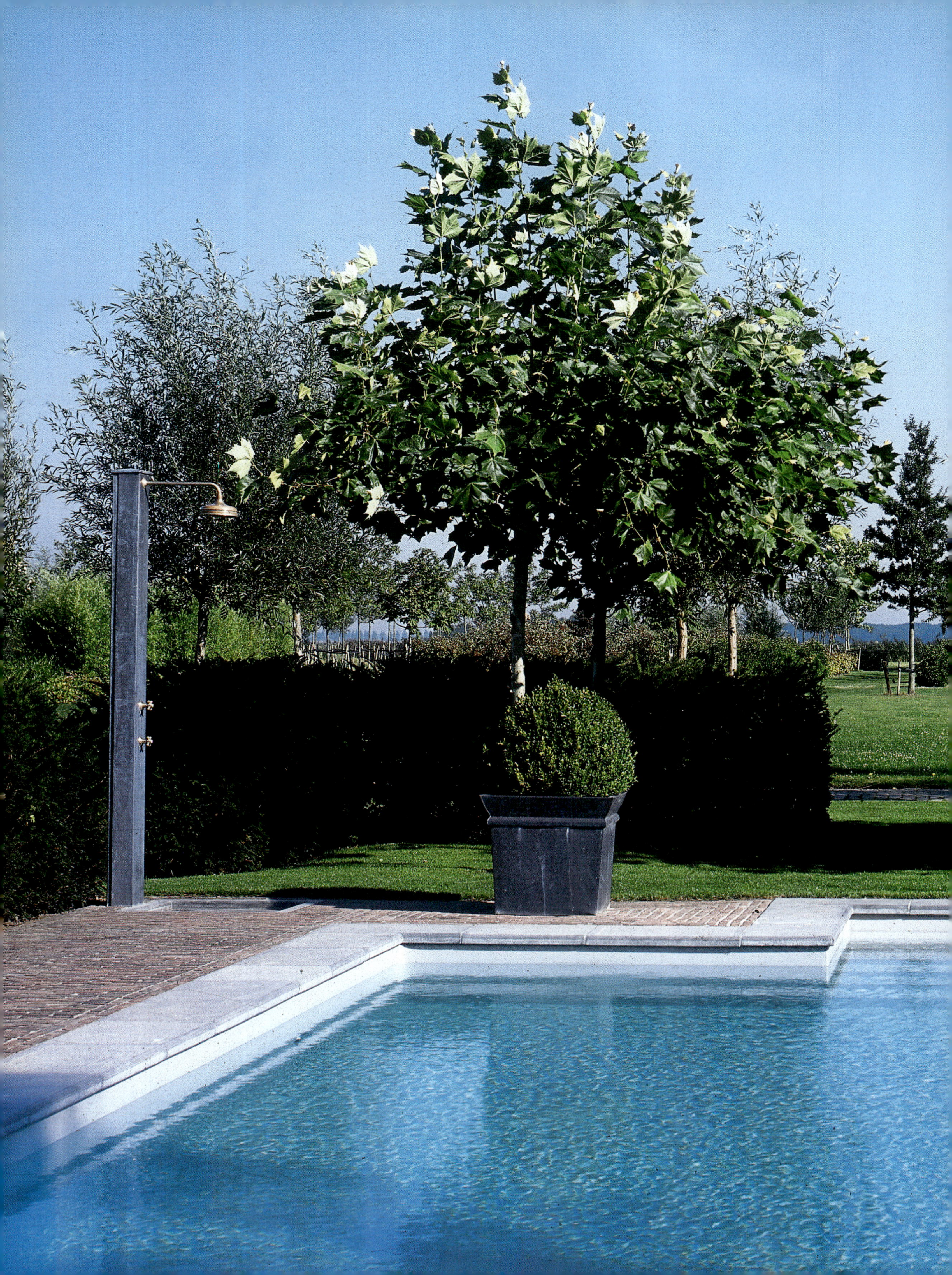

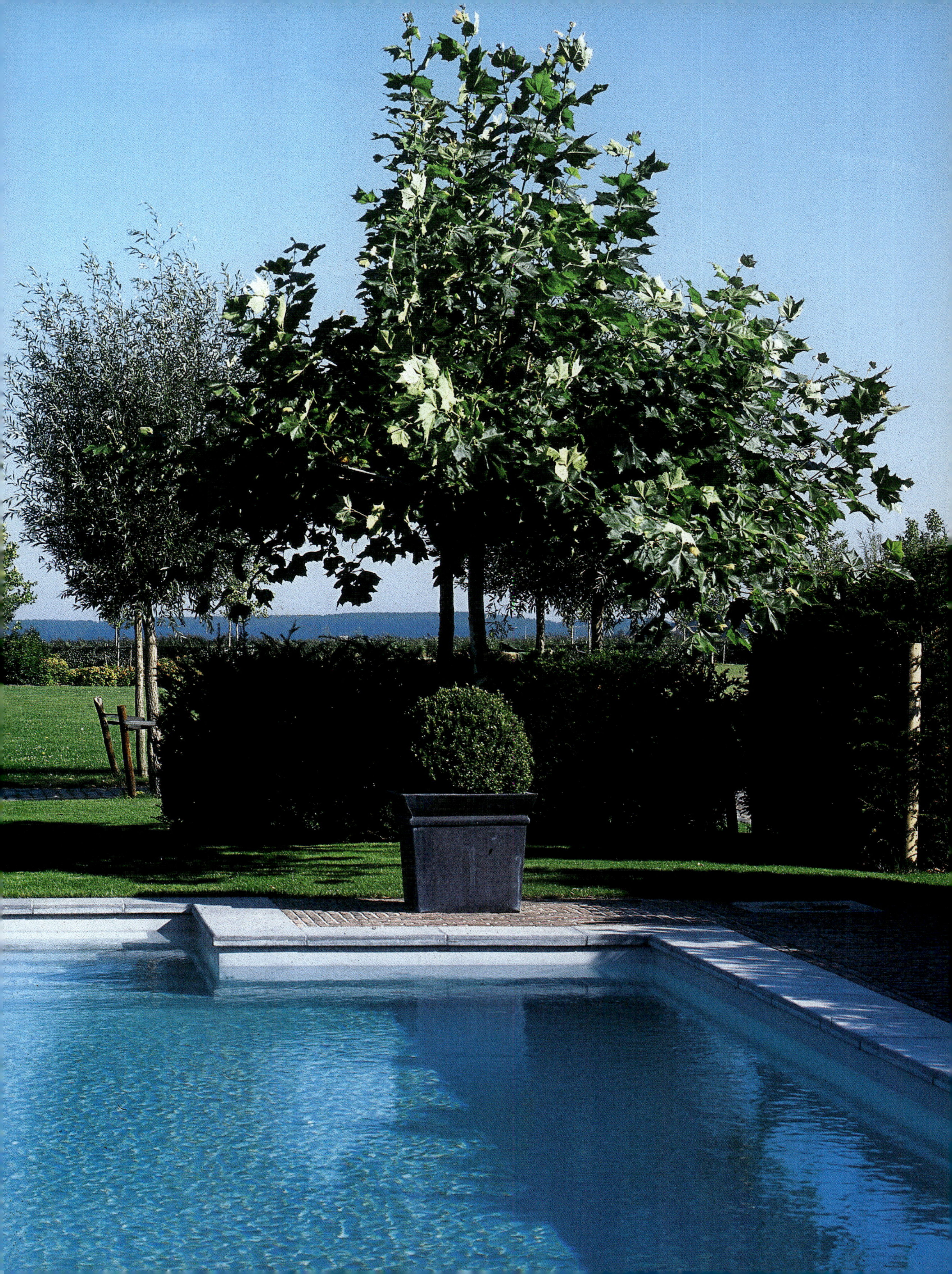

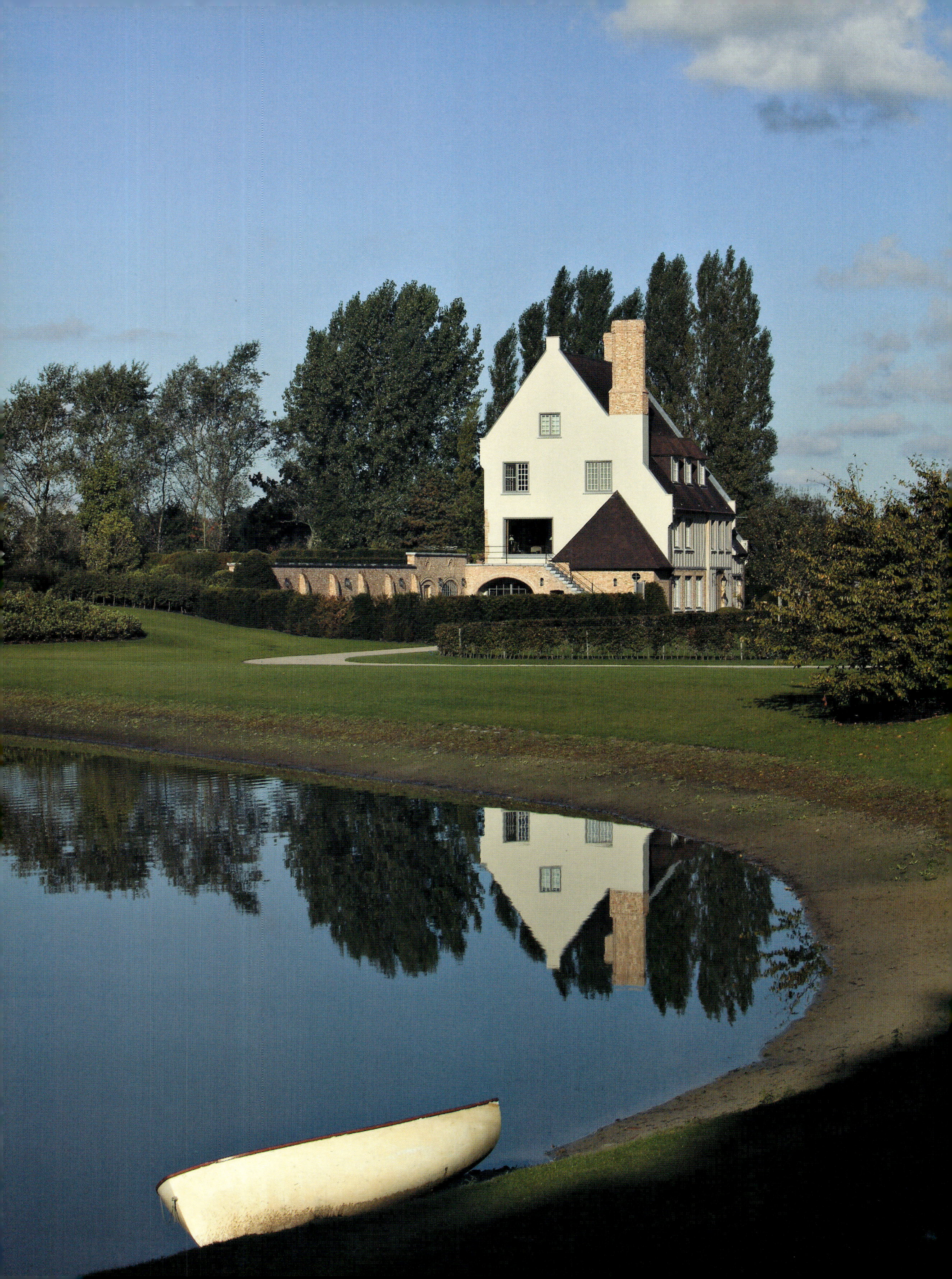

UN JARDIN DE CAMPAGNE TOUT EN SOBRIÉTÉ DANS UN MAGNIFIQUE ÉCRIN DE NATURE

L'architecte, *Bernard De Clerck*, a créé une maison de campagne de caractère dans un magnifique écrin de nature agrémenté d'un étang. Il a également aménagé le jardin dans le prolongement de l'habitation : le mur de la piscine et la structure bouillonnante créés par des *buis*, des *ifs* et de l'aubépine, sortent tout droit de son imagination.

Le *Groupe Moris* a fourni la plupart des plantes (parmi lesquelles les nombreux buis solitaires d'environ 20 ans, les ifs et les rhododendrons) et a simplifié le jardin: l'étang a été agrandi et un contact visuel a été établi entre celui-ci et l'habitation, les plantations ont été limitées à des espèces indigènes,...

Cette maison de campagne de caractère a été imaginée par l'architecte *Bernard De Clerck*, qui a également largement contribué à l'architecture de jardin.

PAGE DE GAUCHE
L'étang, qui à l'origine échappait au regard, a été agrandi et un contact visuel a été établi entre celui-ci et l'habitation.

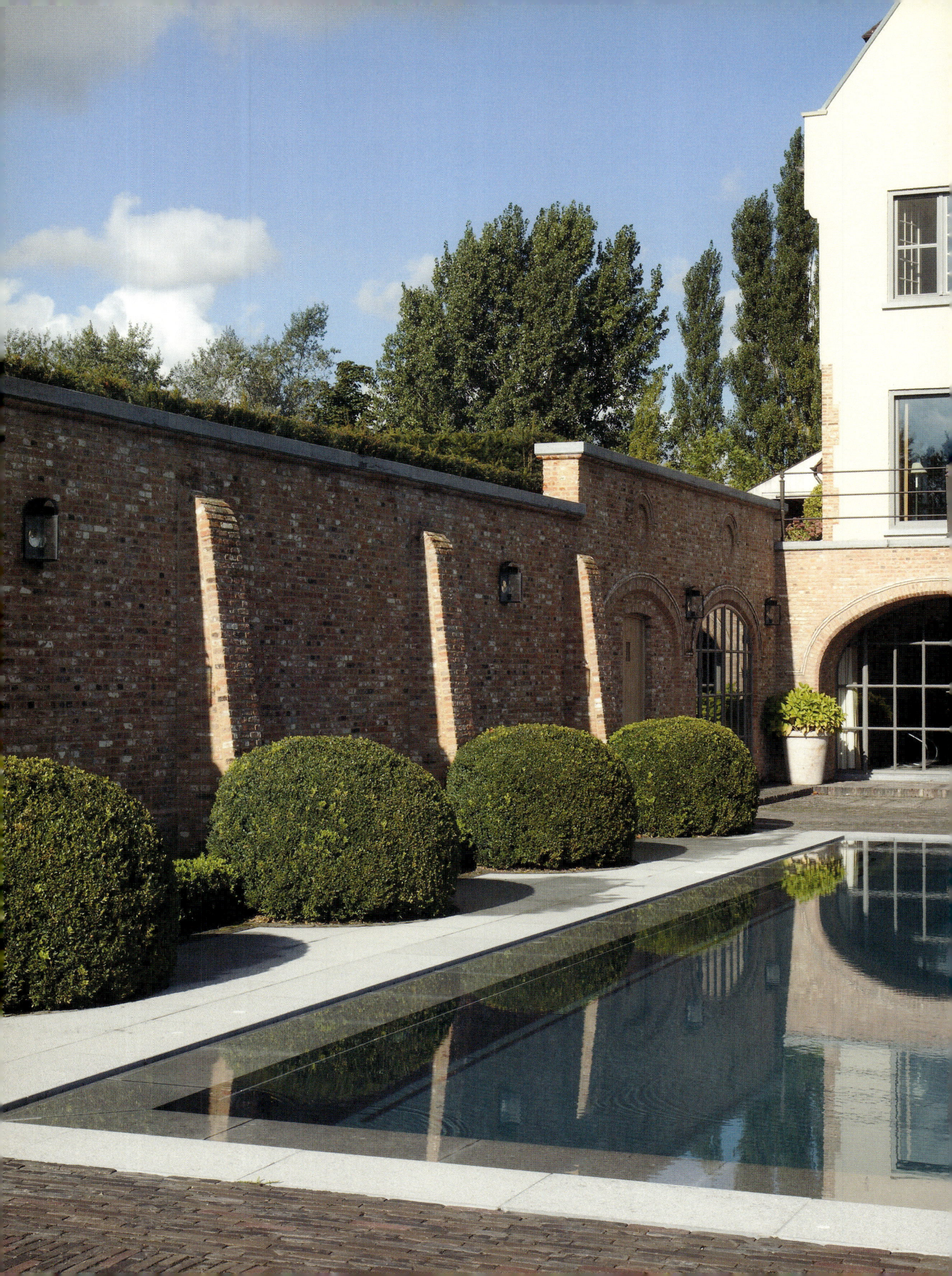

L'aménagement du jardin a été simplifié afin de profiter au maximum de la nature environnante.

PAGE DE GAUCHE
Les grands *buis* solitaires (env. 20 ans) ont été fournis et plantés par le *Groupe Moris*.

PAGES SUIVANTES
La piscine extérieure a été protégée par une haie d'ifs. A gauche de celle-ci une haie d'érable (*Acer campestre*).

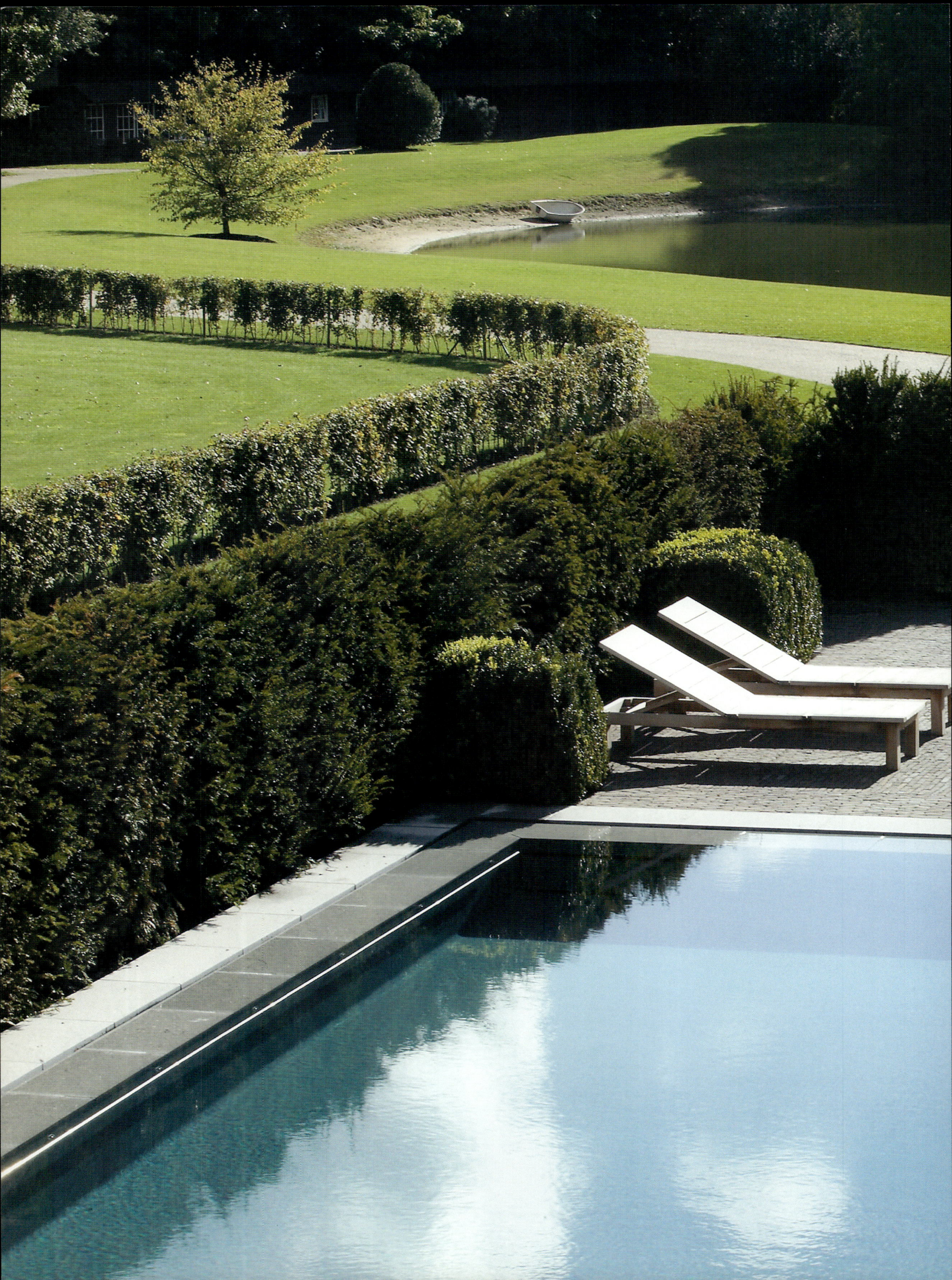

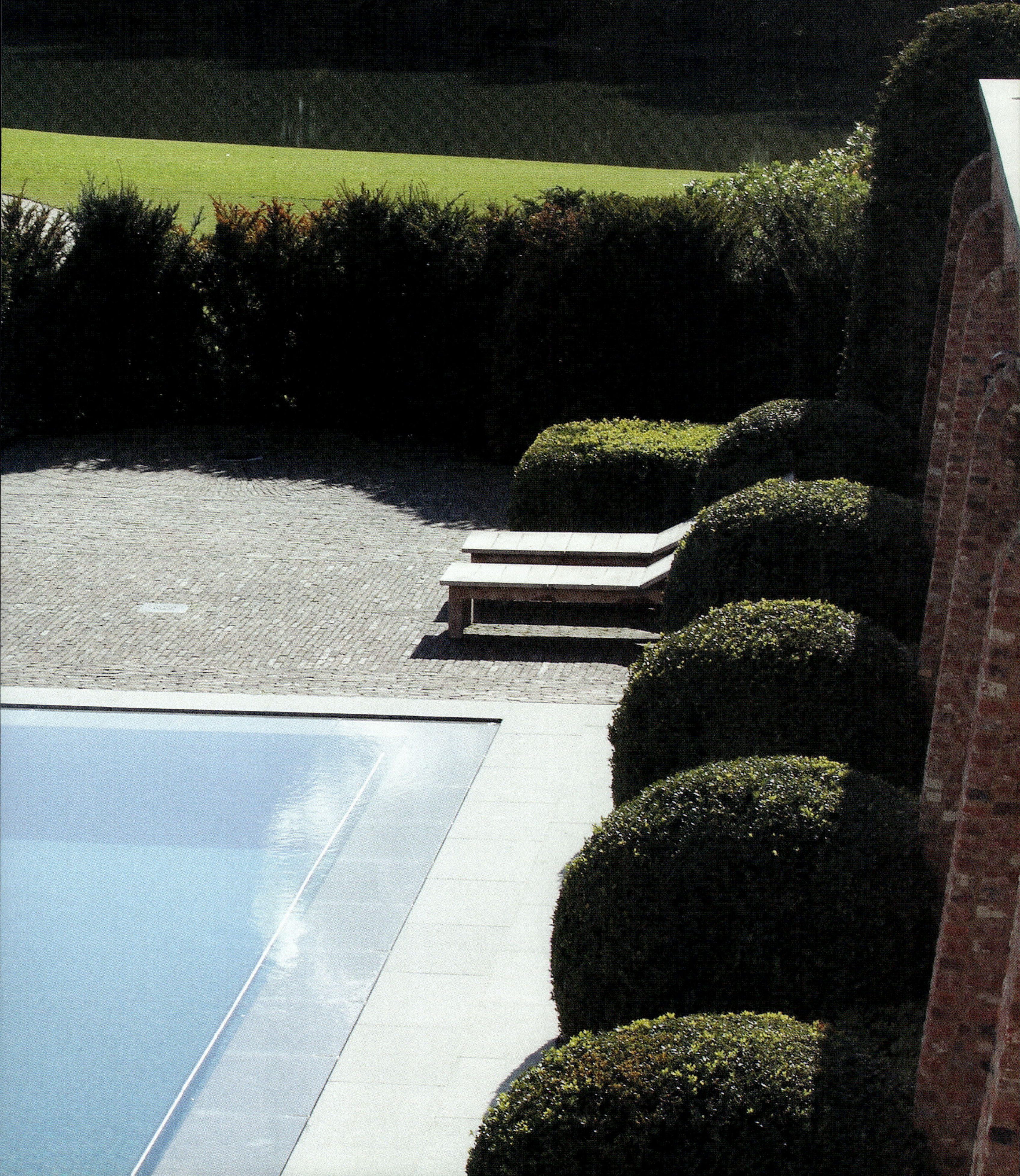

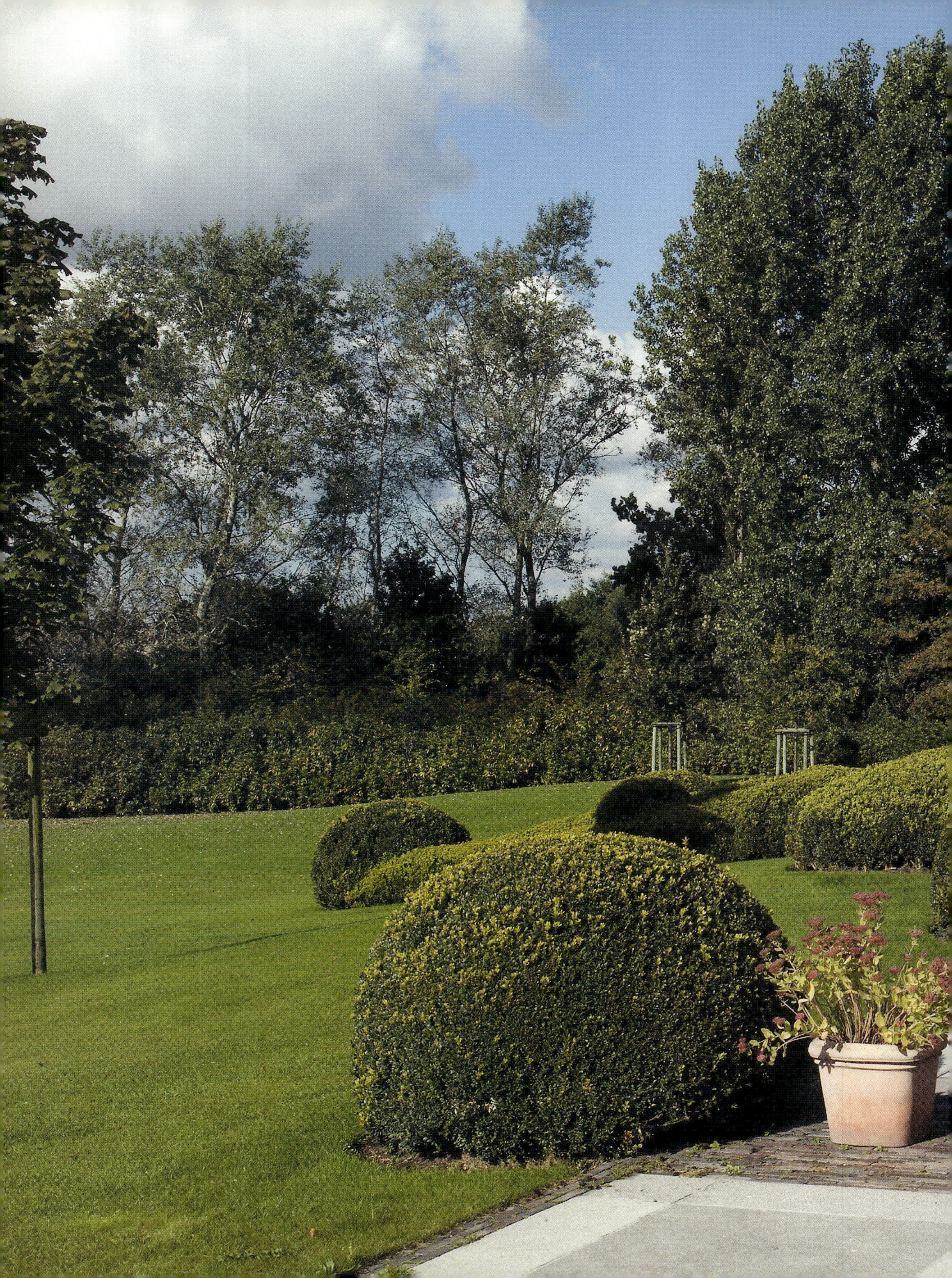

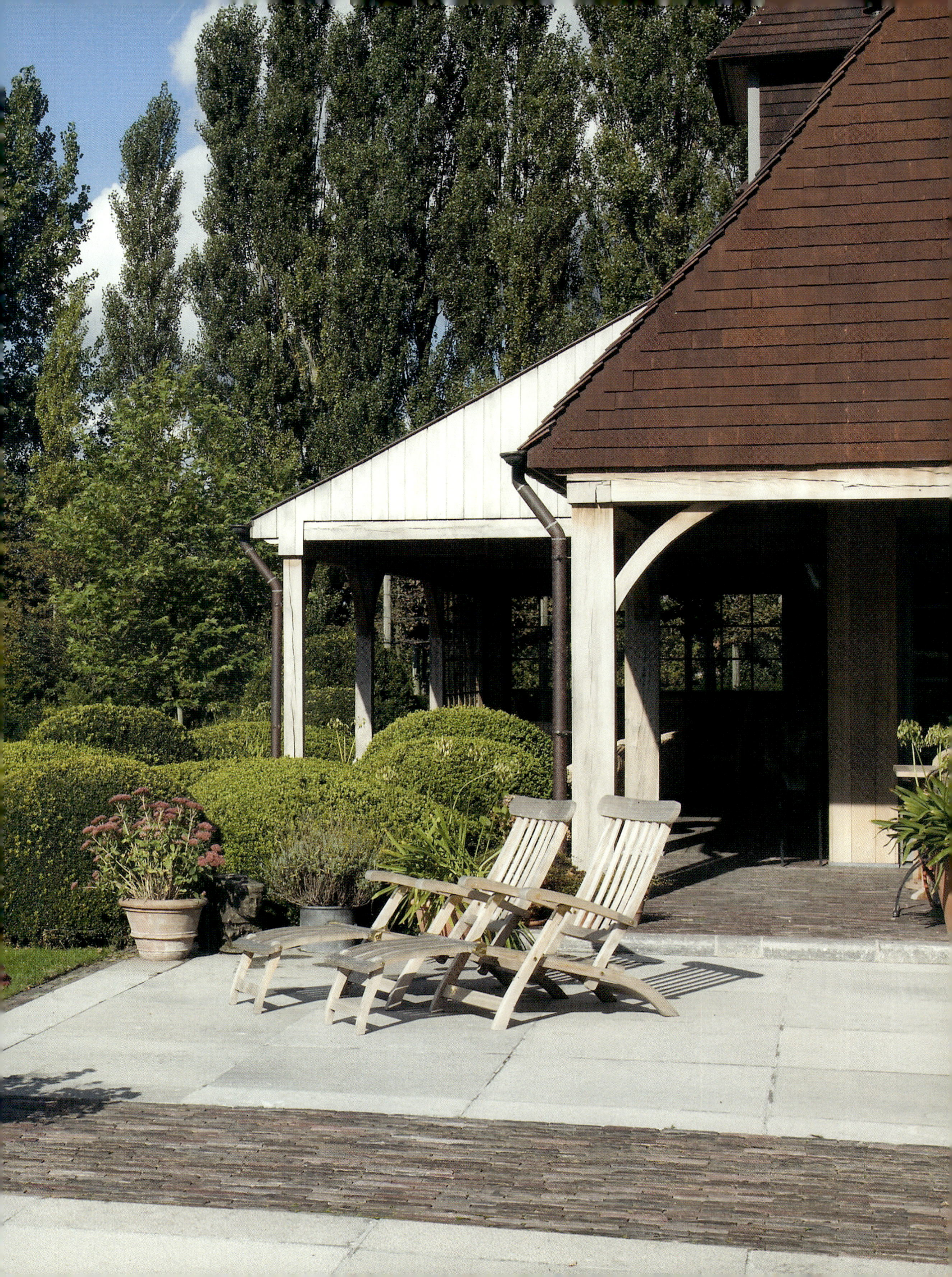

Sur cette page et page suivante
Des coins de repos ont été créés un peu partout dans ce jardin de campagne.

Pages précédentes
Les gros buis solitaires assurent la transition entre le jardin et l'ensemble formé par l'habitation et la terrasse.

Architecture et conseils en architecture de jardin:

De Clerck Bernard
Bureau d'architectes
Aarselestraat 18
B - 8700 Aarsele
TEL.: +32 (0)51 63 61 39
FAX: +32 (0)51 63 52 15
bernard.de.clerck@c3a.brenda.be

Aménagement de jardin et entretien:

Groupe Moris
Rameyenstraat 10
B - 2590 Berlaar - Gestel
TEL.: +32 (0)3 482 43 74
FAX: +32 (0)3 482 43 74
www.groepmoris.com

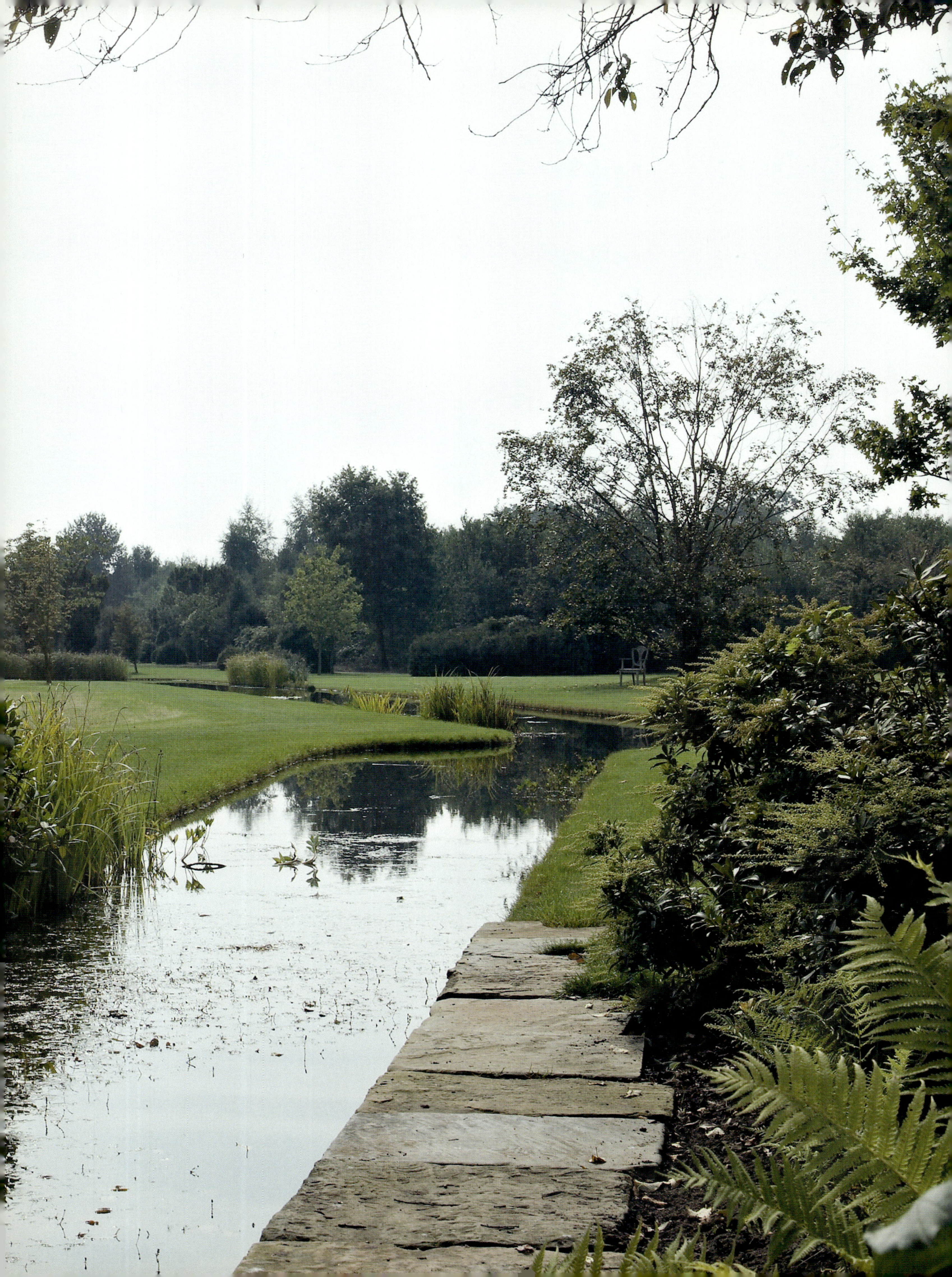

UNE PISCINE ÉCOLOGIQUE DE 100 M DE LONG PARFAITEMENT INTÉGRÉE DANS SON ENVIRONNEMENT

Les avantages d'une piscine écologique sont légion: intégration harmonieuse dans la verdure du jardin, peu d'entretien, possibilité de grandes dimensions. A celui qui veut obtenir la propreté proche de celle d'une piscine classique, *Moris* conseille d'aspirer régulièrement le fond du bassin, comme on le fait pour les piscines traditionnelles.

GROUPE MORIS
Rameyenstraat 10
B - 2590 Berlaar - Gestel
TEL.: +32 (0)3 482 43 74
FAX: +32 (0)3 482 43 74
www.groepmoris.com

A côté de la piscine écologique, *Mark Moris* a également aménagé un magnifique jardin ornemental constitué pour la plupart de fleurs des champs.

PAGE DE GAUCHE ET P.120 À 123
Une piscine écologique s'intègre parfaitement dans la verdure du jardin.

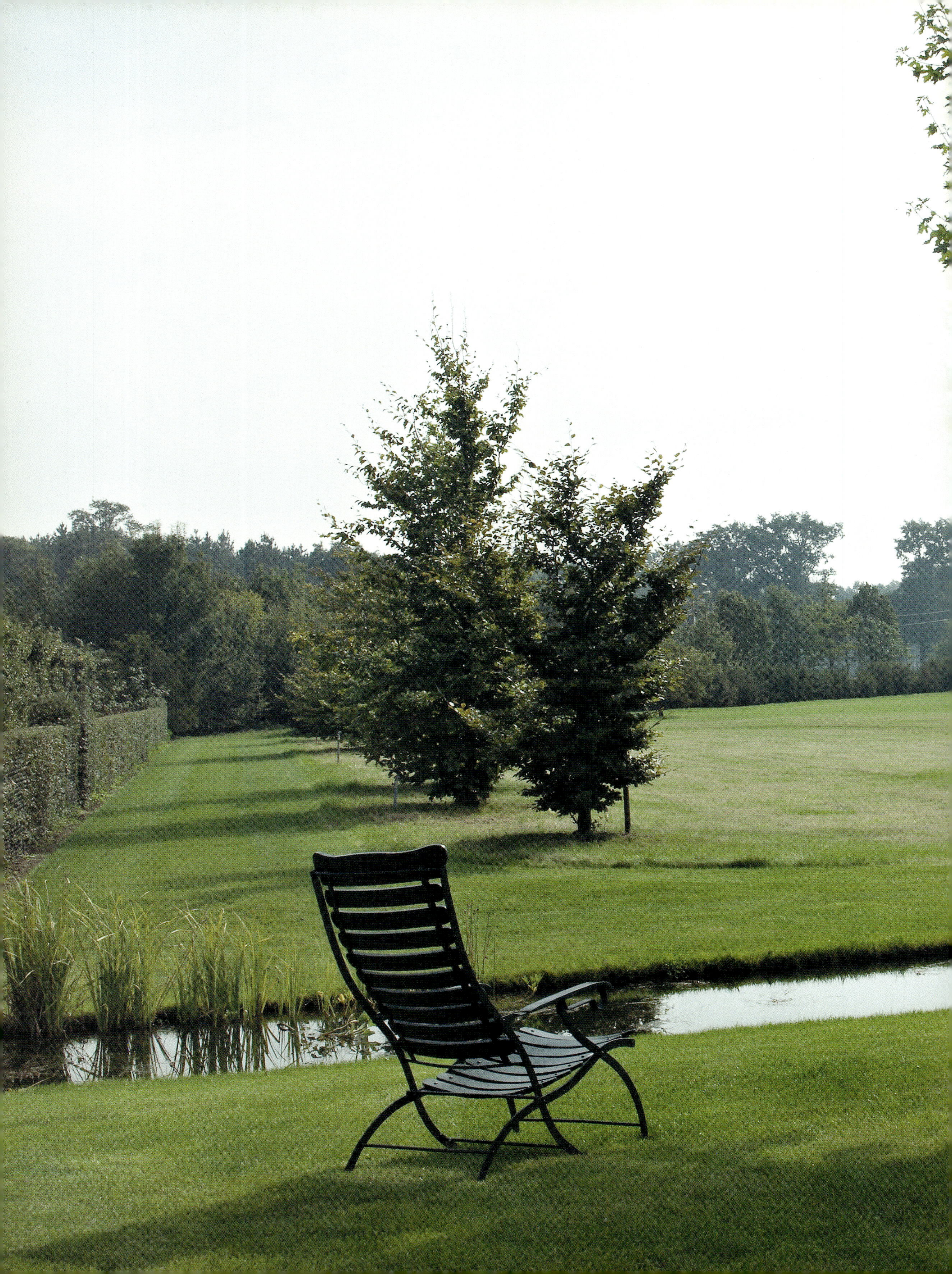

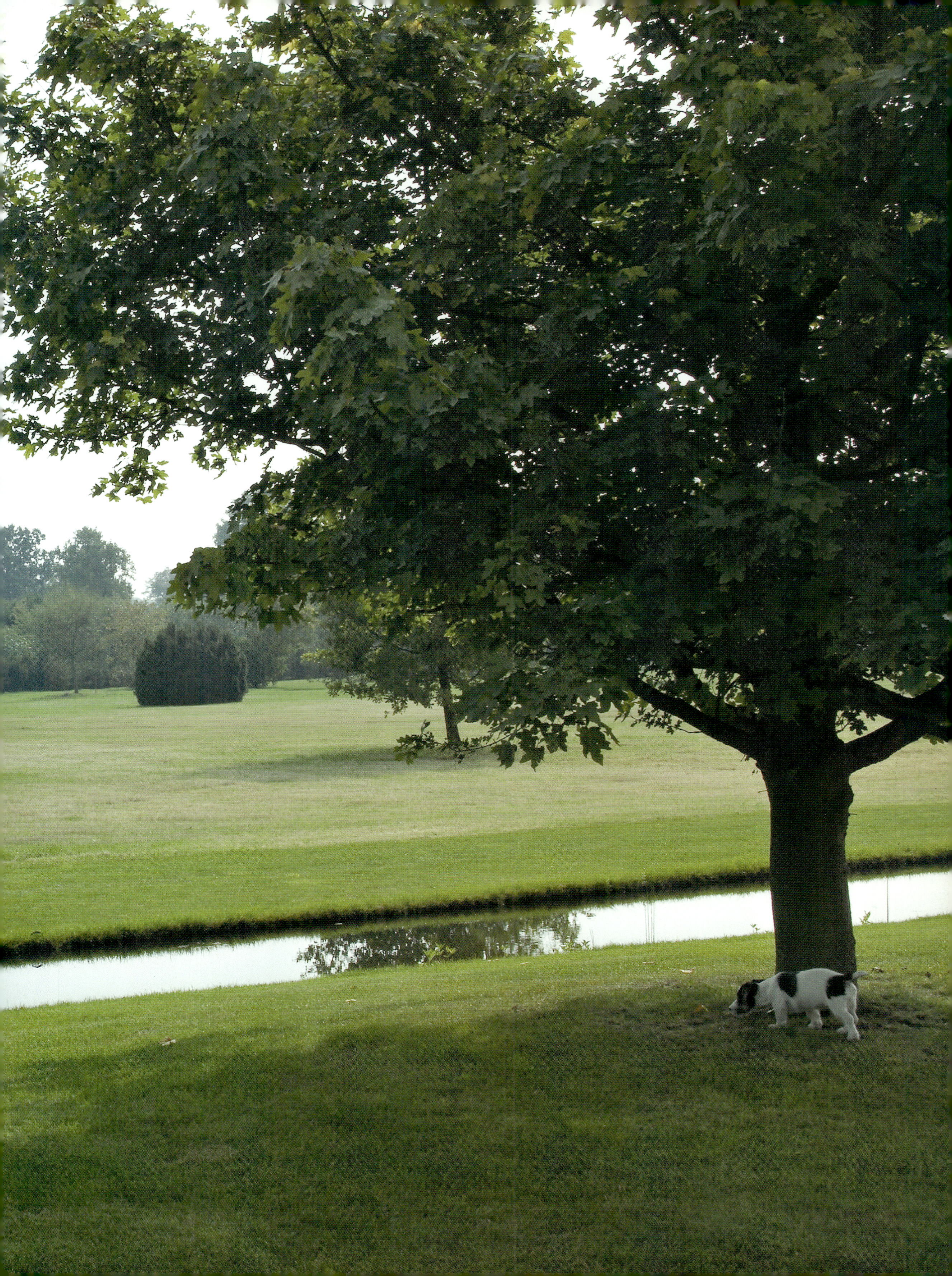

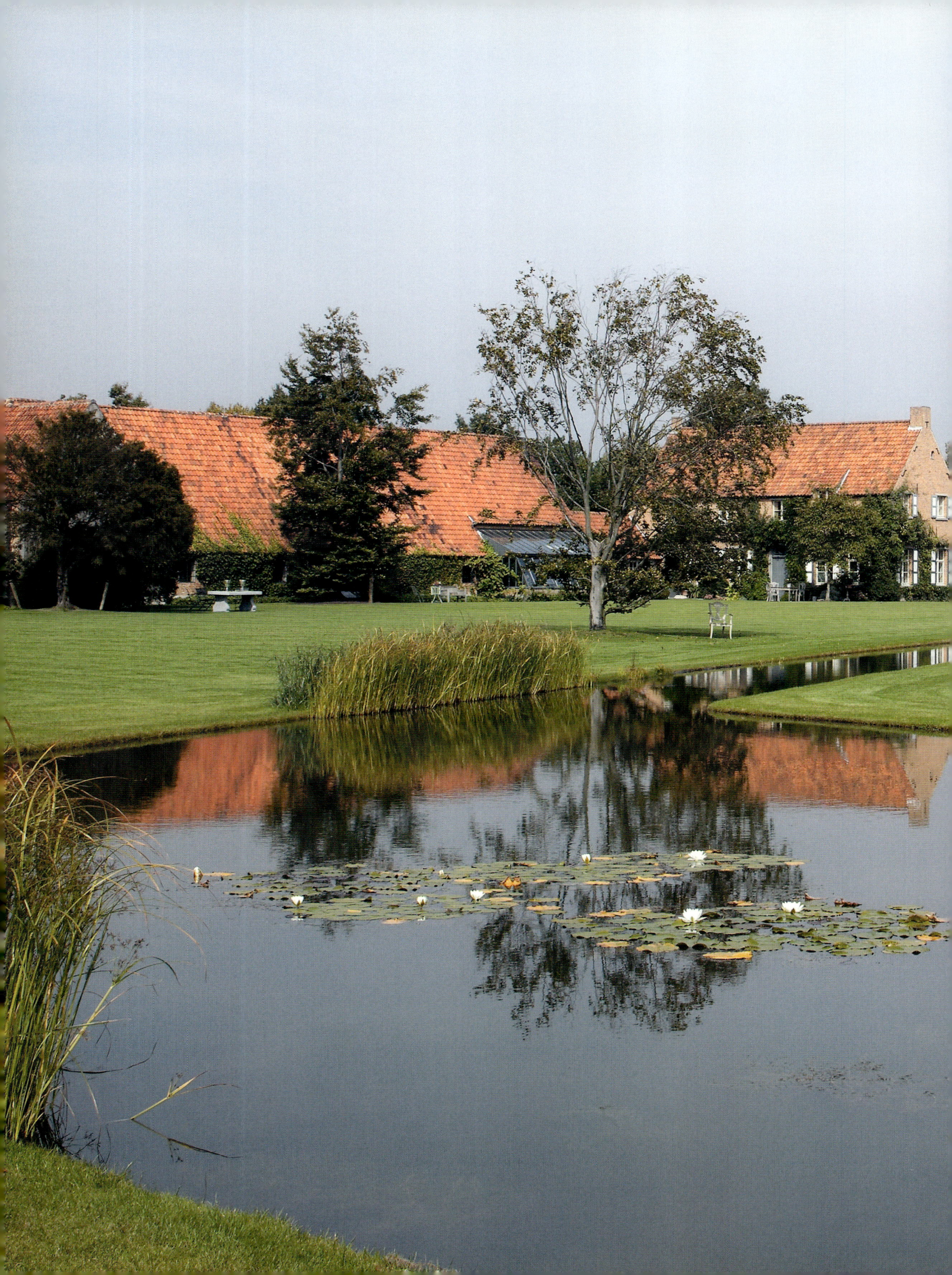

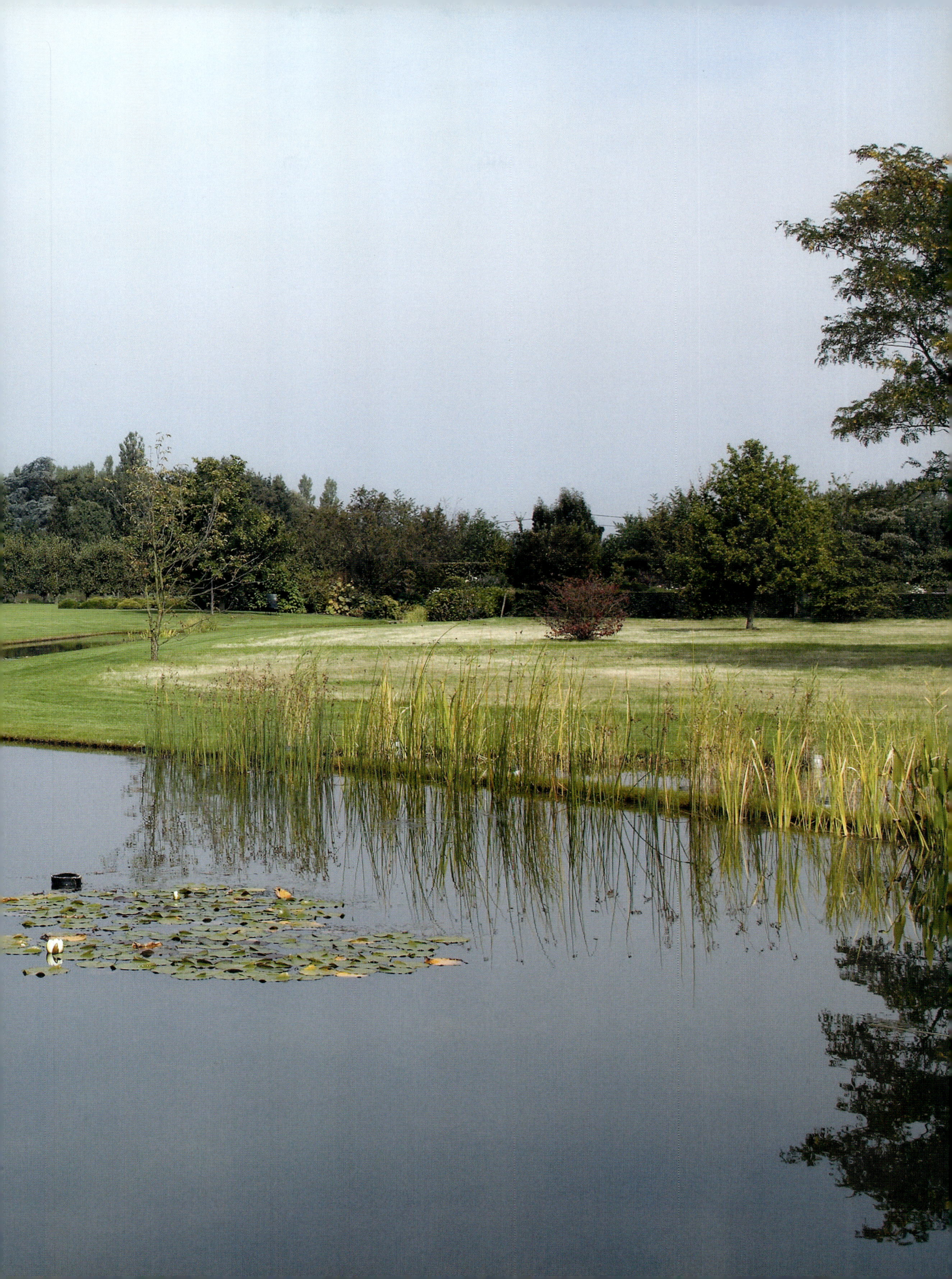

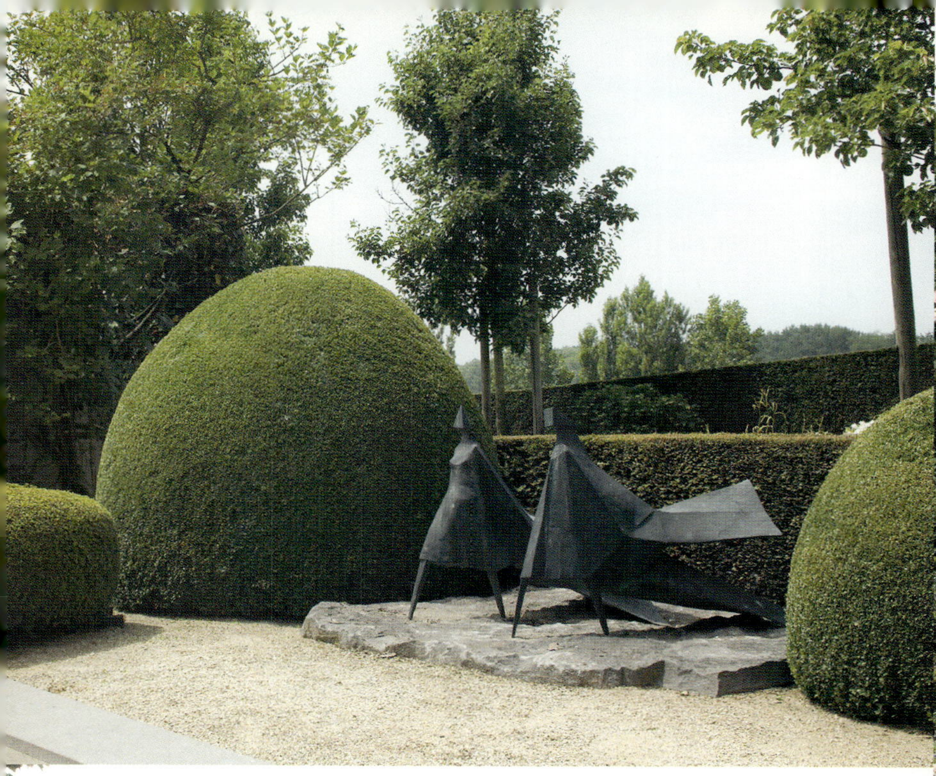
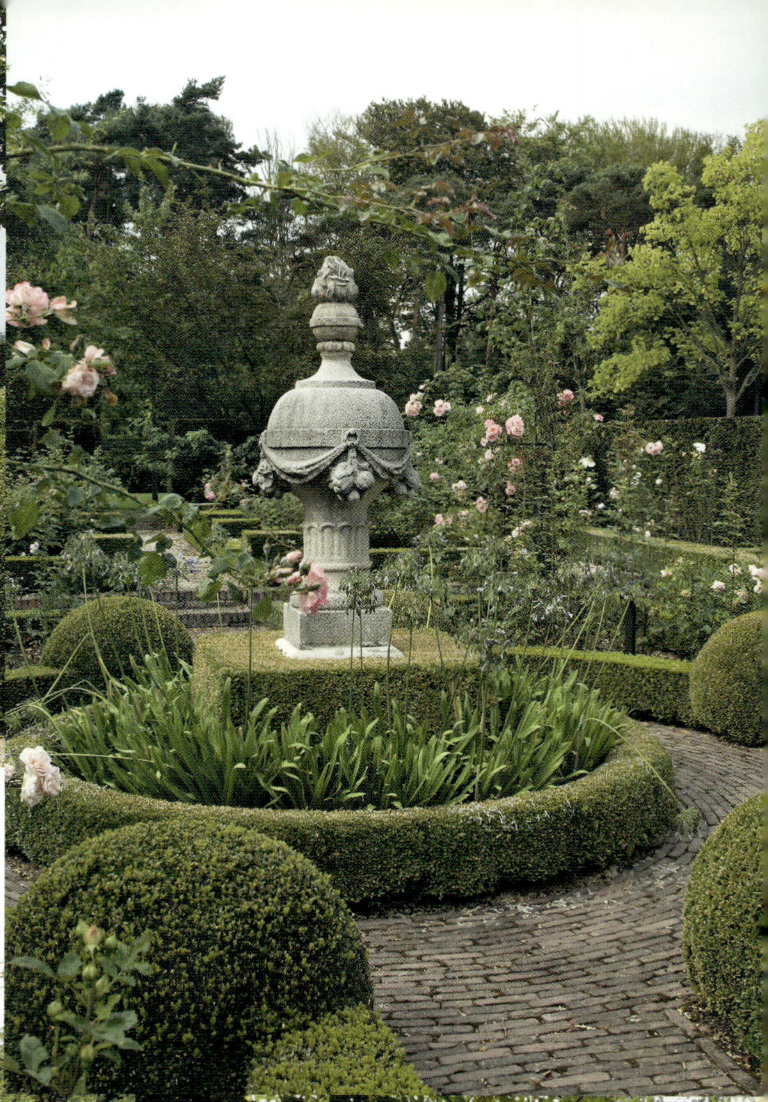
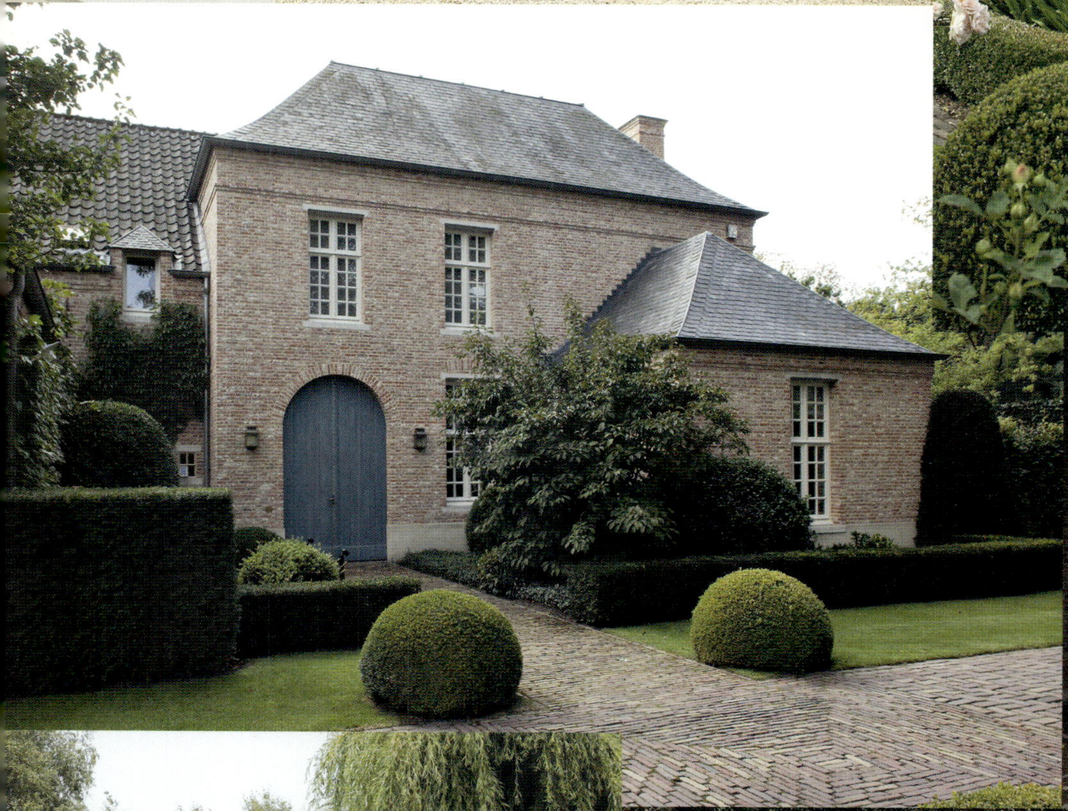
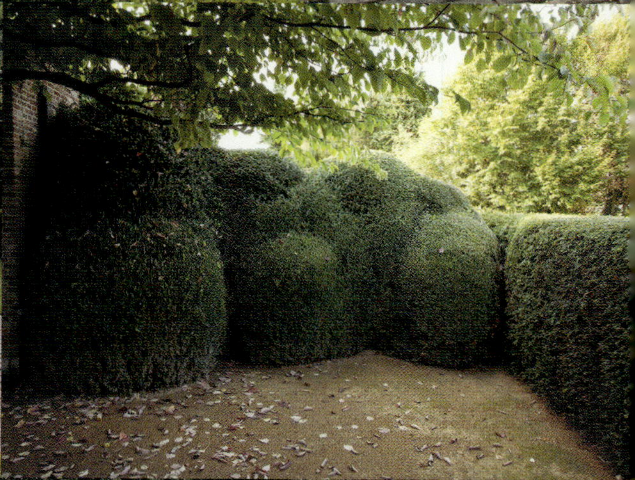
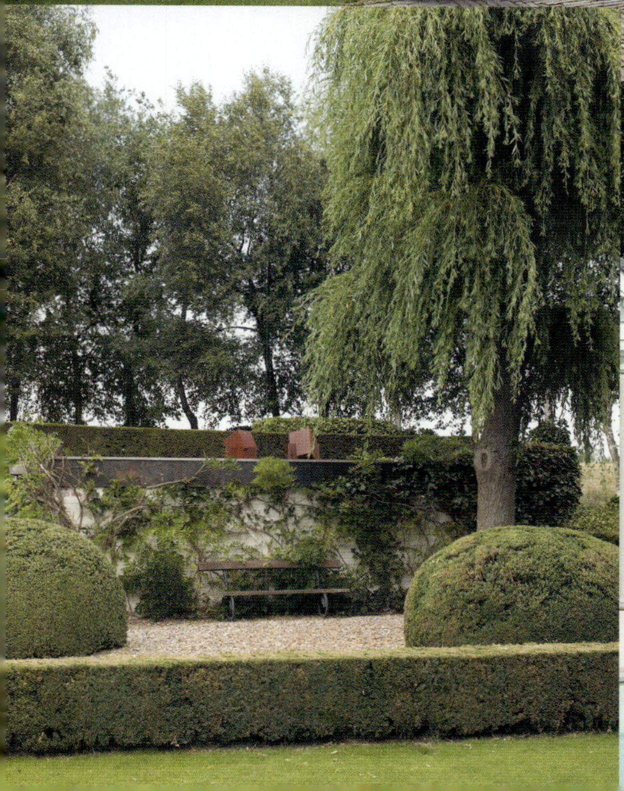
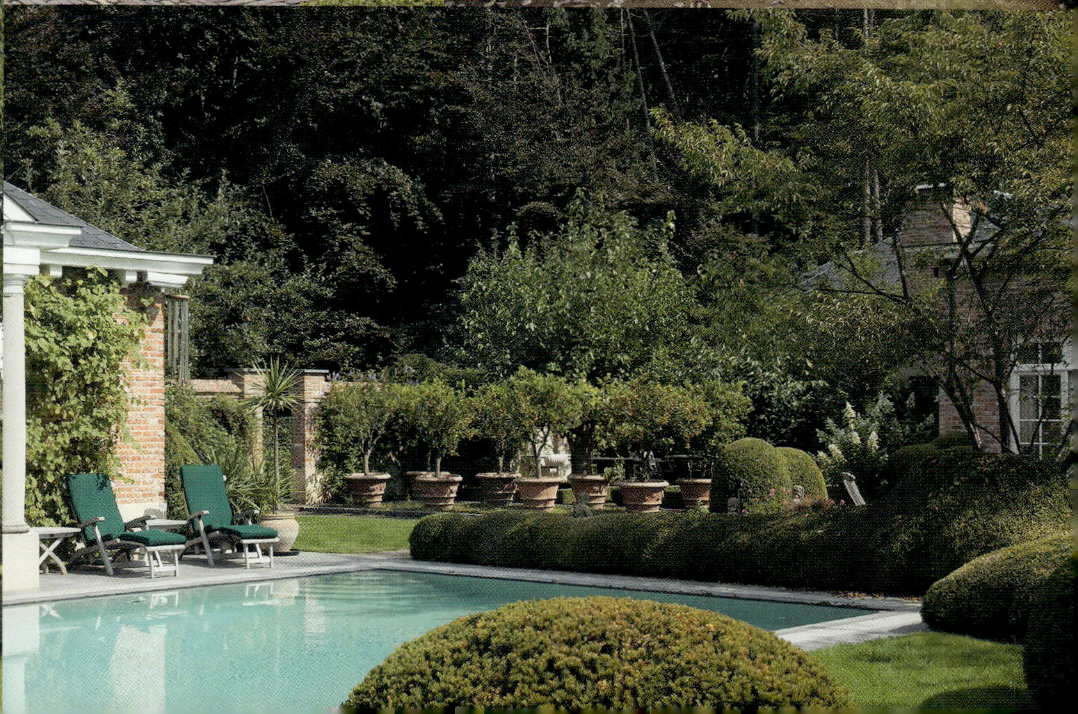

PARTIE III

JARDINS CONTEMPORAINS

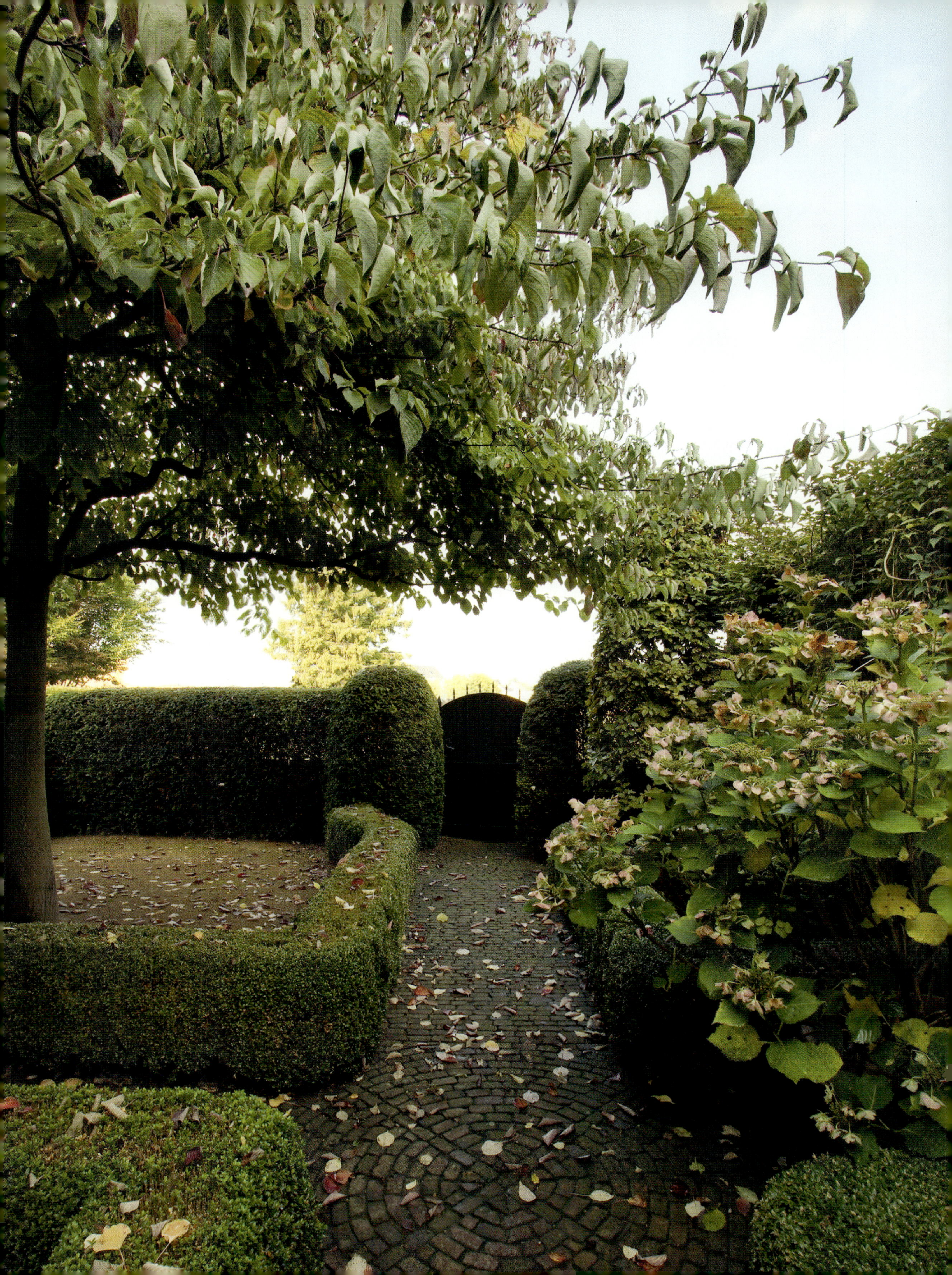

LE CHARME DISCRET
D'UN JARDIN DE VILLE

Un petit jardin de ville a été imaginé par le *Groupe Moris* dans le style caractéristique de la maison: lignes sobres et épurées, palette monochrome et utilisation cohérente d'anciens matériaux de construction authentiques tels que de la pierre bleue et des pavés d'argile récupérés.
L'ensemble est dominé par un magnifique cornouiller (*Cornus controversa*).

PAGE DE GAUCHE ET CI-DESSUS

Le charme discret d'un jardin de ville.

A droite sur la photo, un arbre qui s'intègre parfaitement dans un petit jardin : un cornouiller (*Cornus controversa*).

Le sentier est délimité par des *Buxus sempervirens*. La terrasse est constituée de pierre bleue de récupération. Le lattis est réalisé en bois de teck.

GROUPE MORIS
Rameyenstraat 10
B - 2590 Berlaar - Gestel
TEL.: +32 (0)3 482 43 74
FAX: +32 (0)3 482 43 74
www.groepmoris.com

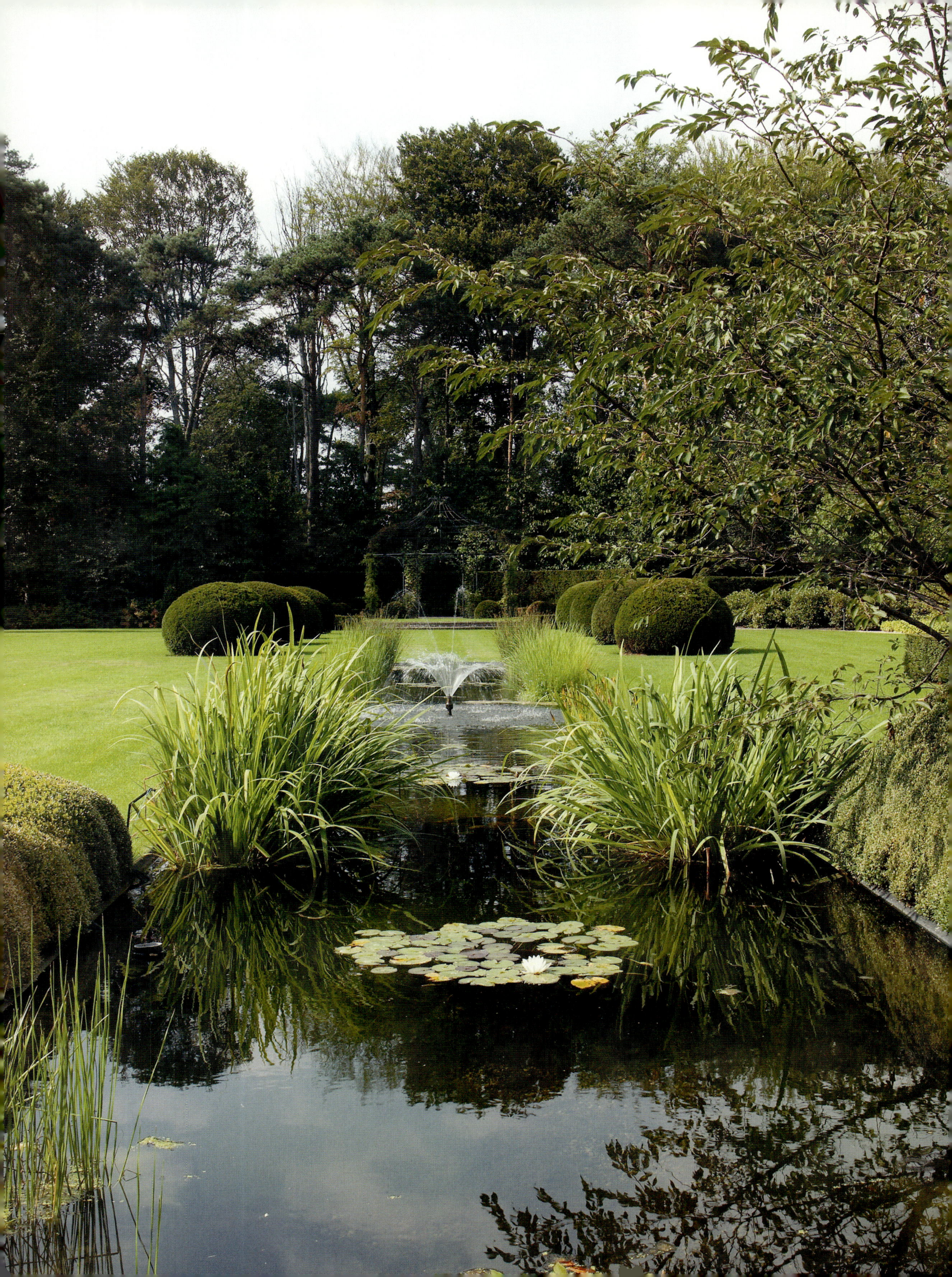

UN VOYAGE AUTOUR DU MONDE

Un couple entreprenant qui voyage régulièrement autour du monde, a demandé au bureau *Avantgarden* d'imaginer un jardin à forte connotation internationale pour leur demeure située dans un endroit idyllique.

Avantgarden est parvenu à intégrer de nombreuses cultures et sources d'inspiration dans ce jardin: un jardin japonais, des influences toscanes, un "sunken rose garden" anglais,... Ces différents jardins sont dissimulés de manière raffinée derrière de boules et haies de buis, de houx et d'osmanthe.
L'ensemble offre un panorama structuré et fascinant.

Dans ce jardin, le promeneur va d'une découverte à l'autre: dans cet endroit, des atmosphères très différentes – qui répondent aux souhaits des propriétaires – sont réunies de manière harmonieuse.

PAGE DE GAUCHE ET CI-DESSUS

Ce jardin, entouré d'une pinède, a été aménagé par *Avantgarden* en 1999.
L'étang orné de plantes aquatiques est de 4 x 34 m. A l'arrière plan (p. 130), huit boules d'ifs d'environ 60 ans et de 2,80 mètres de haut mènent à une gloriette en fer forgé sur laquelle grimpent diverses variétés de roses et clématites.

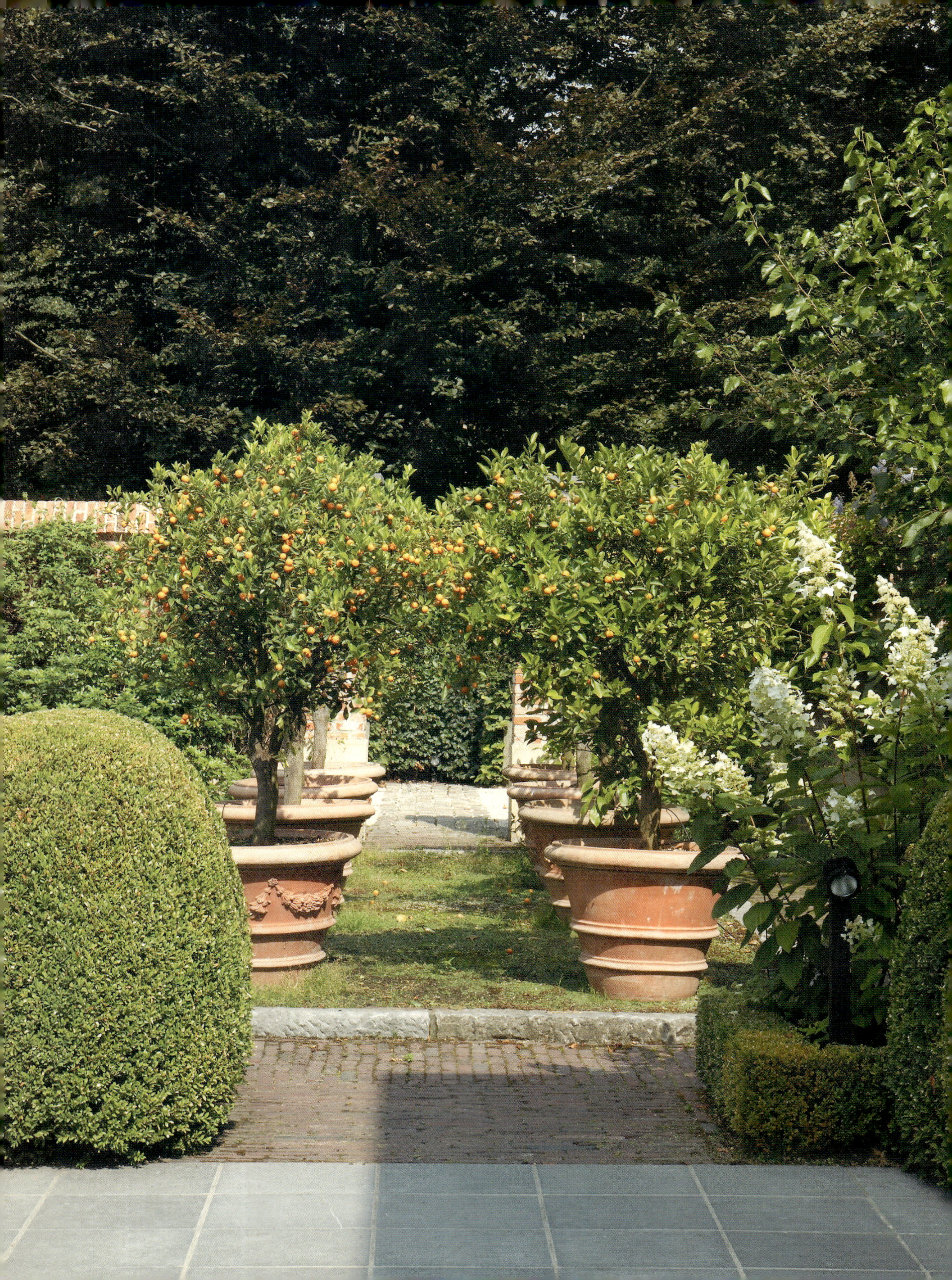

Le pavillon de tennis est dissimulé derrière une collection de rhododendrons derrière lesquels ont été plantés un *Pauwlonia tomentosa* et une haie d'ifs taillée. Les topiaires qui entourent la piscine sont des buis.

PAGE DE GAUCHE

Influences toscanes dans cette partie du jardin. Les pots en terre cuite viennent d'Impruneta. La terrasse et les bordures sont en pierre bleue de récupération; les pavés ont été cuits au four réverbère.

PAGES SUIVANTES

La piscine à débordement est encadrée de pierre bleue et entourée de petites haies de *Taxus*. A l'arrière plan, l'on aperçoit un pavillon de tennis avec un terrain de tennis à l'arrière.

JARDINS CONTEMPORAINS

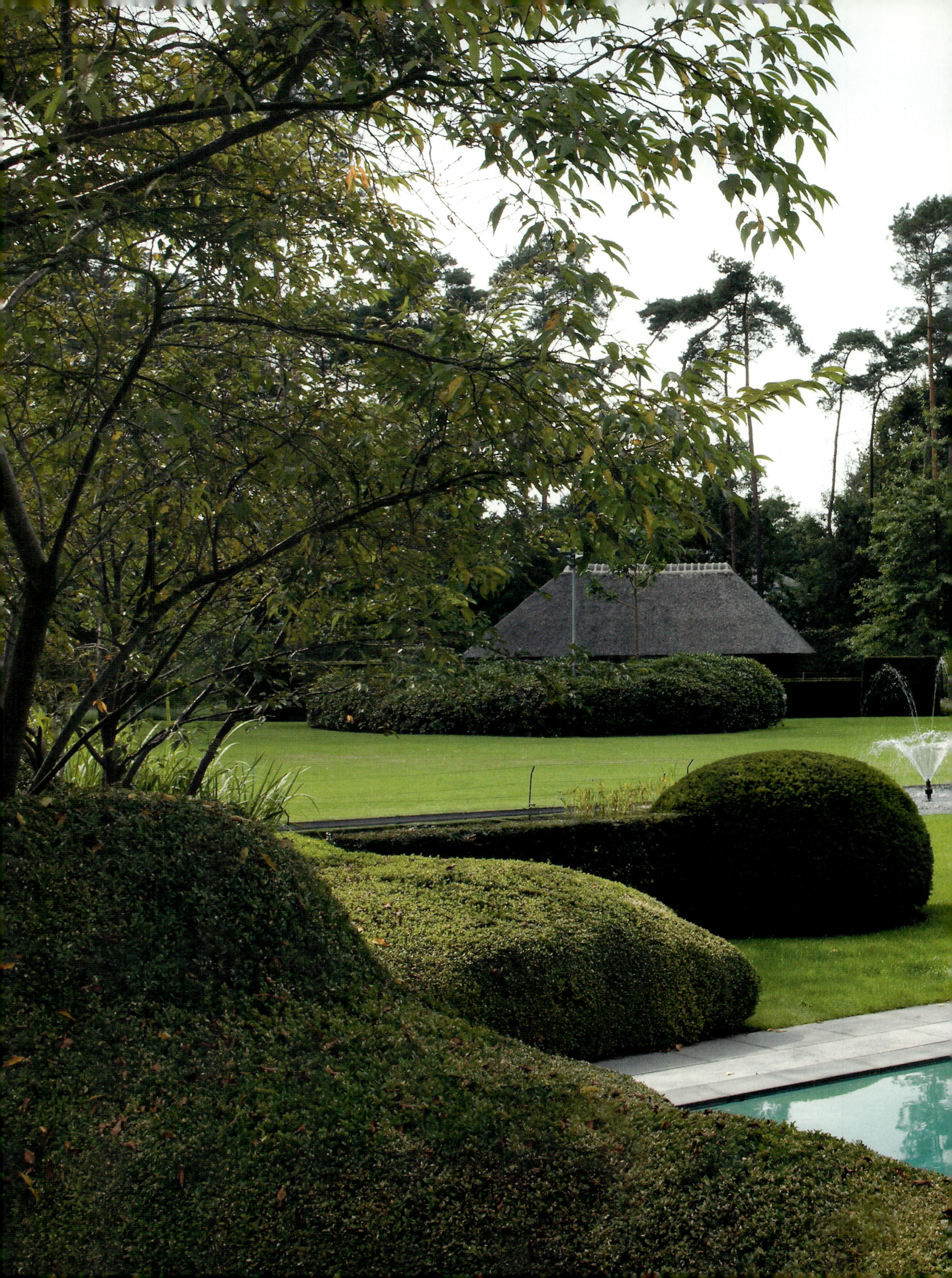

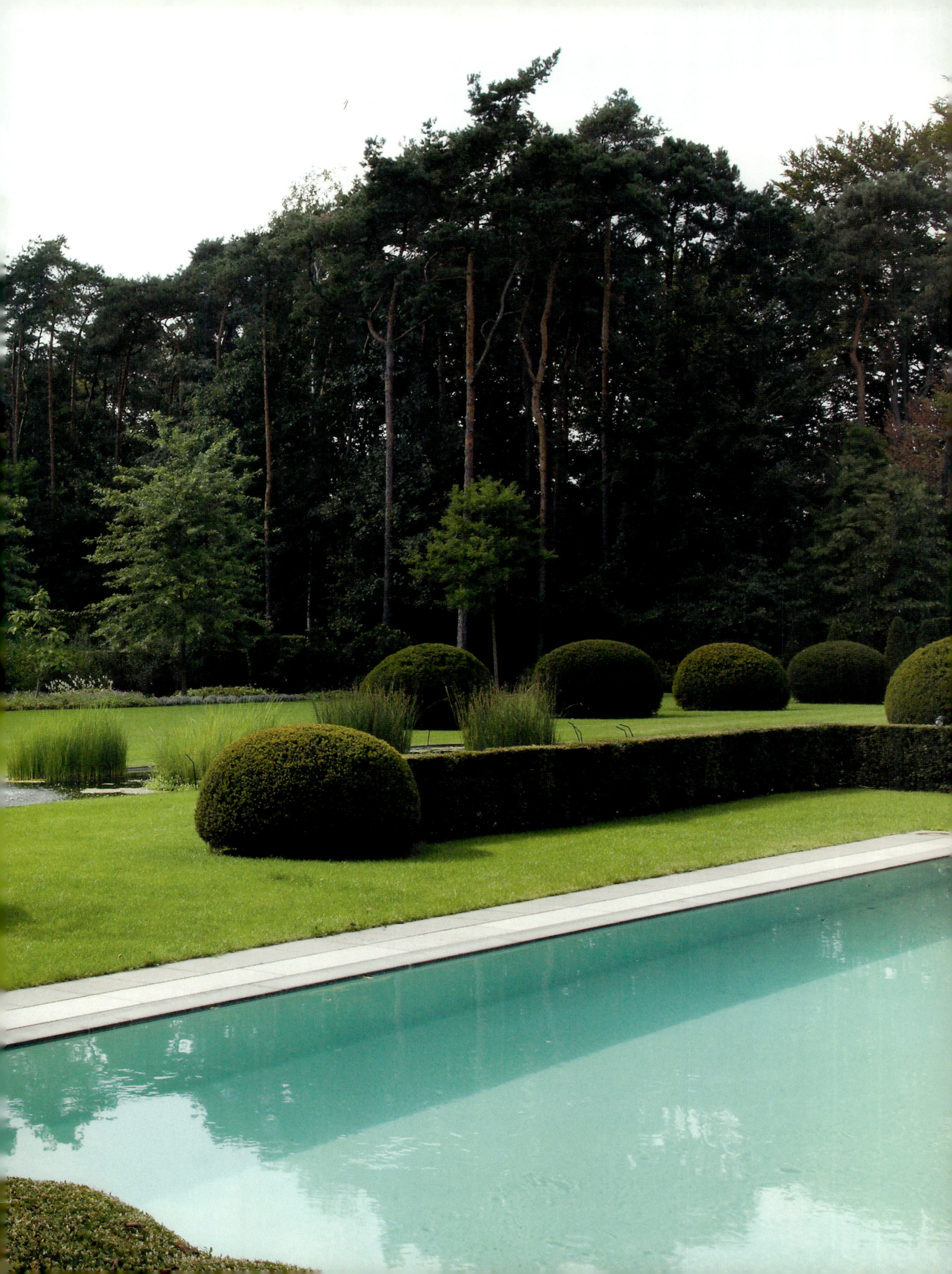

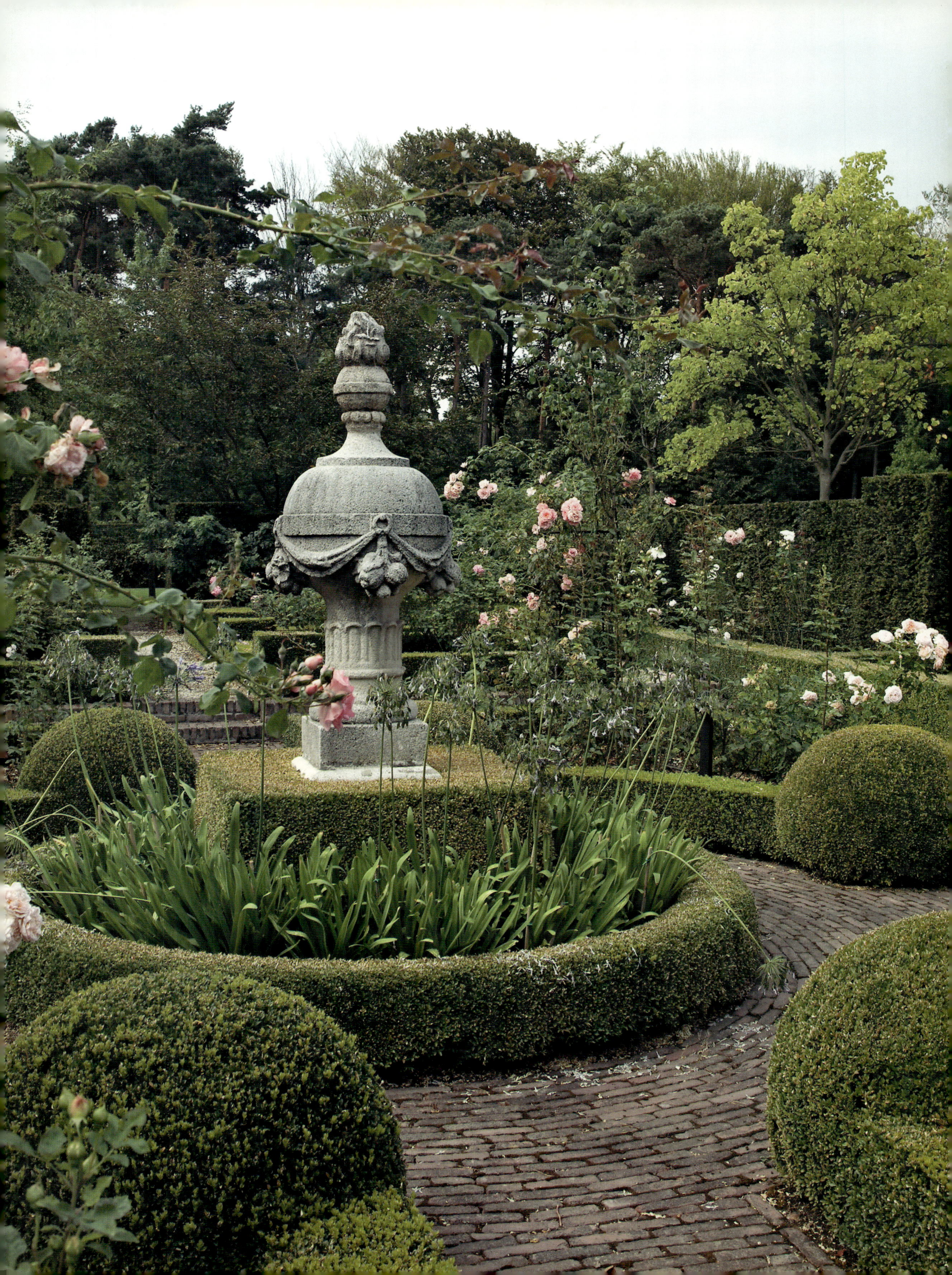

Derrière les haies d'ifs structurées, se cache un magnifique jardin de *Delphinium*.

Page de gauche

Le jardin de roses ("sunken rose garden") montre des influences anglaises évidentes.

Le choix des variétés s'est porté notamment sur des "Evelyn", "Baronne de Rothschild", "Fantin Latour", "Constance Spray", ...

Le socle d'un ancien ornement de jardin en pierre blanche a été revêtu d'un carré de buis, d'une agapanthe et d'une haie de buis en demi-cercle.

L'entrée est recouverte de pavés de porphyre. Une ancienne fontaine en pierre de France. A gauche des portes de garage, des arbres de *Carpinus* taillés.

A gauche sur la photo, un copalme (*Liquidambar styraciflua*) à côté de quelques buissons d'hydrangea. Un osmanthe (*Osmanthus aquifolium*) s'appuie contre la façade; à l'avant, une agapanthe et des buis boules.

AVANTGARDEN SA
Turnhoutsebaan 385
B - 2110 Wijnegem
TEL.: +32 (0)3 353 68 64
FAX: +32 (0)3 353 07 50
www.avantgarden.be
info@avantgarden.be

Une allée de platanes mène à l'entrée de cette demeure exceptionnelle.

JARDINS CONTEMPORAINS

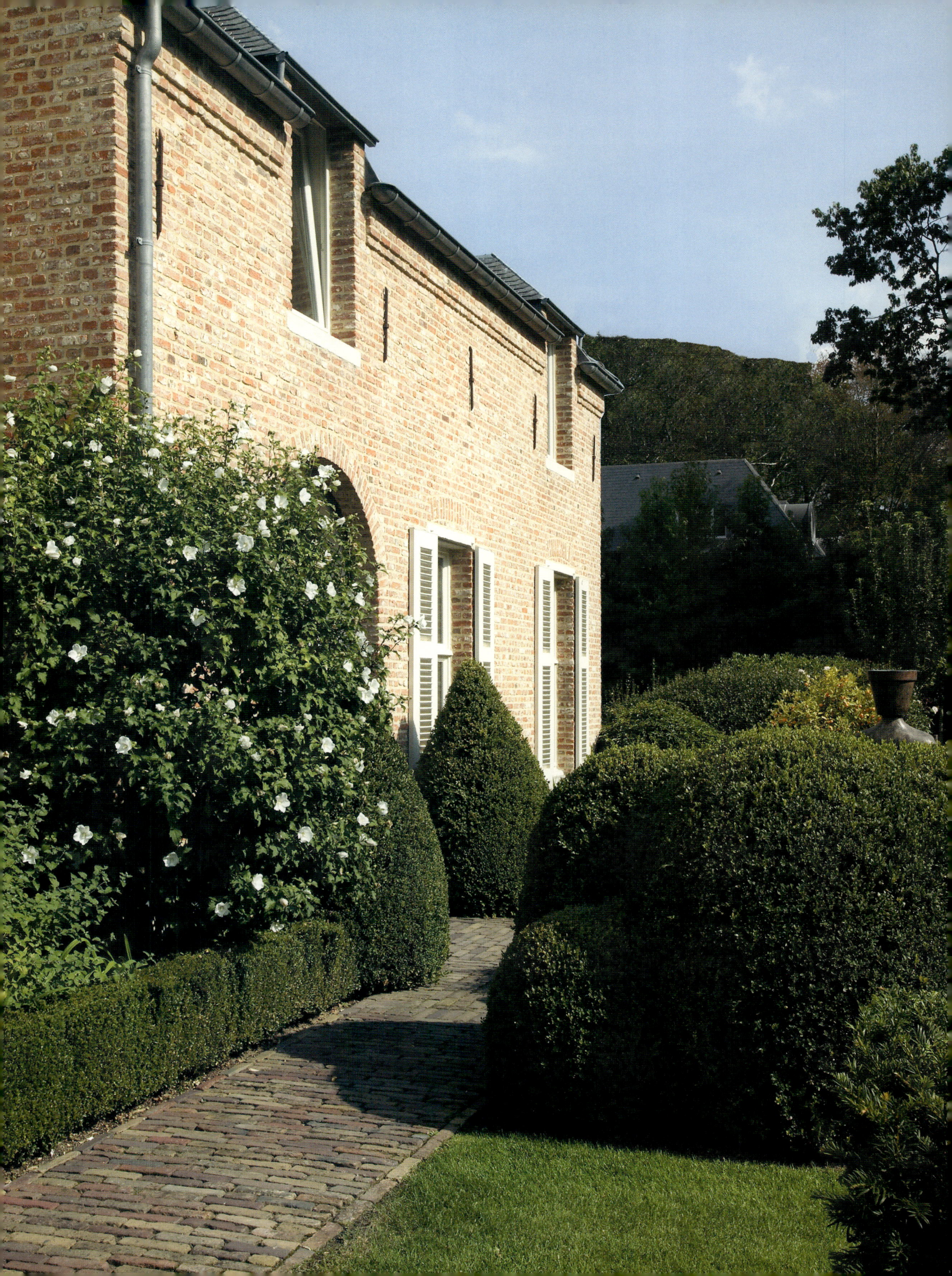

UN JARDIN ARCHITECTURAL
DANS UNE RÉGION BOISÉE

En 1997, le bureau de conception et d'architecture de jardin *Avantgarden* de Wijnegem a créé le jardin architectural extrêmement structuré d'une vaste demeure érigée par le constructeur de villas *Vlassak Verhulst*.

Cette villa exclusive est entourée de bois. Le but d'*Avantgarden* était de créer des structures fortes autour de la maison, au moyen de buis et de charmes, mais de laisser ce jeu de formes et de lignes se fondre progressivement en un jardin plus informel qui pénètre naturellement dans le bois.

Cette transition progressive entre le jardin formel et la zone boisée permet d'intégrer harmonieusement la demeure dans cet écrin de nature.

Haies de charme et buis en topiaires produisent un jeu de lignes très structuré autour de la maison.

Page de gauche

Le chemin est recouvert d'anciens pavés hollandais cuits au four réverbère. Des haies et boules de buis ont été plantées de part et d'autre du sentier. A gauche un hibiscus en fleur.

CI-DESSUS

L'entrée de la demeure.

Le parking de cette maison est délimité par des charmes.

Ci-dessus

Derrière les volumes de buis, ont été plantés des " bouillons " d'osmanthe. Plusieurs rosiers agrémentent le bord de la terrasse.

Avantgarden SA

Turnhoutsebaan 385
B - 2110 Wijnegem
TEL.: +32 (0)3 353 68 64
FAX: +32 (0)3 353 07 50
www.avantgarden.be
info@avantgarden.be

PP. 144 À 147

Les arbustes bouillonnants assurent une transition harmonieuse entre le jardin formel et la piscine et le bois situés à l'arrière.

Jardins contemporains | 143

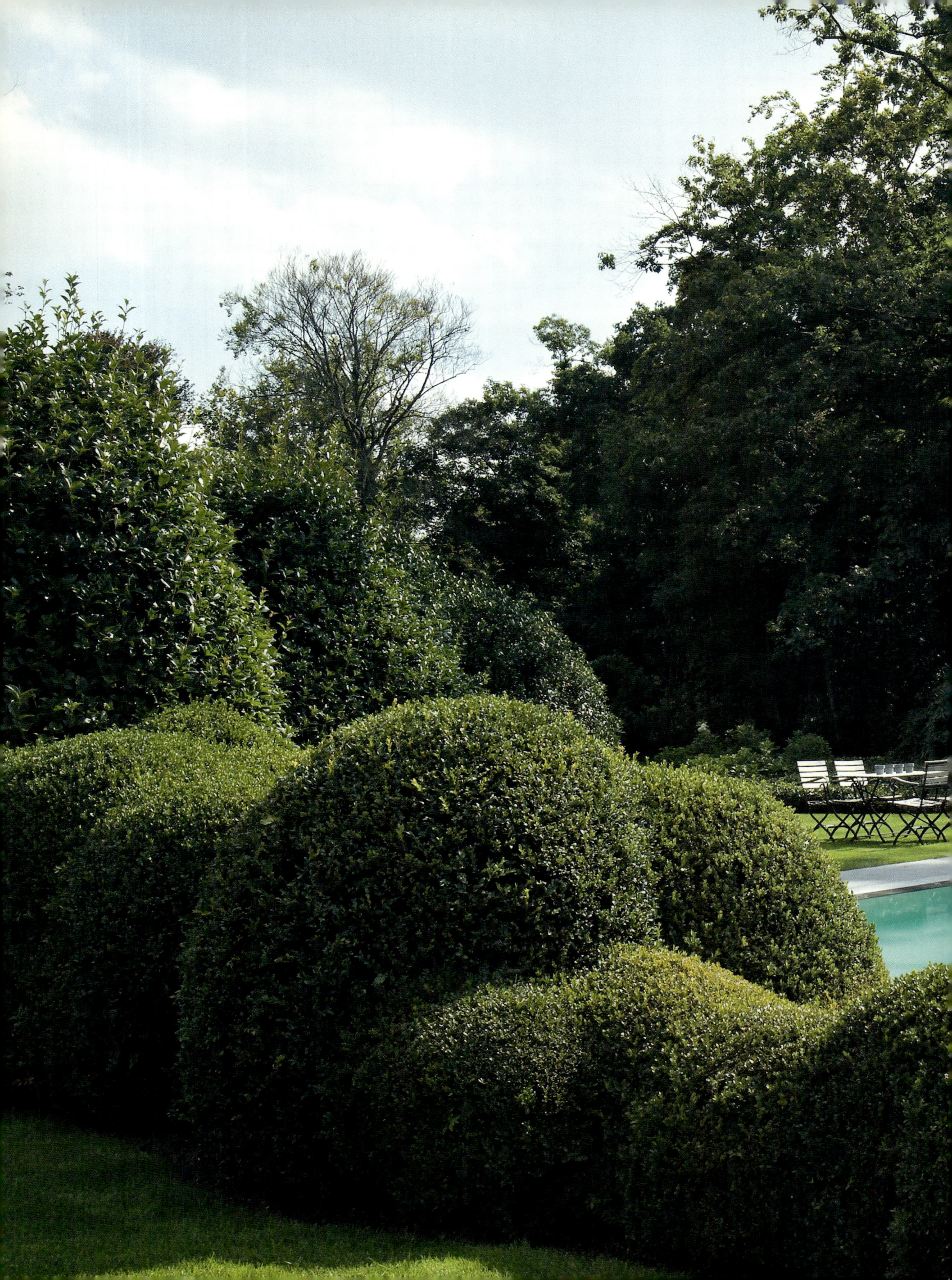

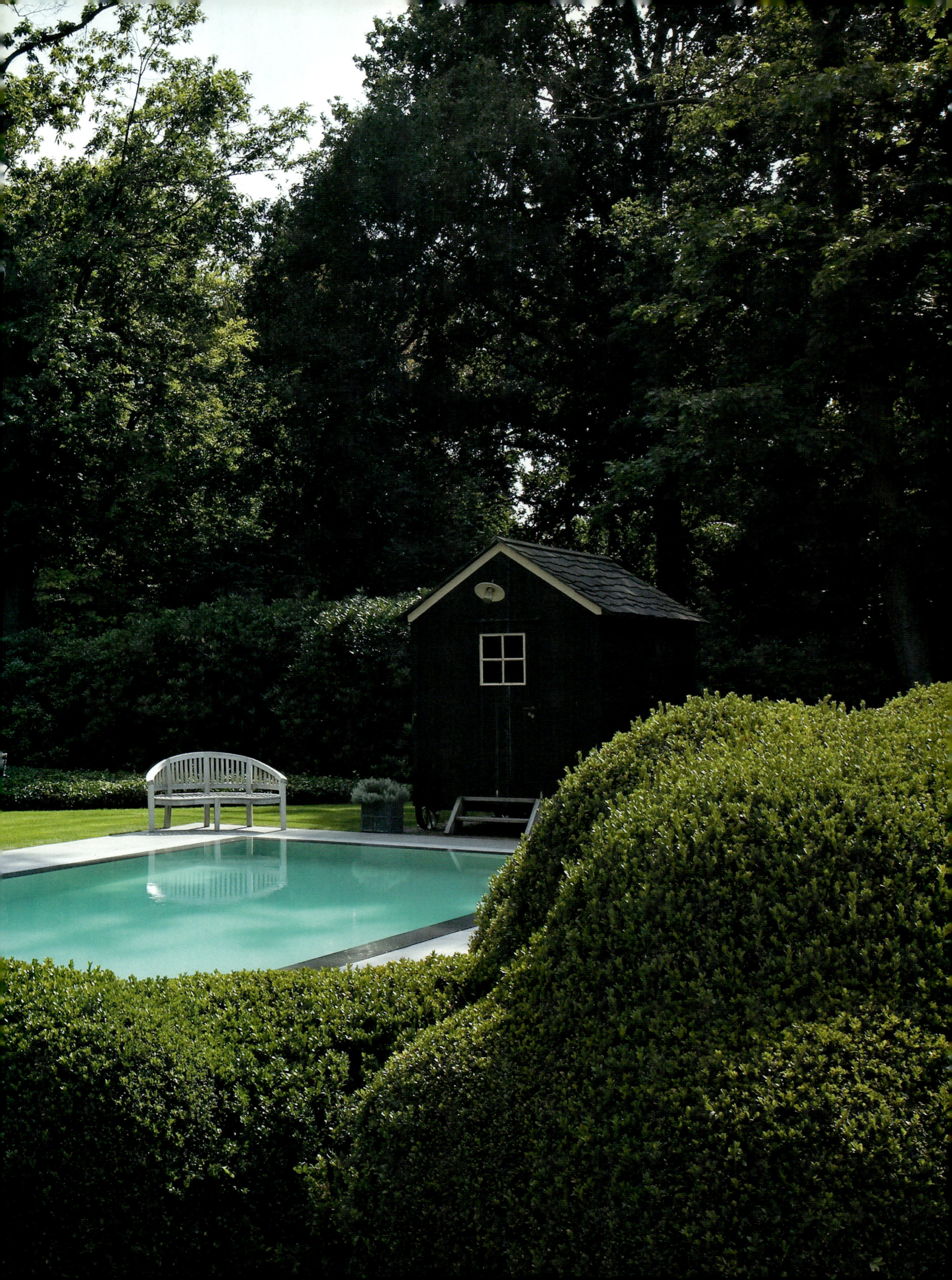

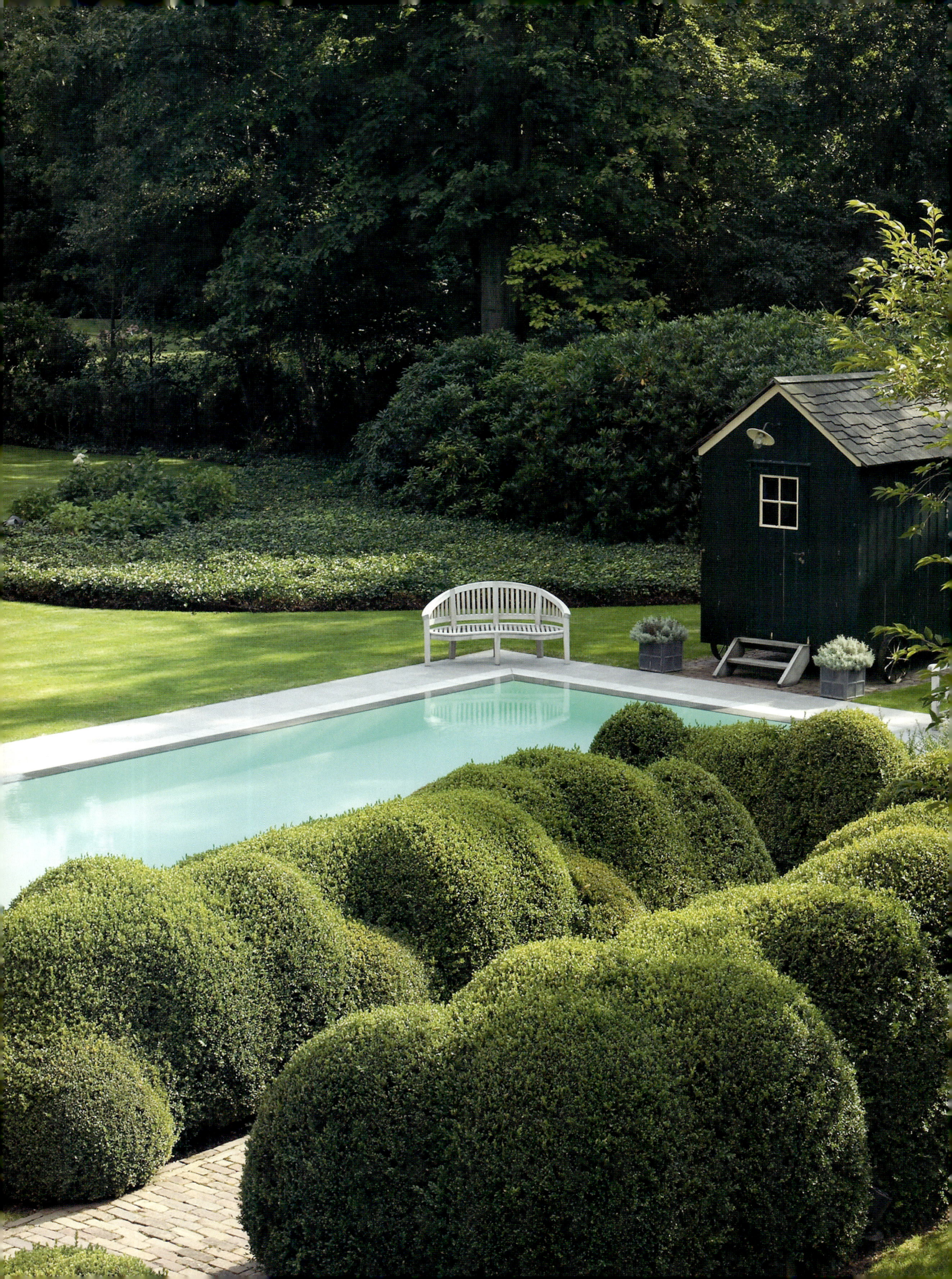

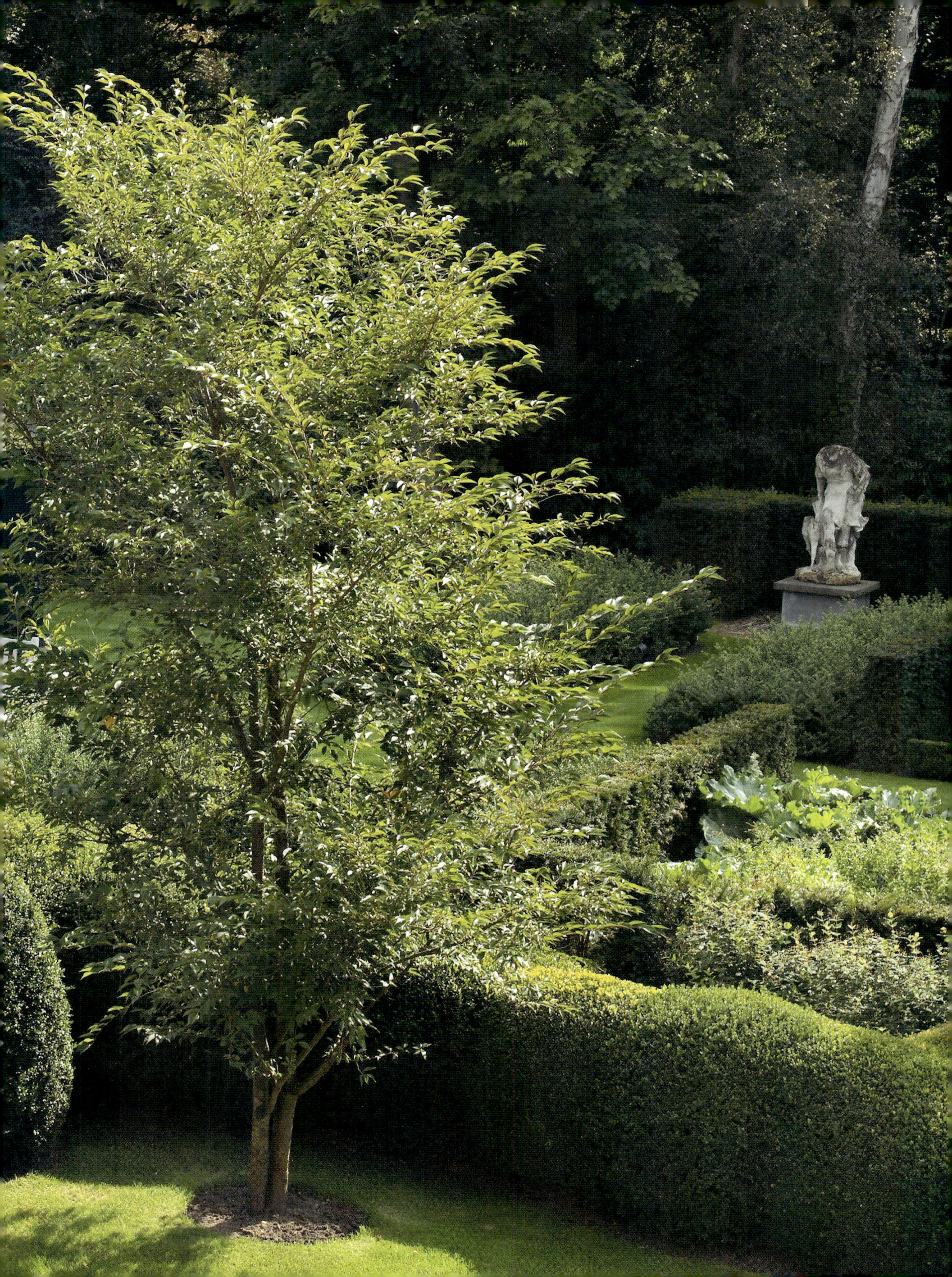

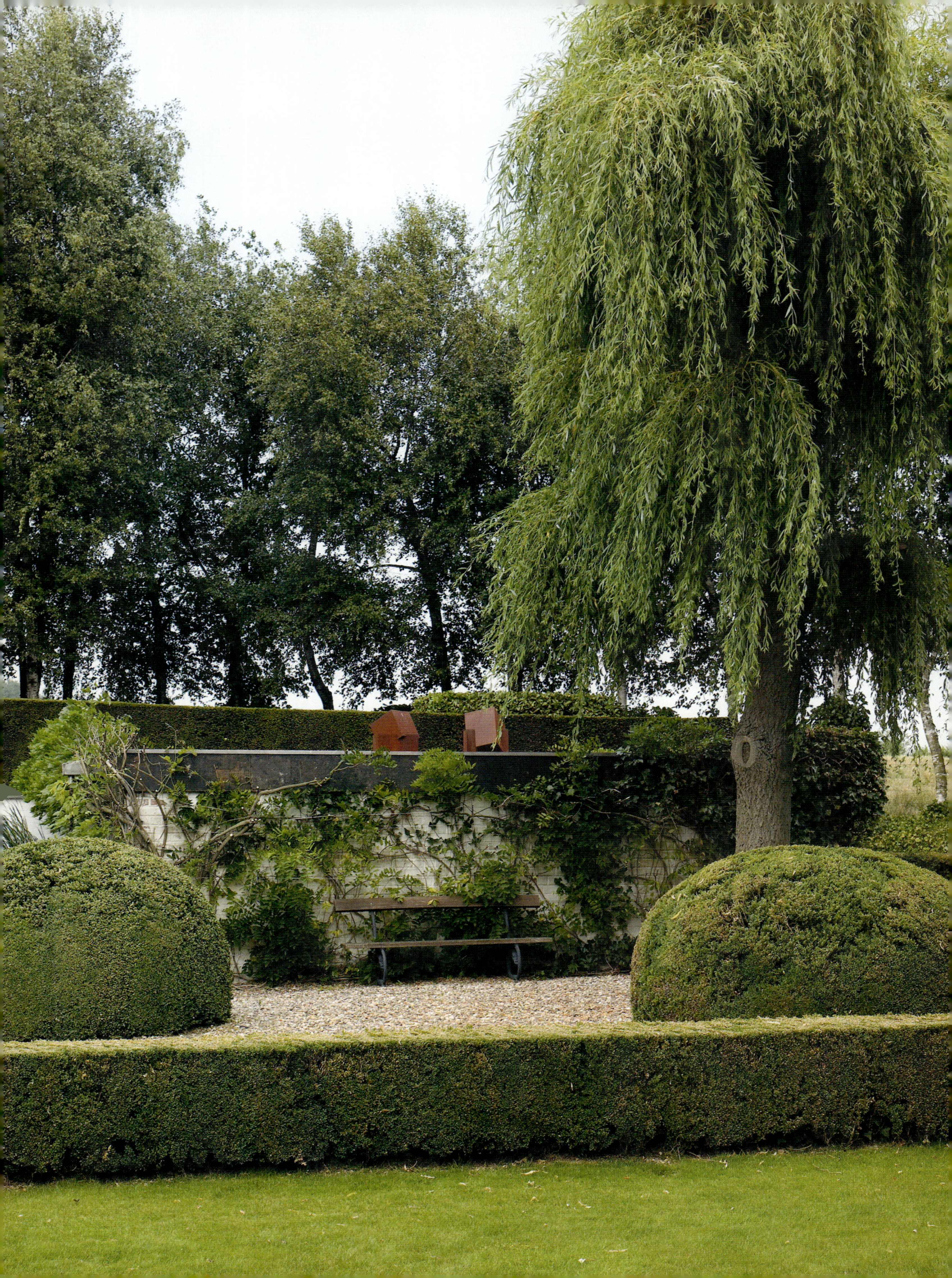

L'ART CONTEMPORAIN
DANS UN JARDIN À NOKERE

En 1963, un couple passionné d'art habitant Nokere (Flandre occidentale) a fait ériger une habitation hypermoderne par l'architecte *Francis Van Oost*.

Pendant 30 années, le jardin a subi une véritable métamorphose. *Paul De Roose* a créé la vaste étendue de pelouse et est à l'origine des talus; *Pieter Ingelaere* a imaginé le sentier qui conduit à l'étendue située en hauteur. Partout, des boules et haies d'anciens buis confèrent des accents architecturaux forts dans ce jardin où s'intègre l'art contemporain de manière particulièrement créative et harmonieuse.

Un bronze de *Lynn Chadwick* entre deux anciens buis boules.

PAGE DE GAUCHE
Deux formes géométriques de *Nic Joosen*.

PAGES SUIVANTES
Une oeuvre du sculpteur britannique *Anthony Gormley* près de la piscine.

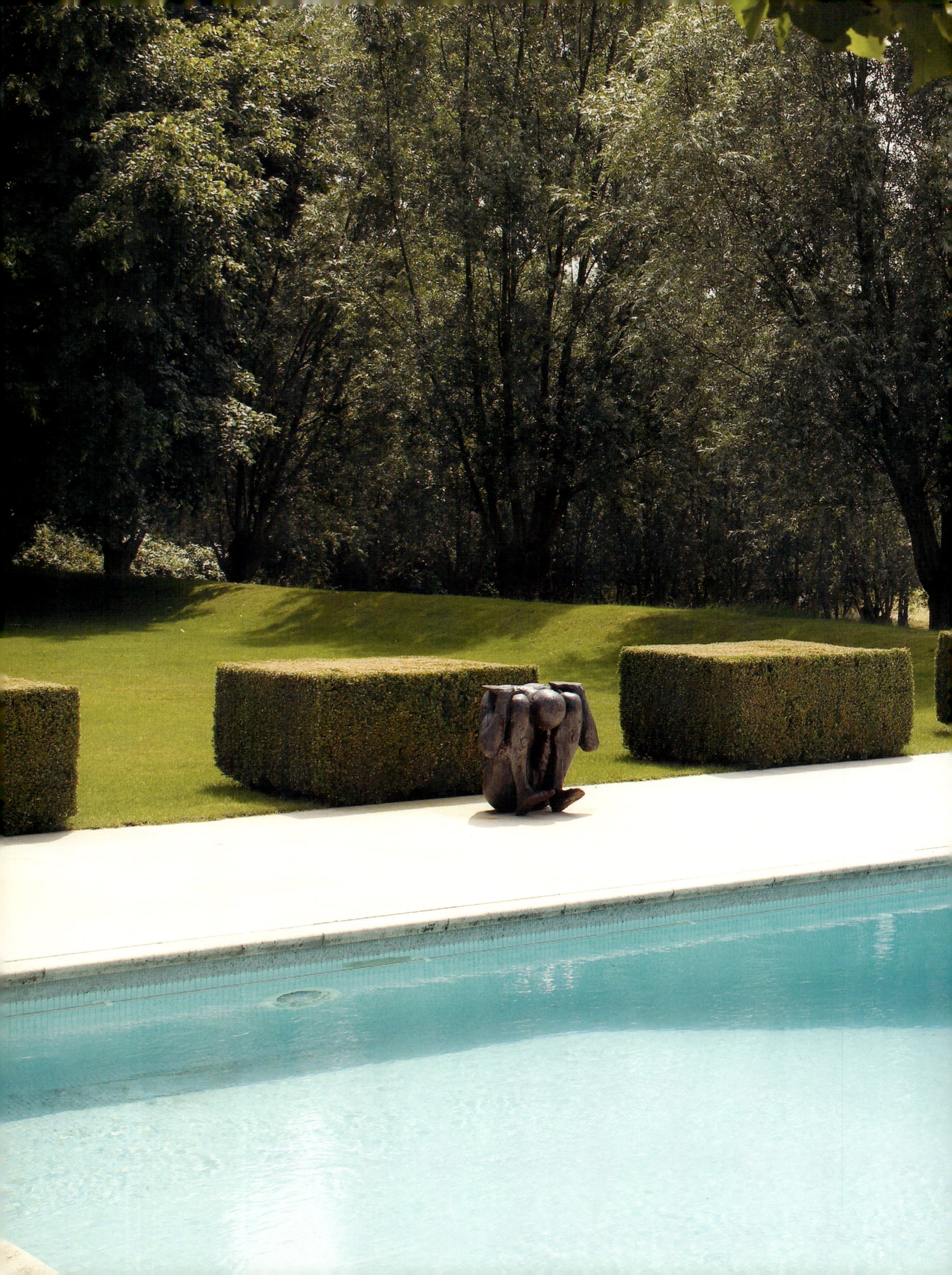

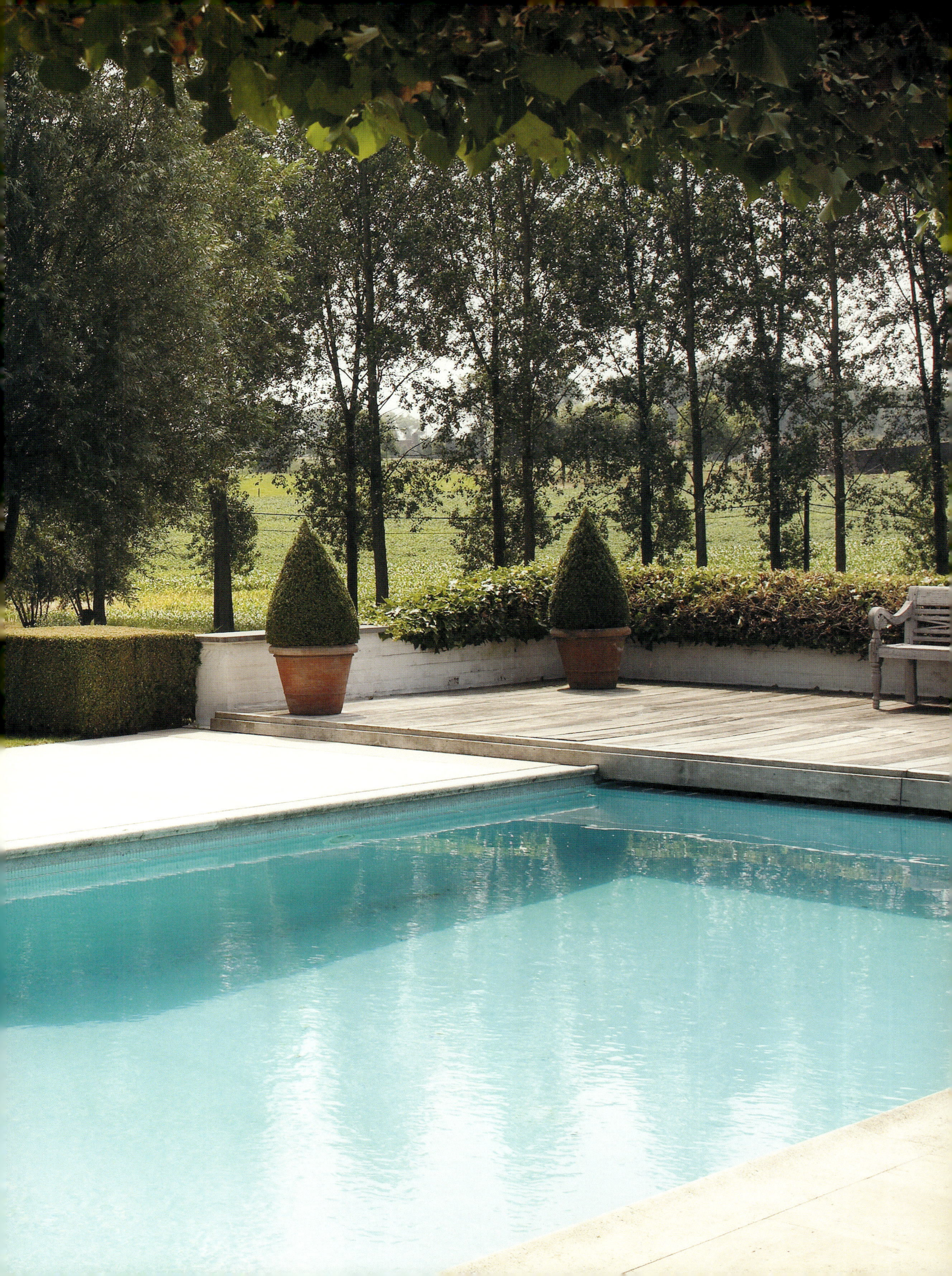

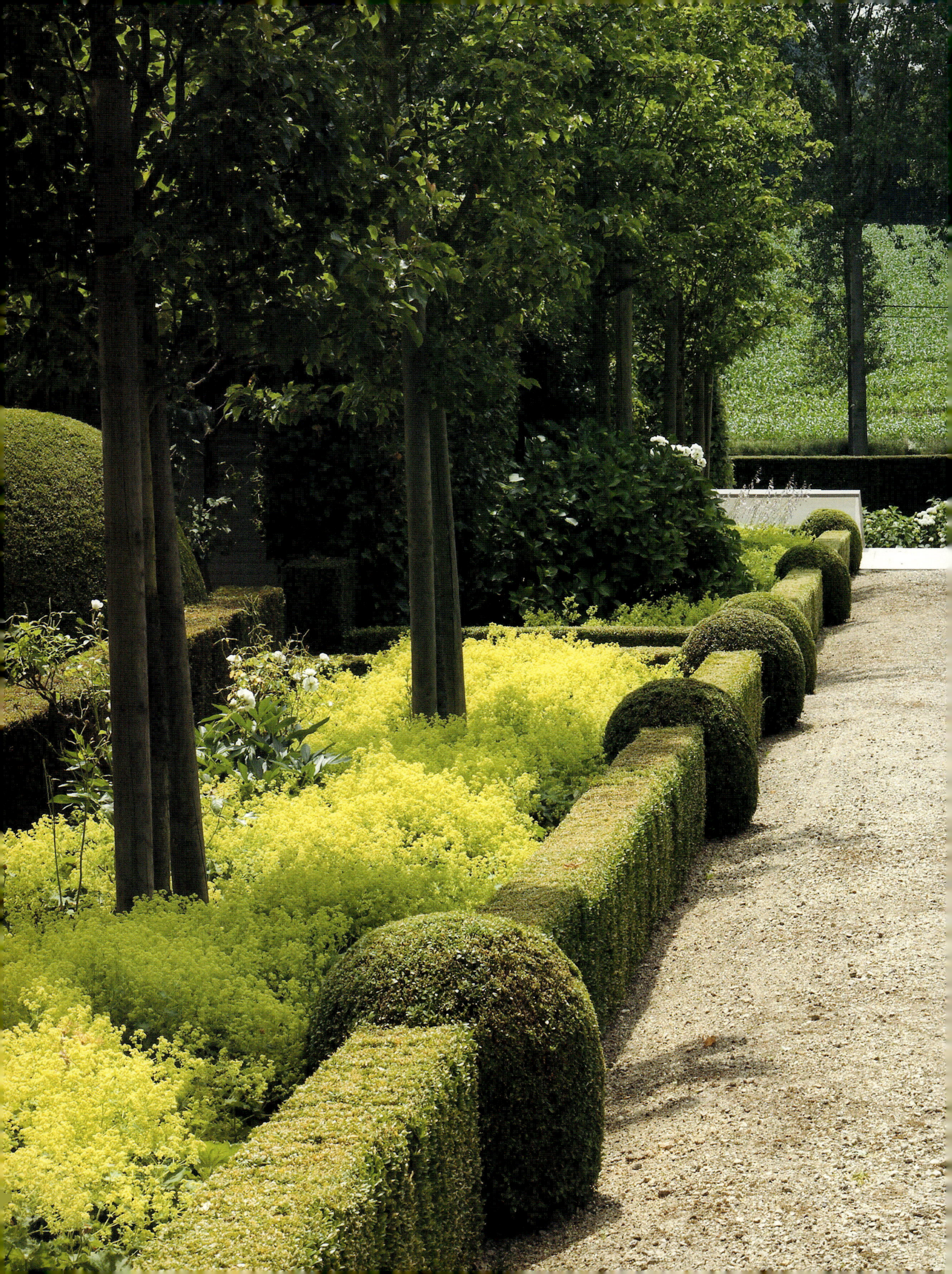

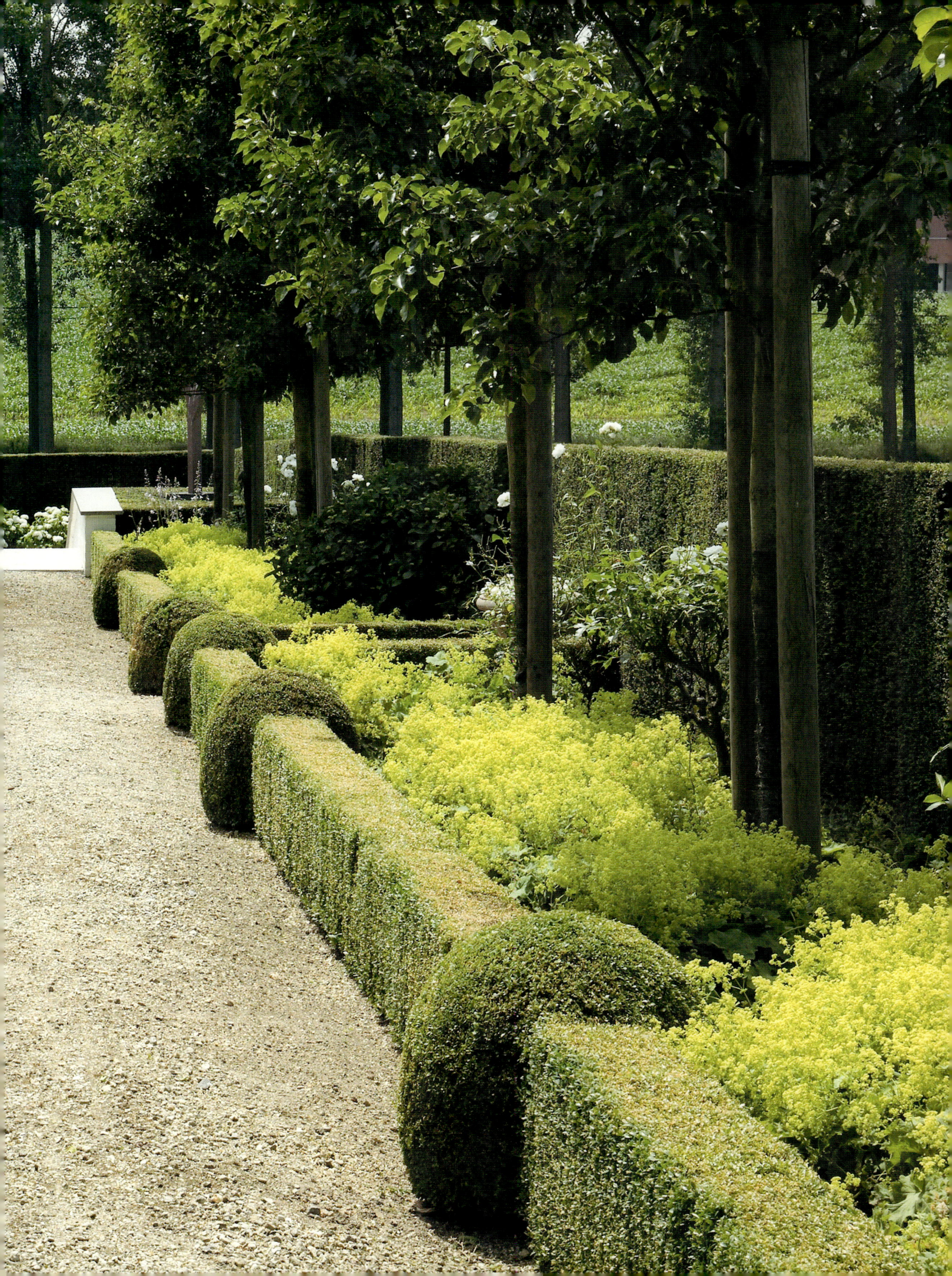

Pages précédentes
Le jardin est très structuré et se fond harmonieusement avec l'habitation moderniste.

PP. 154-155
Les propriétaires sont non seulement des jardiniers passionnés, mais aussi de fervents amateurs d'art et de sculpture modernes et contemporains: ils ont entre autres aquéri des sculptures de *Rocour, Vermeersch, de Montpellier, Joosen, Dederen,...*

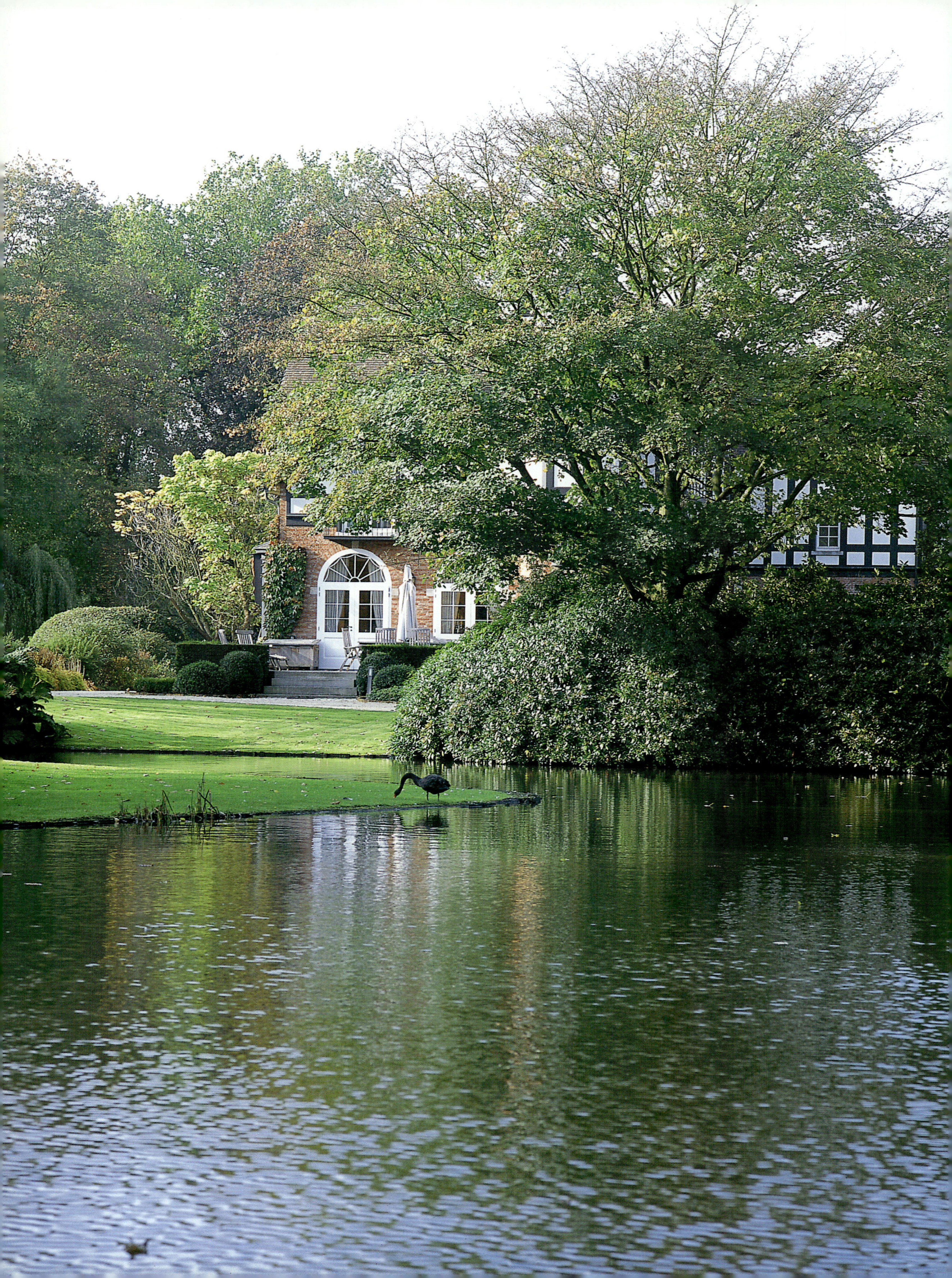

LUDO DIERCKX:
CONCEPTION, RÉALISATION ET ENTRETIEN

La *sprl Ludo Dierckx Tuindesign* a été créée en 1978. Moins de 25 ans ont suffi à faire de cette société l'une des entreprises de jardin les plus importantes de Flandre.

Ludo Dierckx crée lui-même les jardins et veille à ce que tout soit effectué par son équipe de professionnels : l'aménagement des jardins, la pose des terrasses et la réalisation des piscines, la construction des orangeries… jusqu'au choix des plantes et des ornements de jardin.

Le magnifique domaine de *Ludo Dierckx* à Westerlo illustre bien la gamme de ses activités. Plusieurs pièces aménagées de façon formelle lui permettent de montrer sa vision des choses et d'exposer quelques belles statues, fontaines, vases, pots… La boutique propose tout ce qu'il faut pour aménager une orangerie ainsi que divers accessoires de jardin.

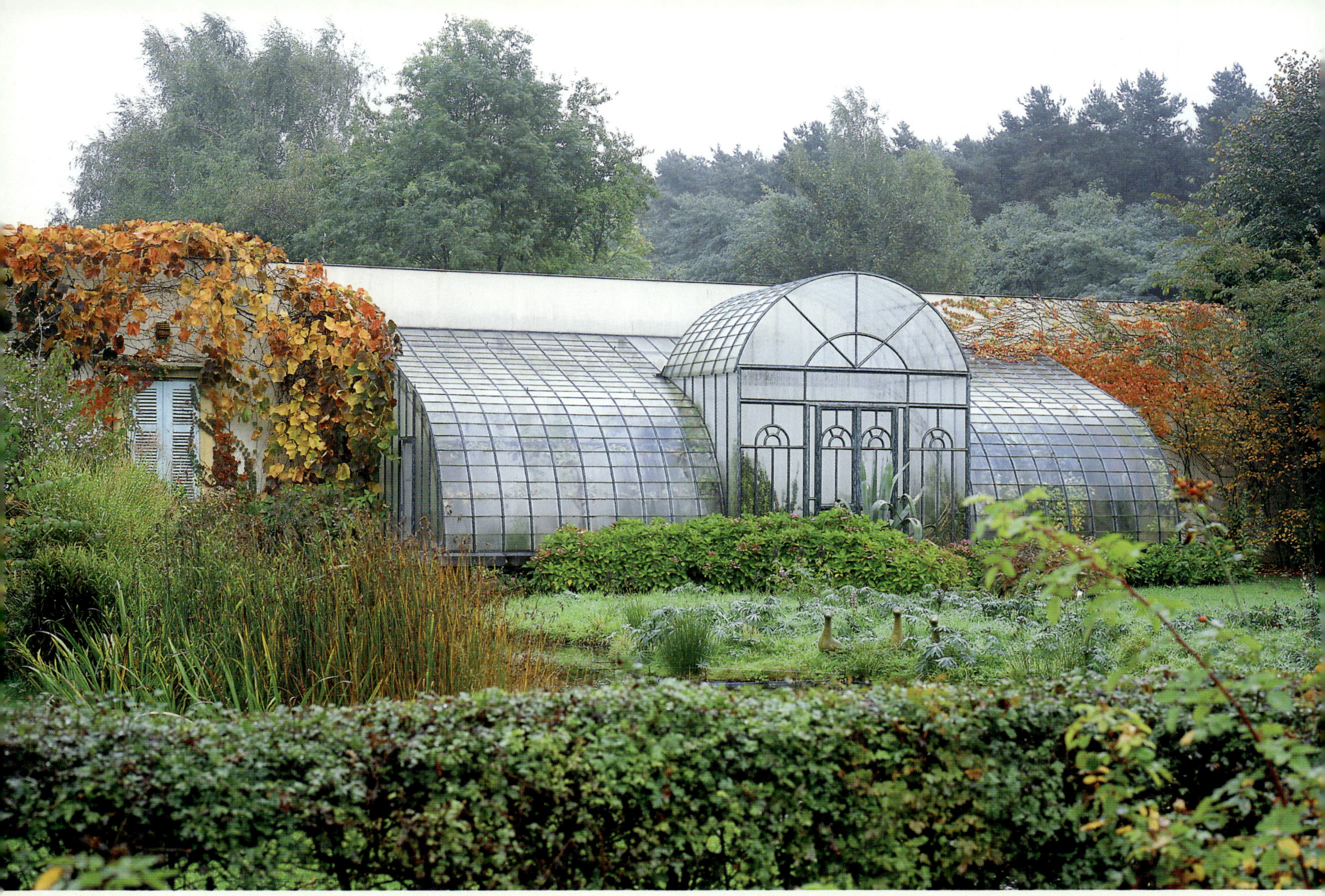

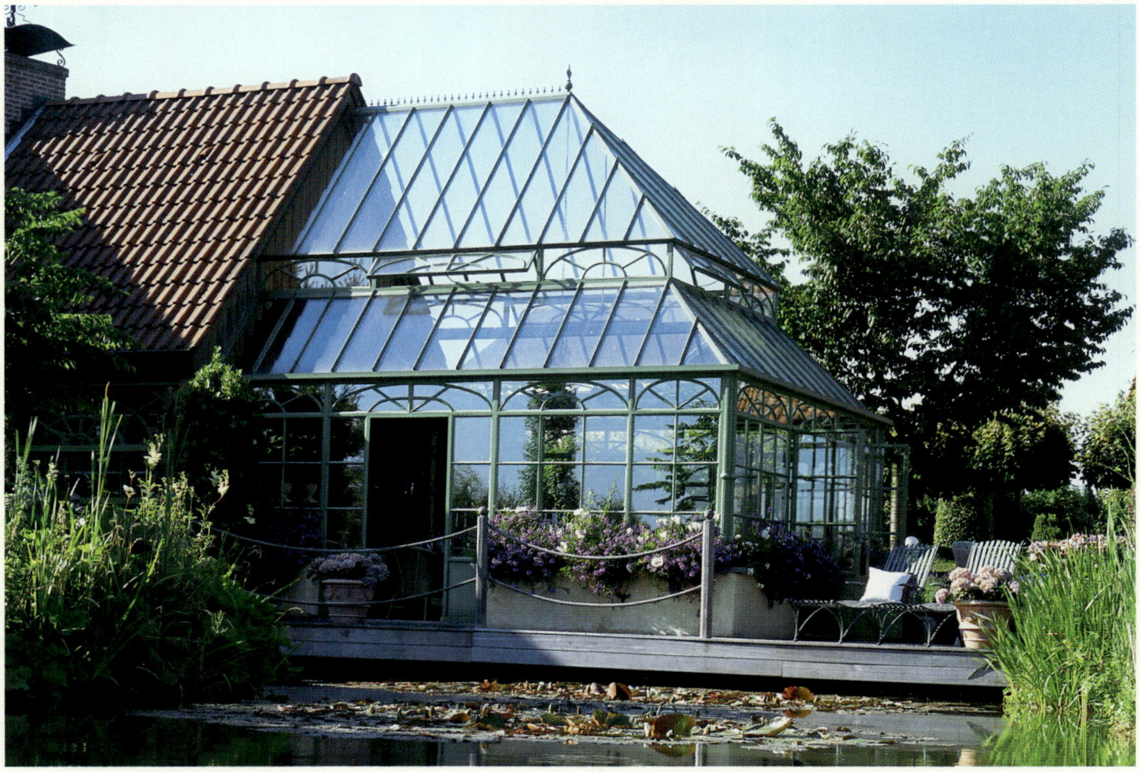

LUDO DIERCKX SPRL

    Voorteinde 85
    B - 2260 Westerlo
    TEL.: +32 (0)14 54 75 73
    FAX: +32 (0)14 54 81 83
    www.ludo-dierckx.be
    info@ludo-dierckx.be

PP. 156-159
Des réalisations
de Ludo Dierckx.

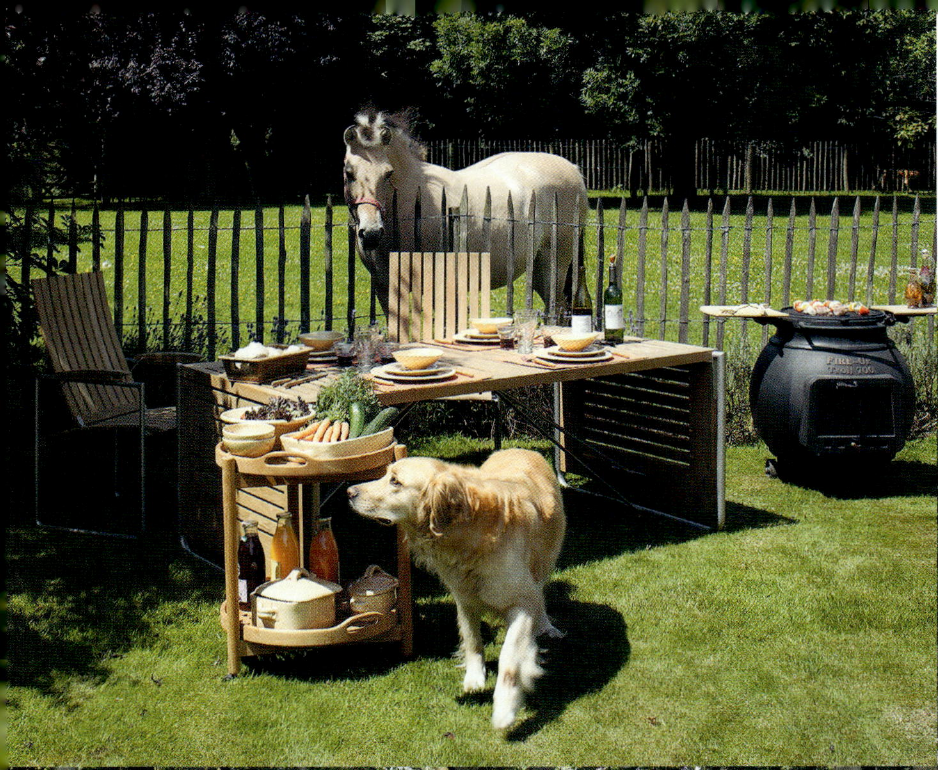
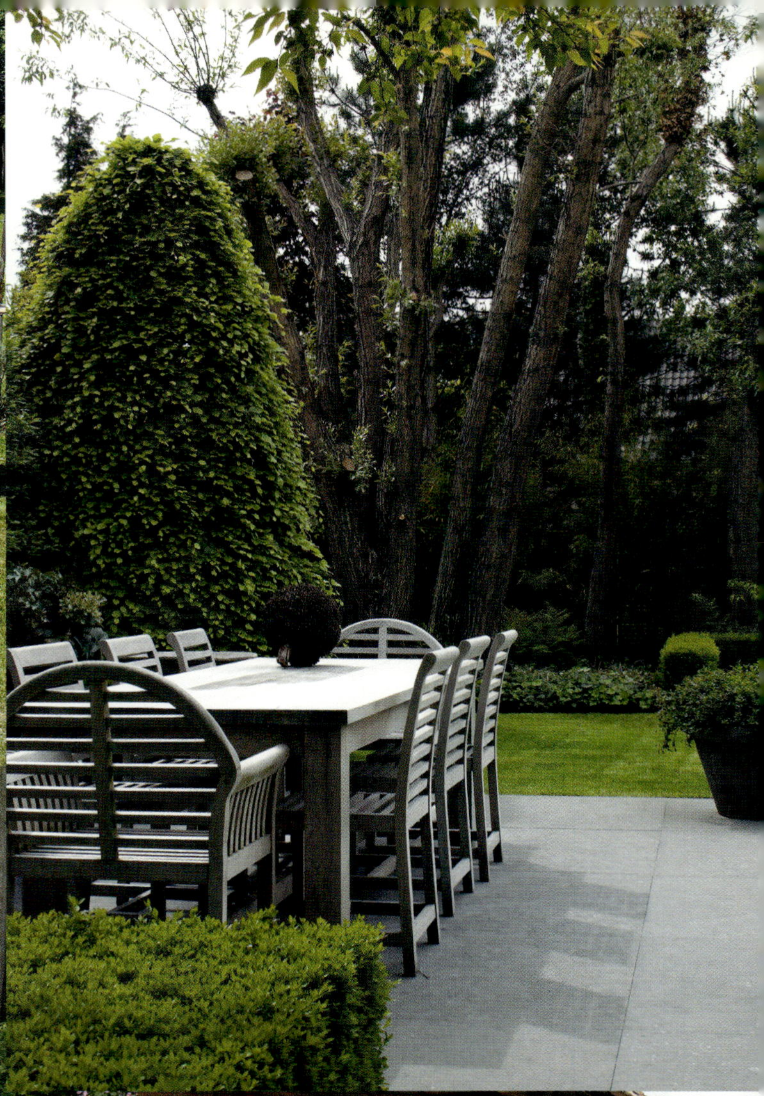
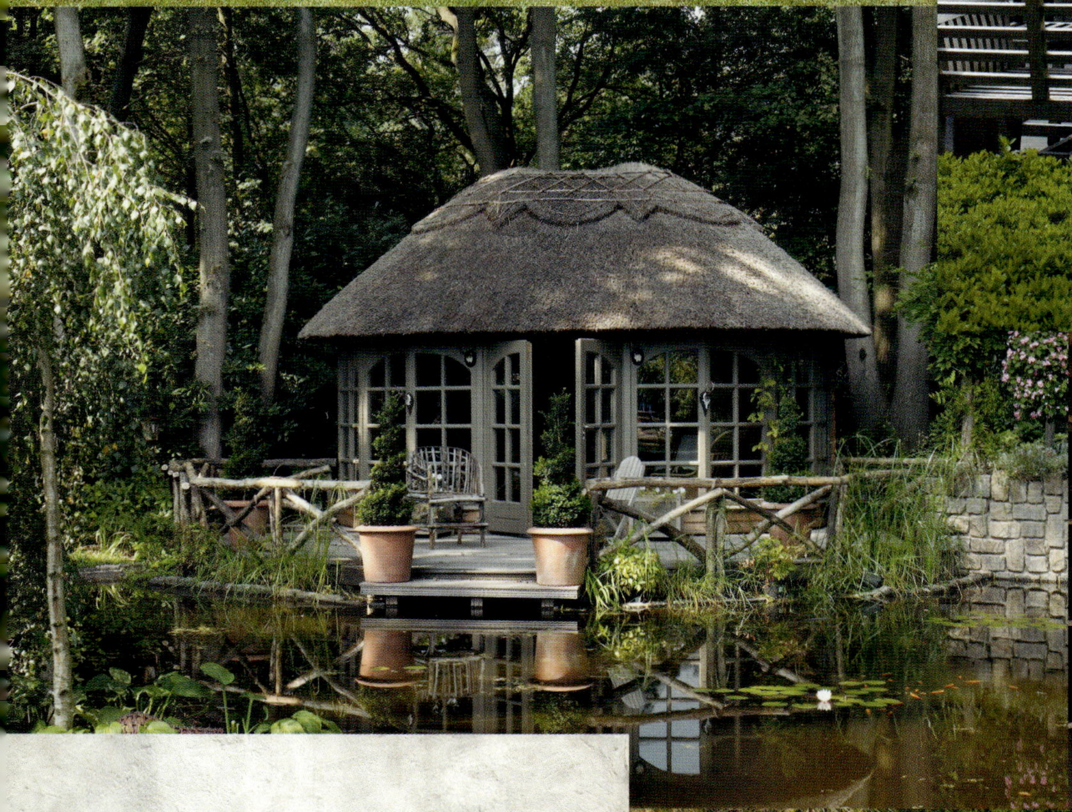
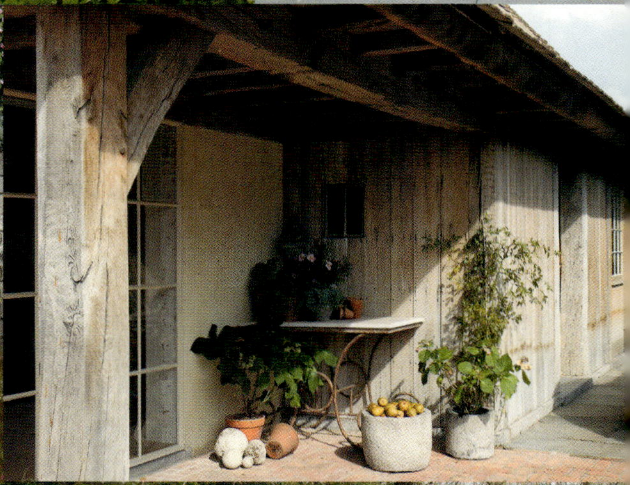
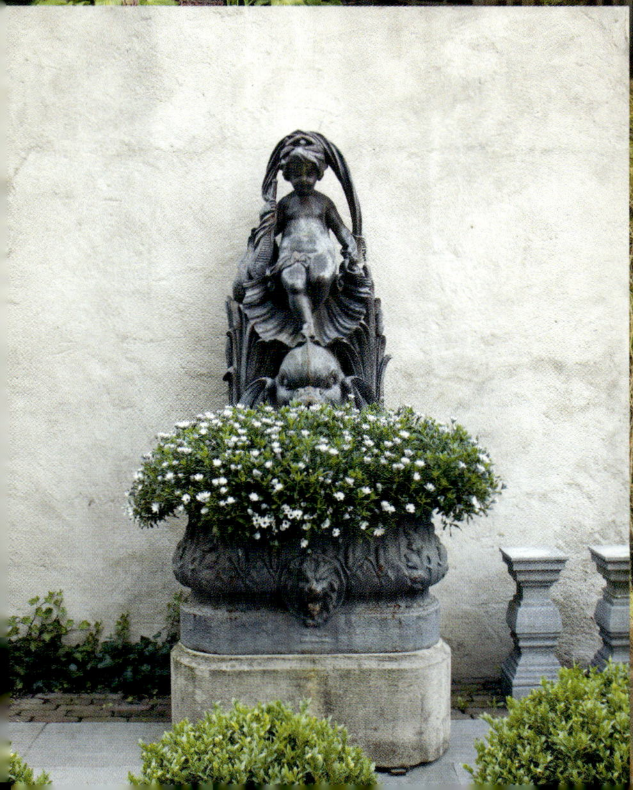
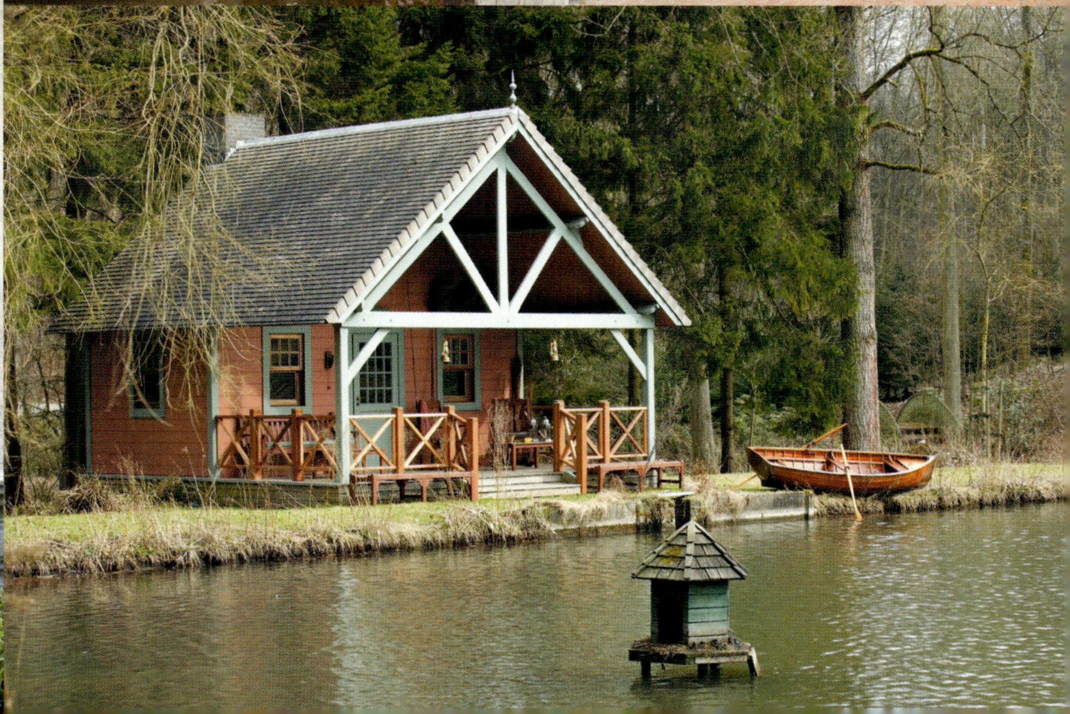

Partie IV

AUTOUR DU JARDIN

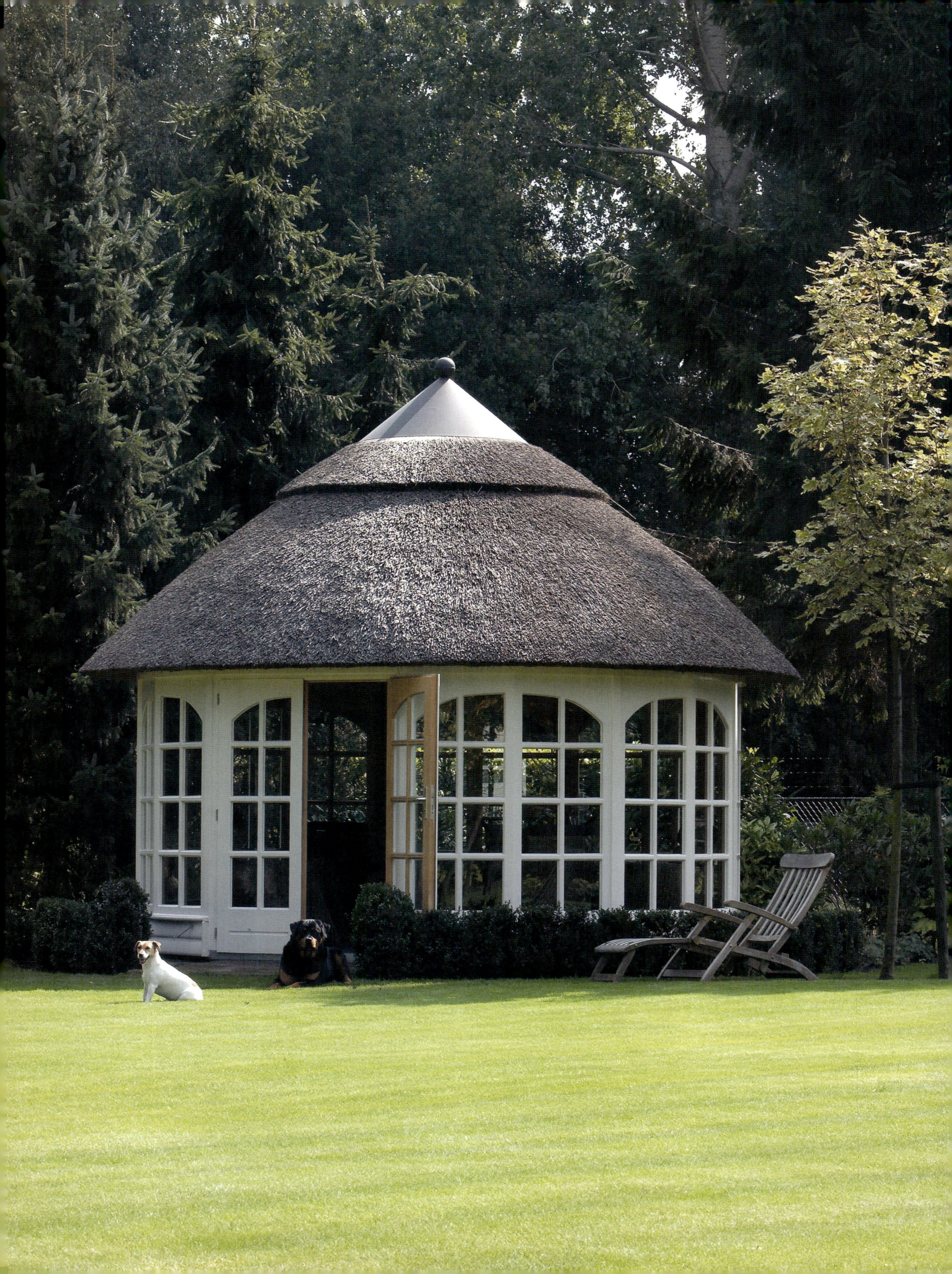

RASENBERG: MAÎTRE-ARTISAN

Depuis plusieurs dizaines d'années déjà, *Rasenberg* est l'une des entreprises de toitures de chaume les plus renommées aux Pays-Bas. Fort de son expertise, *Rasenberg* a développé des activités de conception et de construction de pavillons de jardin, carports, poolhouses et maisons-bateaux exclusifs.

Rasenberg se distingue dans son travail par son style caractéristique, l'utilisation de matériaux durables et une superbe finition. On reconnaît la main du maître dans chaque détail.

Chaque carport, poolhouse, remise ou pavillon de jardin est réalisé sur mesure en tenant compte des besoins spécifiques du client. *Rasenberg* coordonne toutes les opérations : des fondations, placement, finition, ... jusqu'aux démarches nécessaires pour un éventuel permis de bâtir.

Les pavillons de jardin de Rasenberg permettent de profiter du jardin toute l'année. Chaque projet est exécuté entièrement sur mesure en fonction des besoins du client.

Celui qui veut créer une atmosphère exclusive dans son jardin, se doit de visiter la salle d'exposition à Made, à une demi-heure d'Anvers à peine. Dans le cadre fascinant d'un manoir royal, des pavillons de jardins, carports traditionnels en chêne, meubles de jardin en teck, meubles de jardin de style et vêtements d'extérieur sont présentés de manière raffinée. Début 2004, la superficie de cet espace d'exposition sera doublée, et de l'espace supplémentaire a aussi été créé pour exposer portails, cuisines d'été, etc.

PAGE DE GAUCHE
Ce pavillon de jardin construit en pitch-pin, a été placé par *Rasenberg* dans le parc d'une énorme villa des années '20. Il présente une largeur de 4,5 m, est recouvert d'un toit de chaume et rehaussé d'une mitre en cuivre.

PAGES SUIVANTES
Ce pavillon de forme ovale de 5,5 x 4 m est équipé d'un feu ouvert. Il est érigé dans le style anglais: vannerie anglaise, bois de cerf, ... Au plein de cœur de l'hiver, pendant les journées ensoleillées, il y fait agréablement chaud, grâce au fonctionnement isolant de la toiture en chaume.

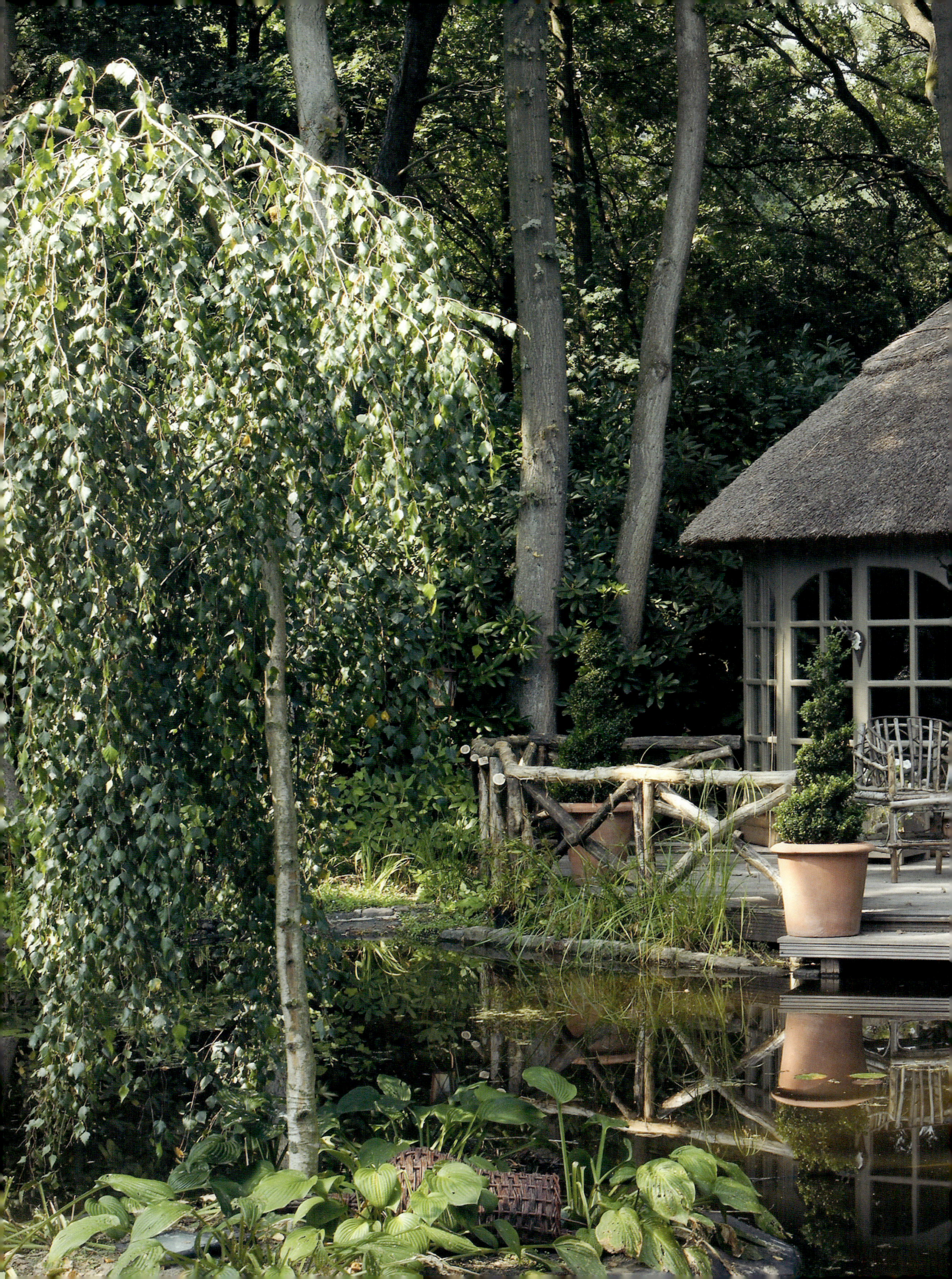

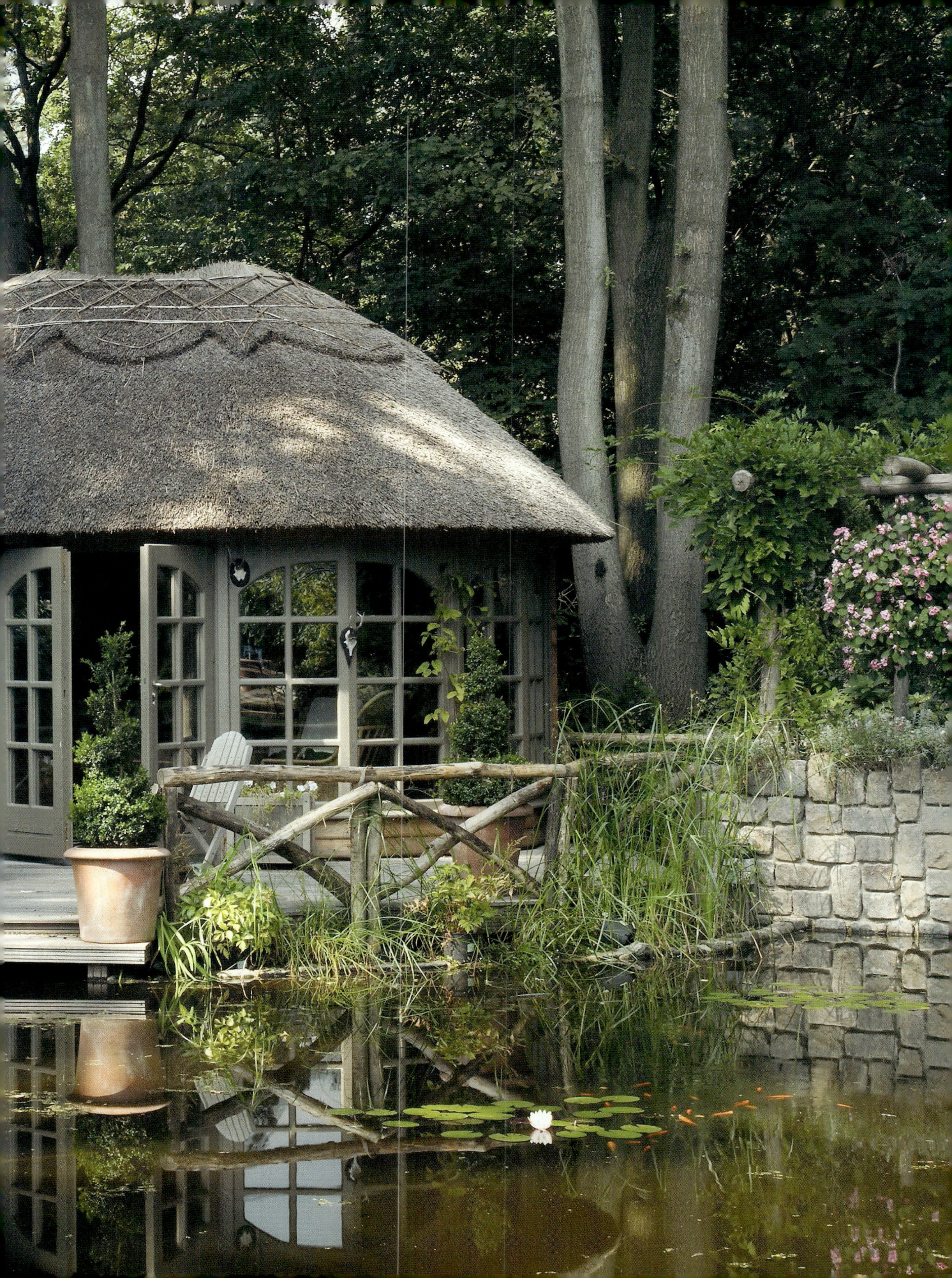

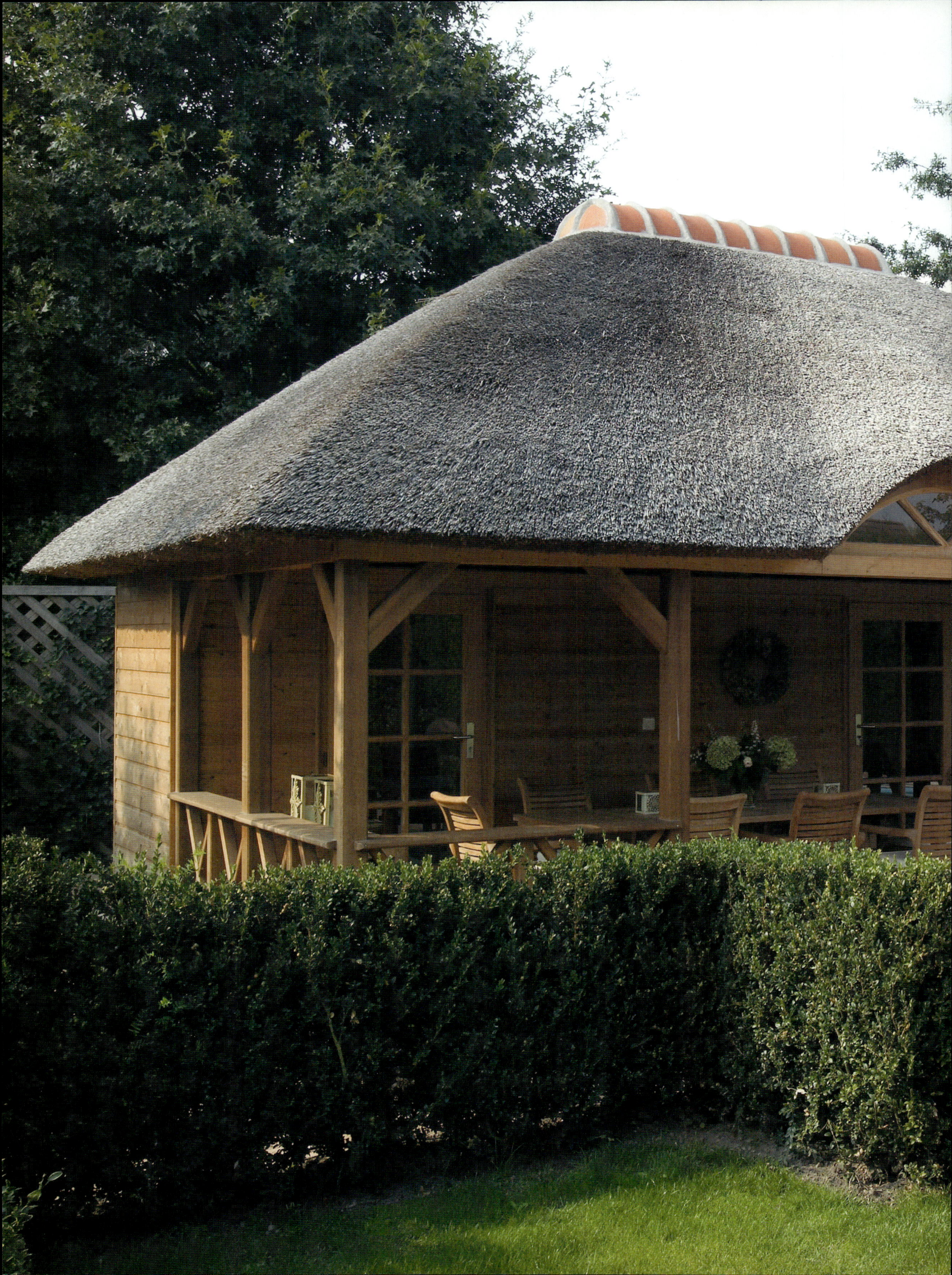

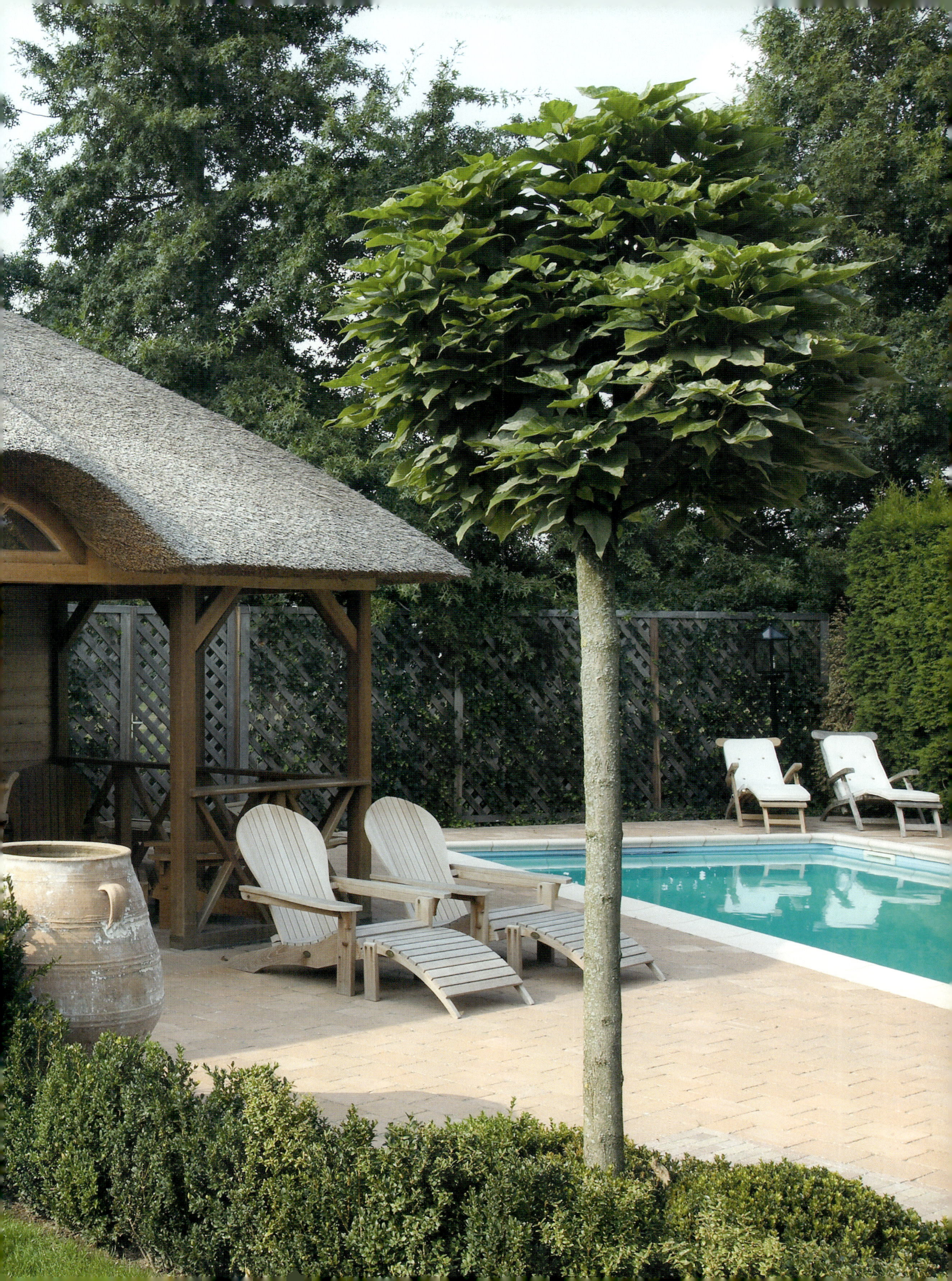

Sur cette page

Chaque carport ou pavillon de *Rasenberg* est conçu dans le respect du caractère ancien, romantique et des techniques de construction traditionnelles: les constructions en chêne sont à assemblage en queue d'aronde.

Pages précédentes

Ce poolhouse en chêne (6 x 4,5 m) abrite le local technique de la piscine, une terrasse et un vestiaire.

Une porte en chêne français avec quincaillerie et garnitures en inox.

Cette cuisine d'été avec cuisinière au gaz, wok, friteuse, grill, ... est l'une des nouveautés de la gamme *Rasenberg*. Observez la finition parfaite: tout en chêne et sur socles en pierre bleue.

La salle d'exposition de *Rasenberg* est logée derrière la façade d'un authentique manoir de style Tudor.

RASENBERG
Oude Kerkstraat 32
NL - 4921 XE Made
TEL.: +31 (0)162 68 63 51
FAX: +31 (0)162 68 39 04
www.tuinpaviljoens.nl
www.eikencarports.nl
Ouvert du jeudi au samedi inclus et sur rendez-vous.

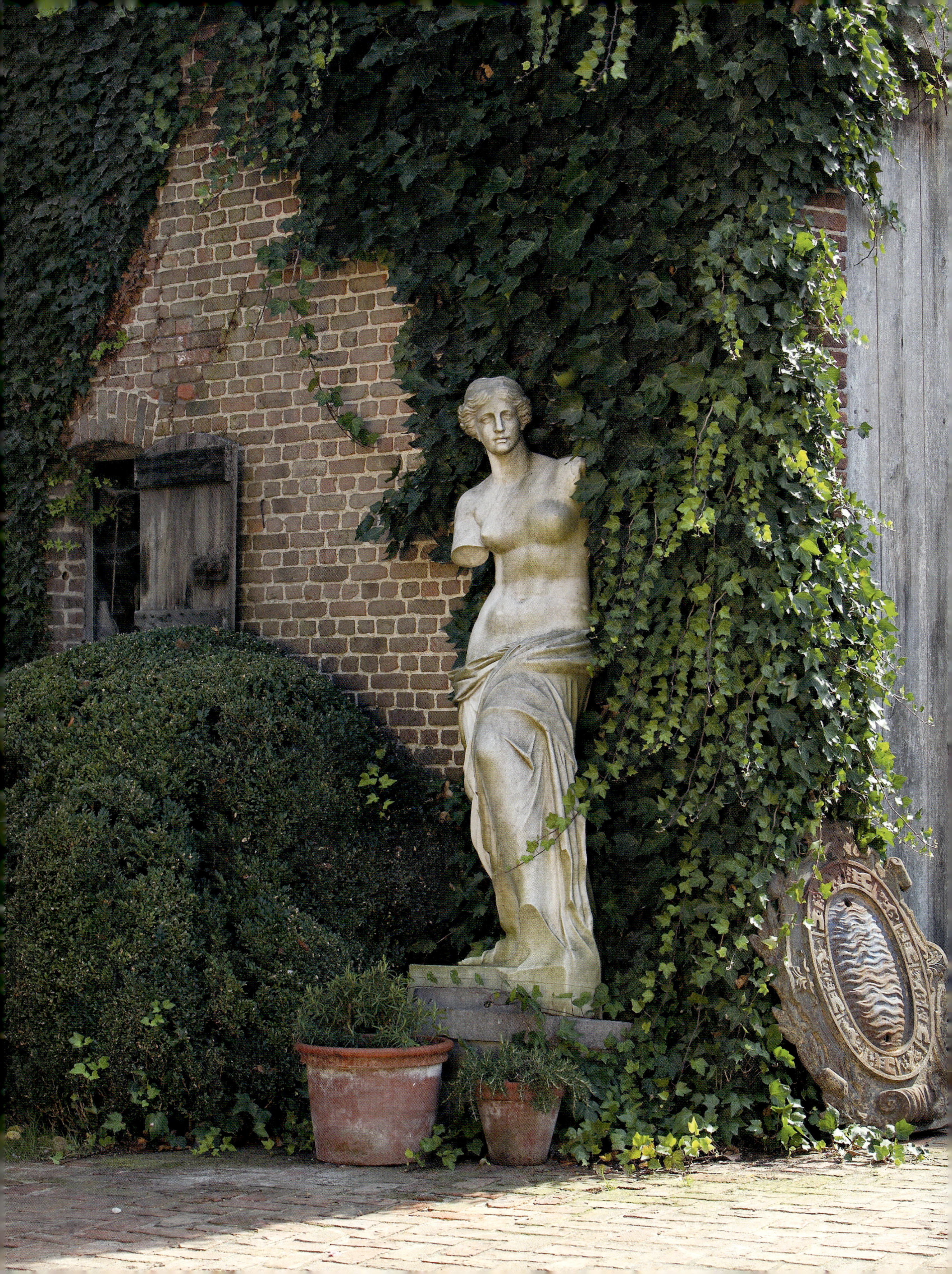

LES ORNEMENTS DE JARDINS ET REVÊTEMENTS DE TERRASSES EXCLUSIFS DE RIK STORMS

En 1964, *Rik Storms* fait ses débuts en tant que restaurateur de bâtiments historiques. A l'époque, il découvre de nombreux matériaux de construction historiques de grande valeur: magnifiques portiques, sols rares en bois et pierre naturelle, statues anciennes, portails exclusifs, etc.

Après quelques années, *Storms* commence à collectionner ces matériaux de construction anciens et objets décoratifs et se lance dans le commerce de matériaux de construction anciens.
Aujourd'hui, il est l'un des éminents "antiquaires de matériaux de construction" : architectes renommés et particuliers exigeants intègrent ses éléments de construction dans leurs projets de construction ou de rénovation.

Rik Storms est spécialisé dans les matériaux de construction anciens que l'on ne trouve nulle part ailleurs. Pour le jardin, il propose notamment de la pierre calcaire exceptionnelle des Ardennes, de la pierre blanche de Balegem, de la pierre de Gobertange, du grès wallon, des sentiers de jardin en vieilles briques jaunes ou pavés hollandais,... Au fil des ans, *Storms* a en outre rassemblé une collection unique d'ornements de jardins anciens et de statues rares: vases, urnes, socles, fontaines, sculptures, boules décoratives,... Le caractère authentique, rare et exclusif est ici essentiel.

Deux cadrans solaires: l'un (à gauche) en grès du 19ième siècle et l'autre (à droite) avec un socle du 18ième (fin Louis XV – début Régence) et une plaque du 17ième siècle.

PAGE DE GAUCHE
Une *Vénus de Milo* en marbre de Carrare (env. 1900).

PAGES SUIVANTES
La terrasse a été aménagée dans un ancien grès beige-vert provenant de la région mosane. Les deux colonnes 18ième tardif sont en pierre de Bourgogne. Planchéiage en vieux chêne. La gargouille à gauche de la porte est du 15ième siècle.

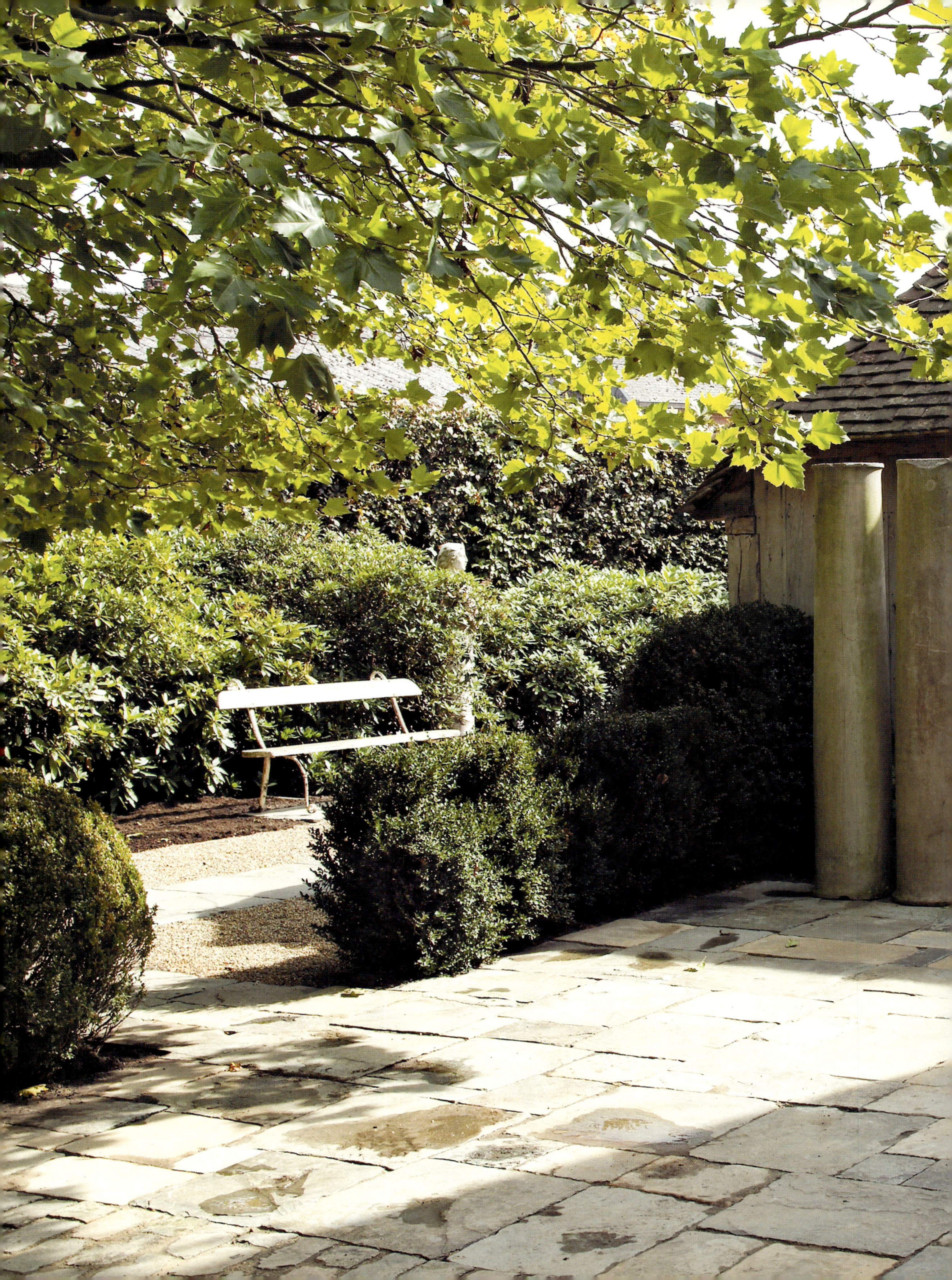

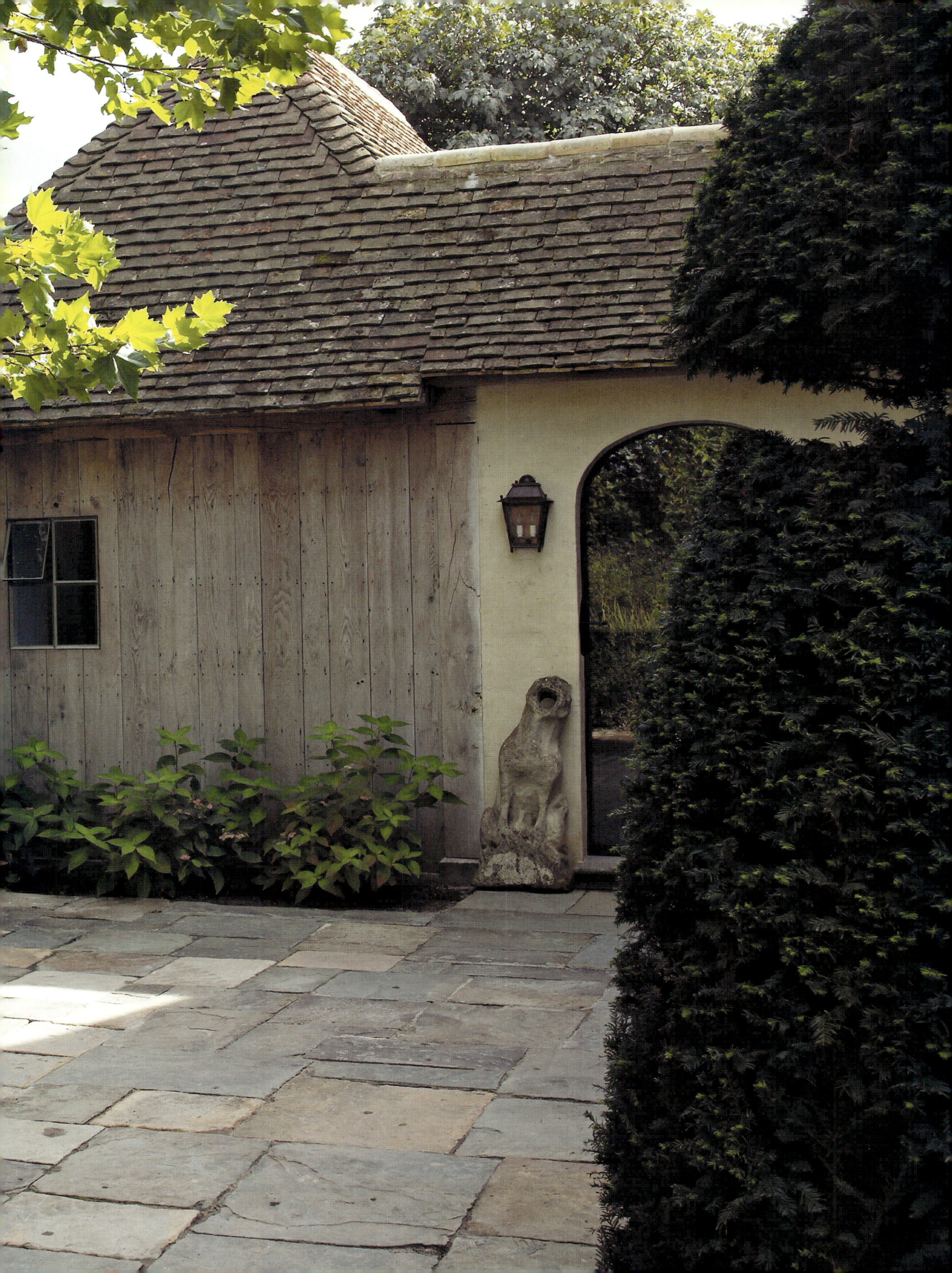

174 | Autour du jardin

PP. 174-175

Cette annexe a été entièrement revêtue d'anciennes planches en chêne. Seules les grandes fenêtres ont été réalisées en fer forgé. Le mobilier de jardin en teck peut être réalisé entièrement sur mesure par l'entreprise *Storms*. Le toit est recouvert de tuiles plates rares de Bourgogne.

Pages suivantes

A l'arrière de la photo, un faune qui danse et joue de la musique. Le jardin a été créé en collaboration avec Piet Blanckaert

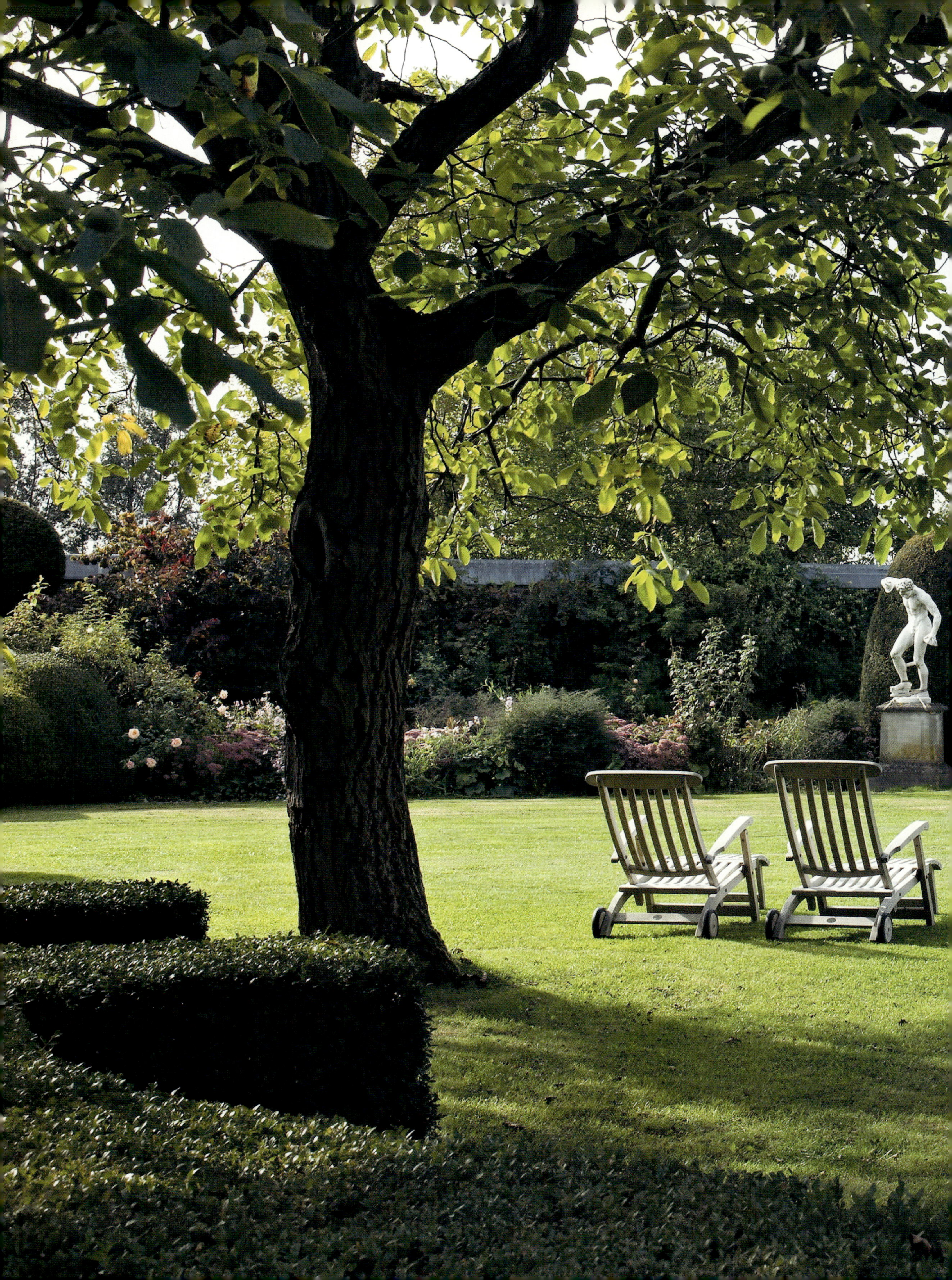

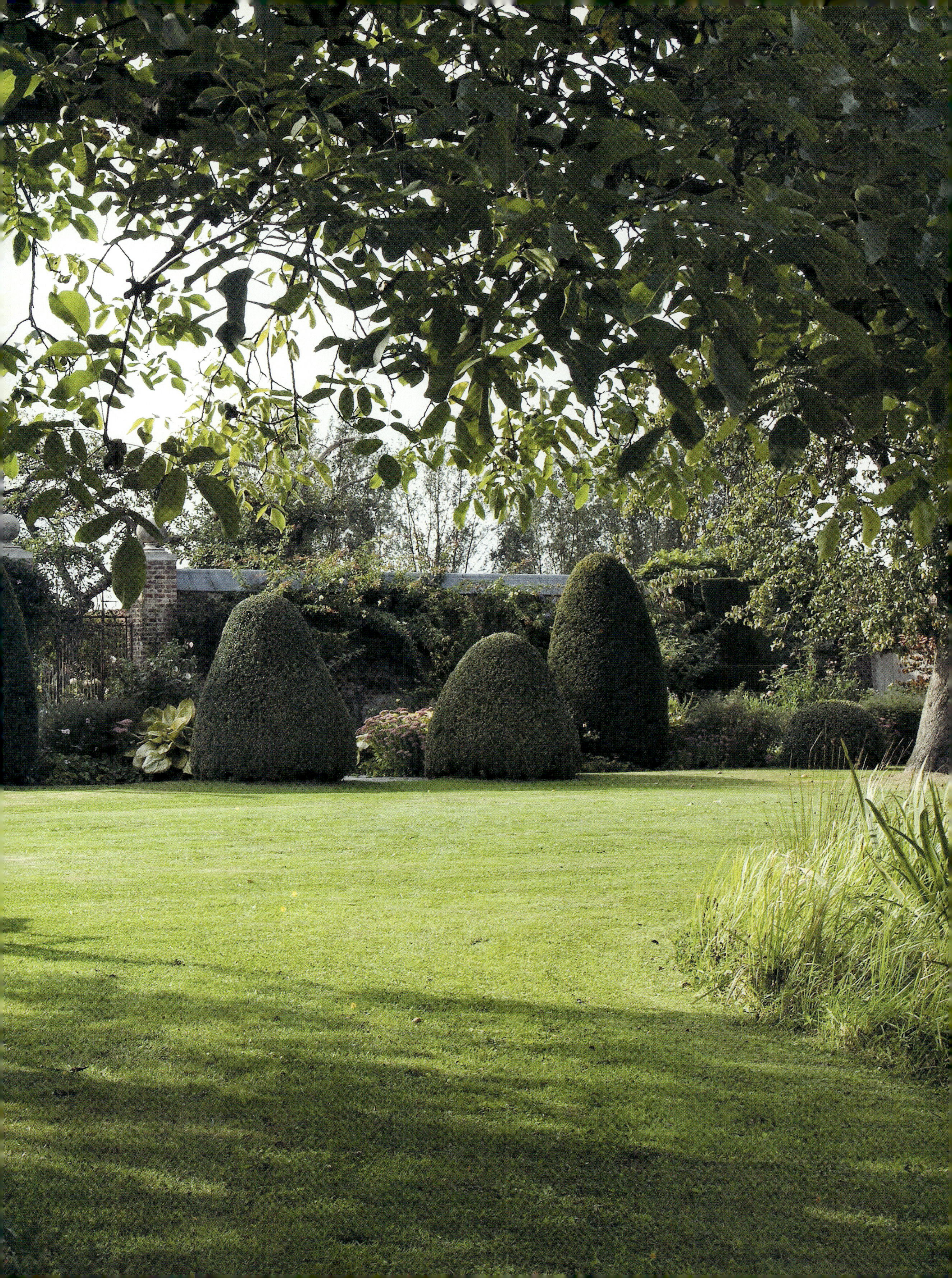

CI-DESSUS
Un aperçu de la riche collection de *Storms* d'anciens ifs et buis.

Le muret a été érigé en pierre de Balegem.

178 Autour du jardin

Un sol rare de récupération provenant de la région de Liège - Maastricht.

Rik Storms possède également un propre atelier de taille de pierre à Kapelle op den Bos, où les plus belles tables de jardin en pierre bleue sont réalisées sur mesure et des seuils, marches, portiques, etc. sont sciés, dans le respect des traditions.
Au niveau de la végétation, il s'est spécialisé dans la culture d'anciens ifs et buis.

RIK STORMS & CO SA
Aland 4
B - 2811 Leest
TEL.: +32 (0)15 71 25 35
FAX: +32 (0)15 71 41 49
Dépôt et atelier de taille:
Mechelseweg 305
B - 1880 Kapelle op den Bos
www.rikstorms.com
info@rikstorms.com

Un buste du 18ème en grès de France.

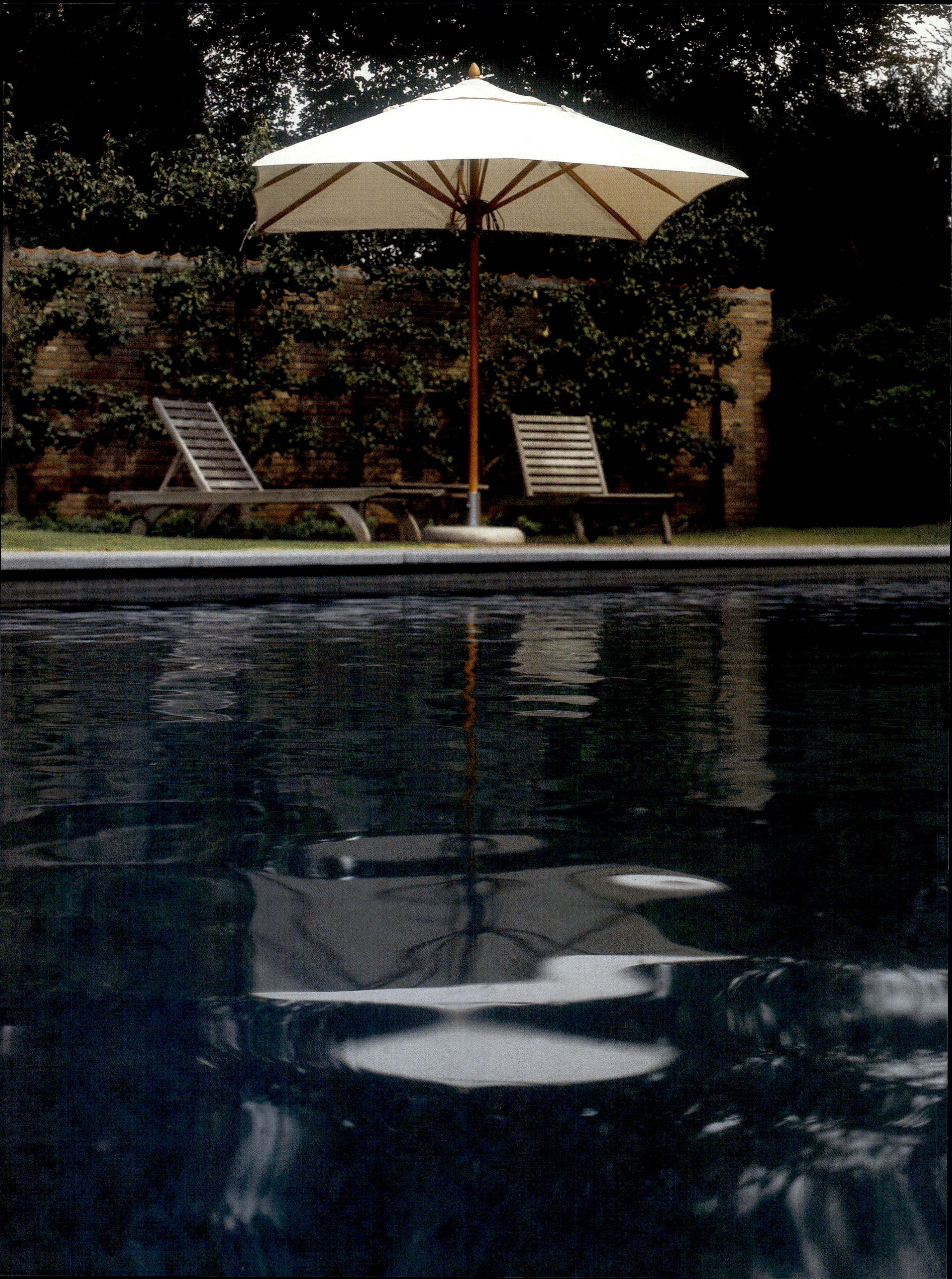

PISCINES DE WILDE :
QUALITÉ DURABLE

Les piscines De Wilde construisent des piscines privées d'extérieur et d'intérieur depuis plus de 25 ans. L'expérience ainsi accumulée fait de cette entreprise un partenaire fiable pour tous les types de projets.

Une piscine extérieure est une oasis qui procure paix et détente durant une longue période de l'année. Grâce à la maîtrise de la température que permettent le store et la gestion automatique du chauffage, la piscine exerce toujours une vive attraction sur les jeunes et les moins jeunes.

Le concept de la piscine constituée d'un coffre en béton armé s'est beaucoup perfectionné au fil des ans et il garantit aujourd'hui une très grande longévité. Le bétonnage de la piscine sur place permet d'adapter les mesures et la forme de la cuve aux souhaits spécifiques du client.

Le revêtement intérieur de la piscine est toujours constitué de mosaïque de verre de *Bisazza*, un matériau noble qui, associé à un bord en pierre naturelle, se prête à toutes les formes et toutes les finitions.

Les piscines De Wilde sont toujours bétonnées sur place, de telle sorte que les dimensions et la forme peuvent être adaptées aux désirs du client.

PISCINES DE WILDE
Hoogstraat 28
B- 9860 Oosterzele
TEL.: +32 (0)9 362 74 27
FAX: +32 (0)9 362 46 92

PAGE DE GAUCHE ET CI-DESSUS, PP. 182-185

Les piscines sont toujours bétonnées sur place, de telle sorte que les dimensions et la forme peuvent être adaptées aux désirs du client.

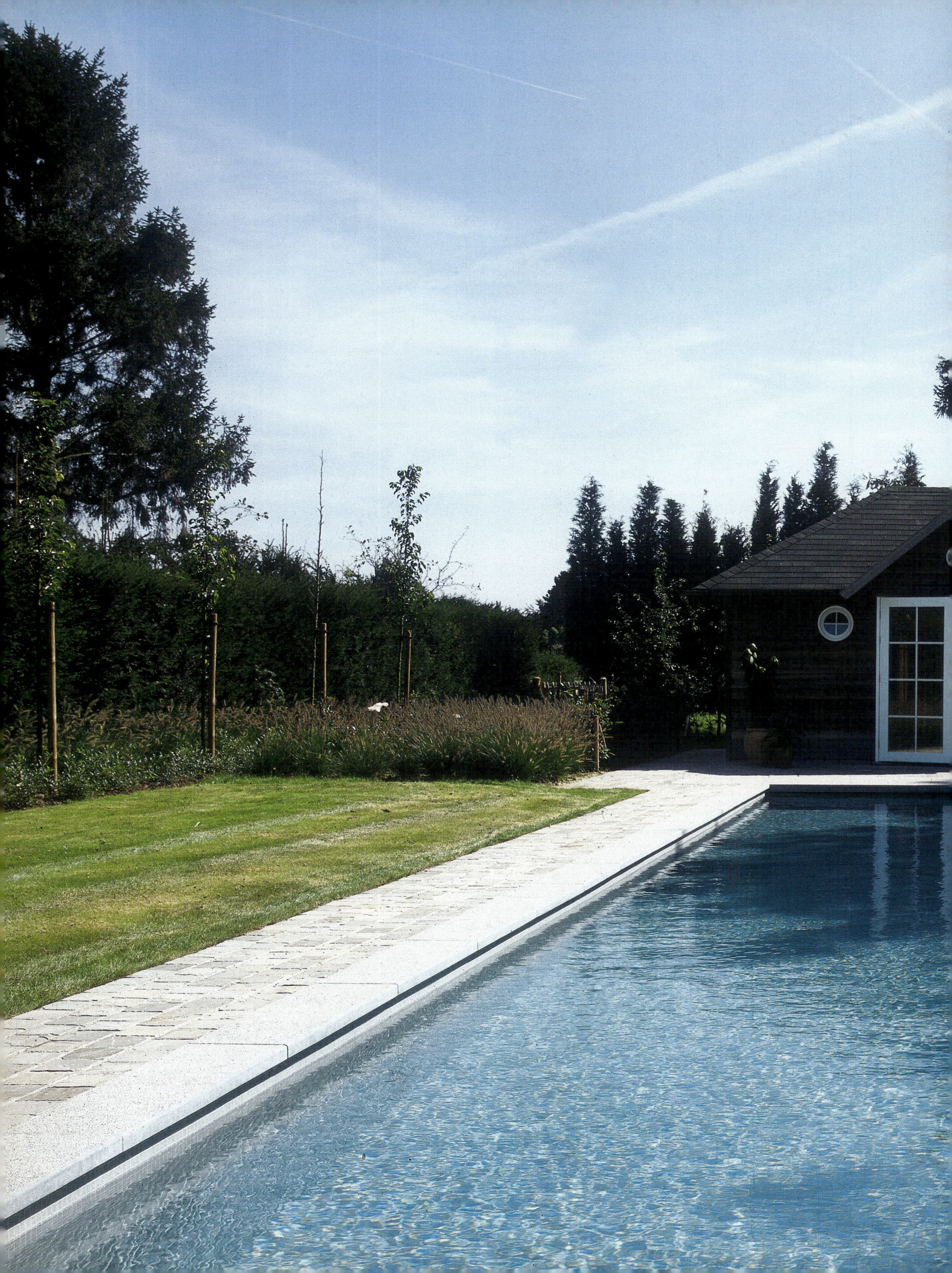

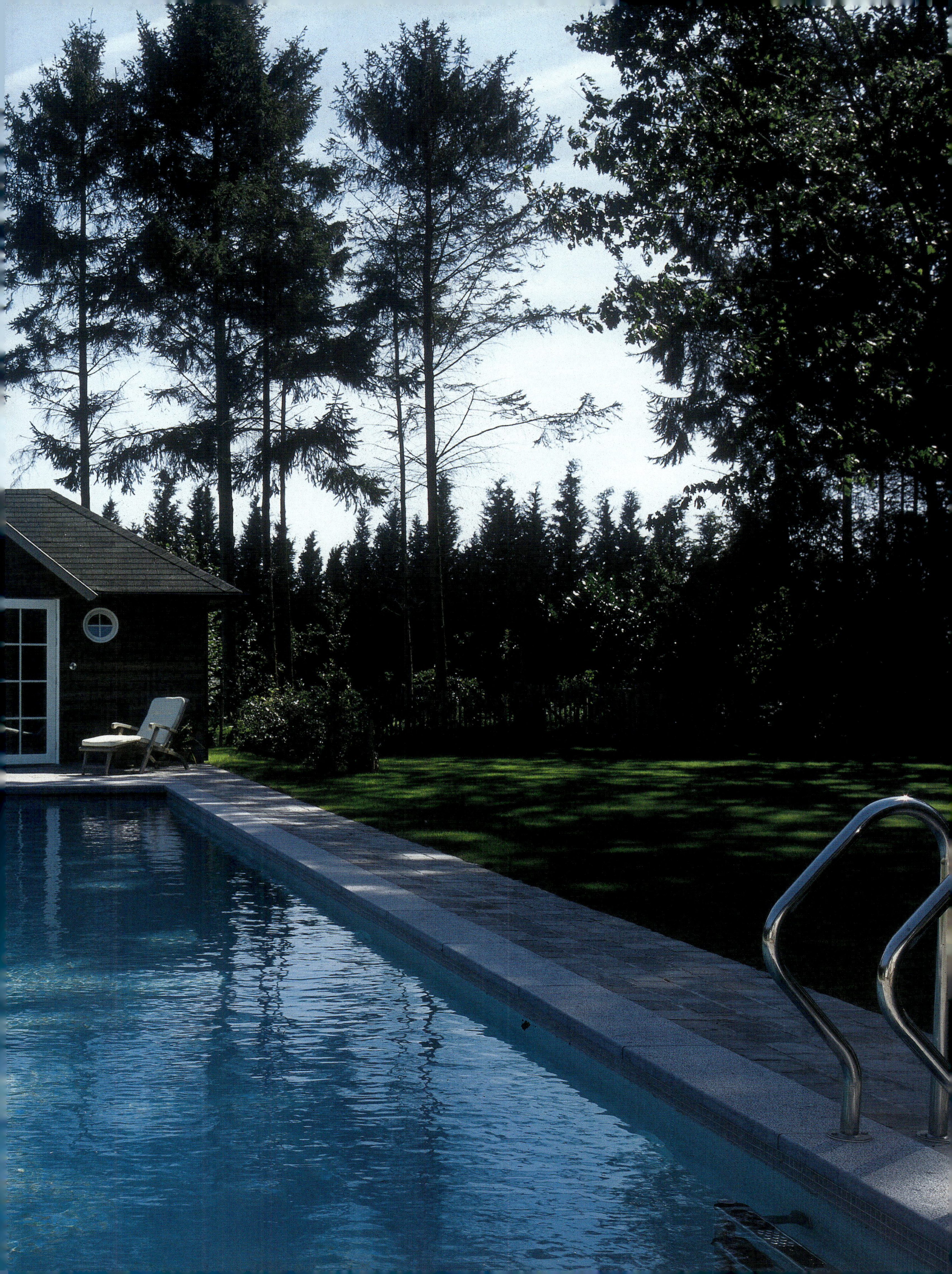

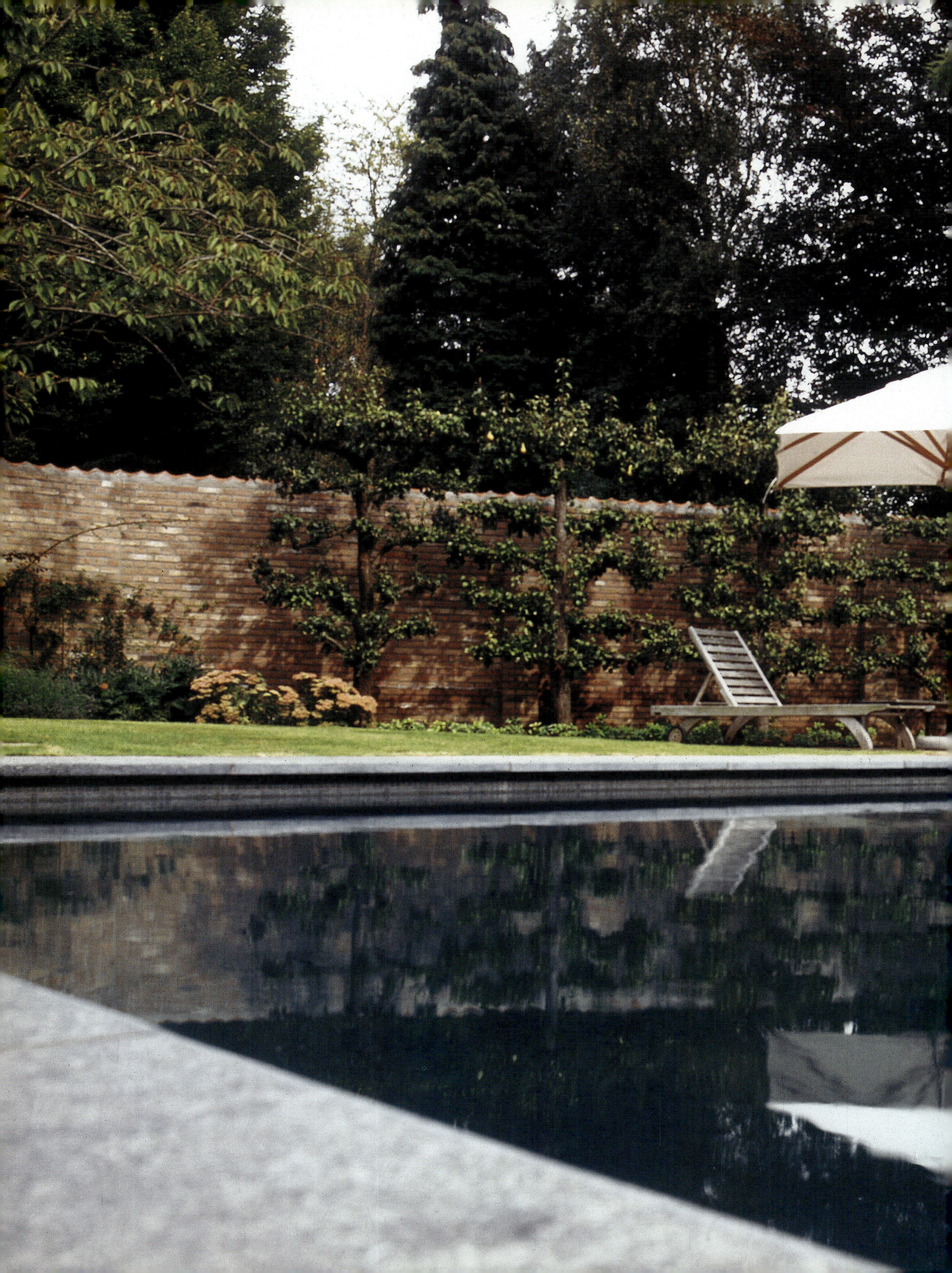

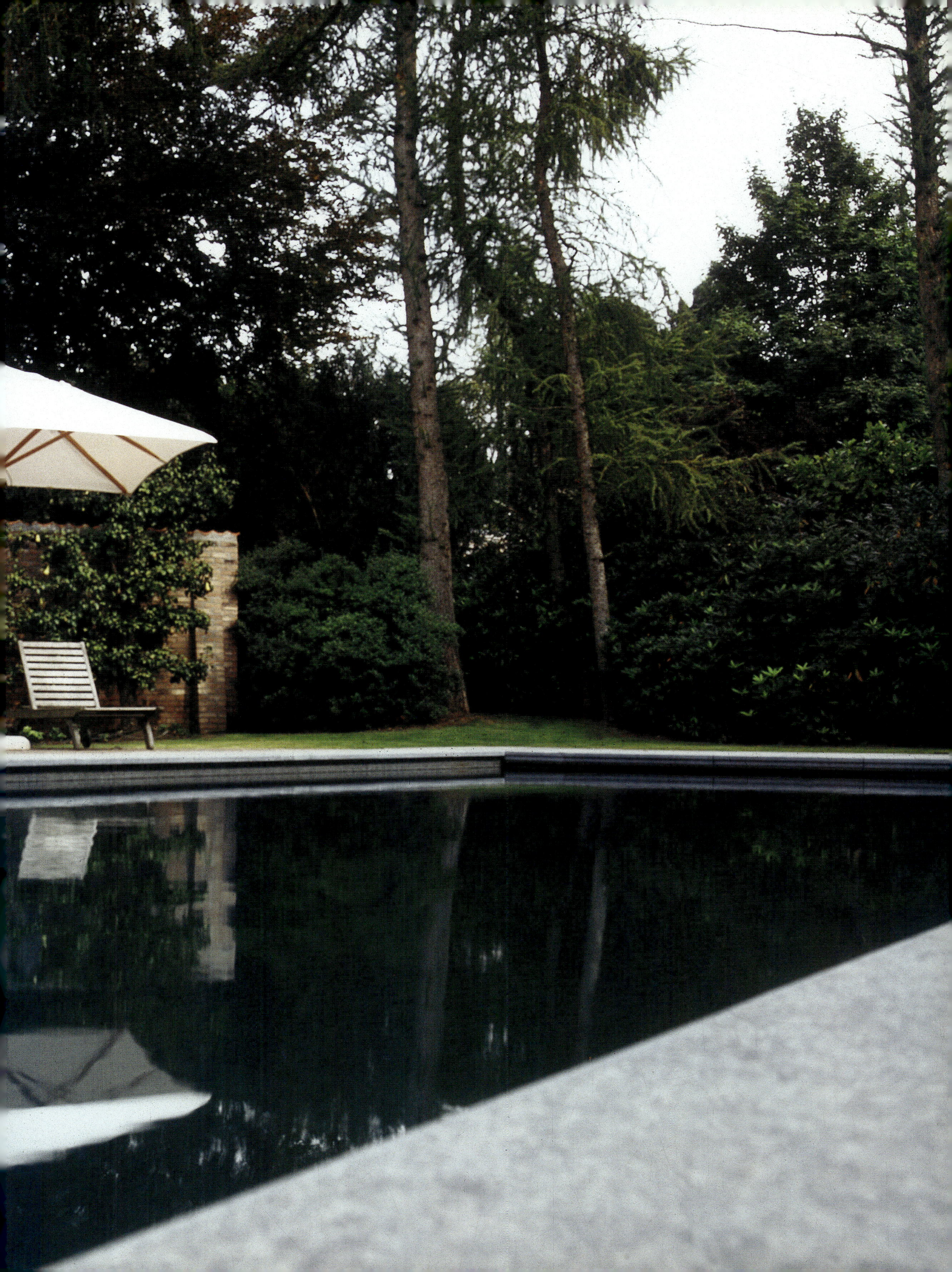

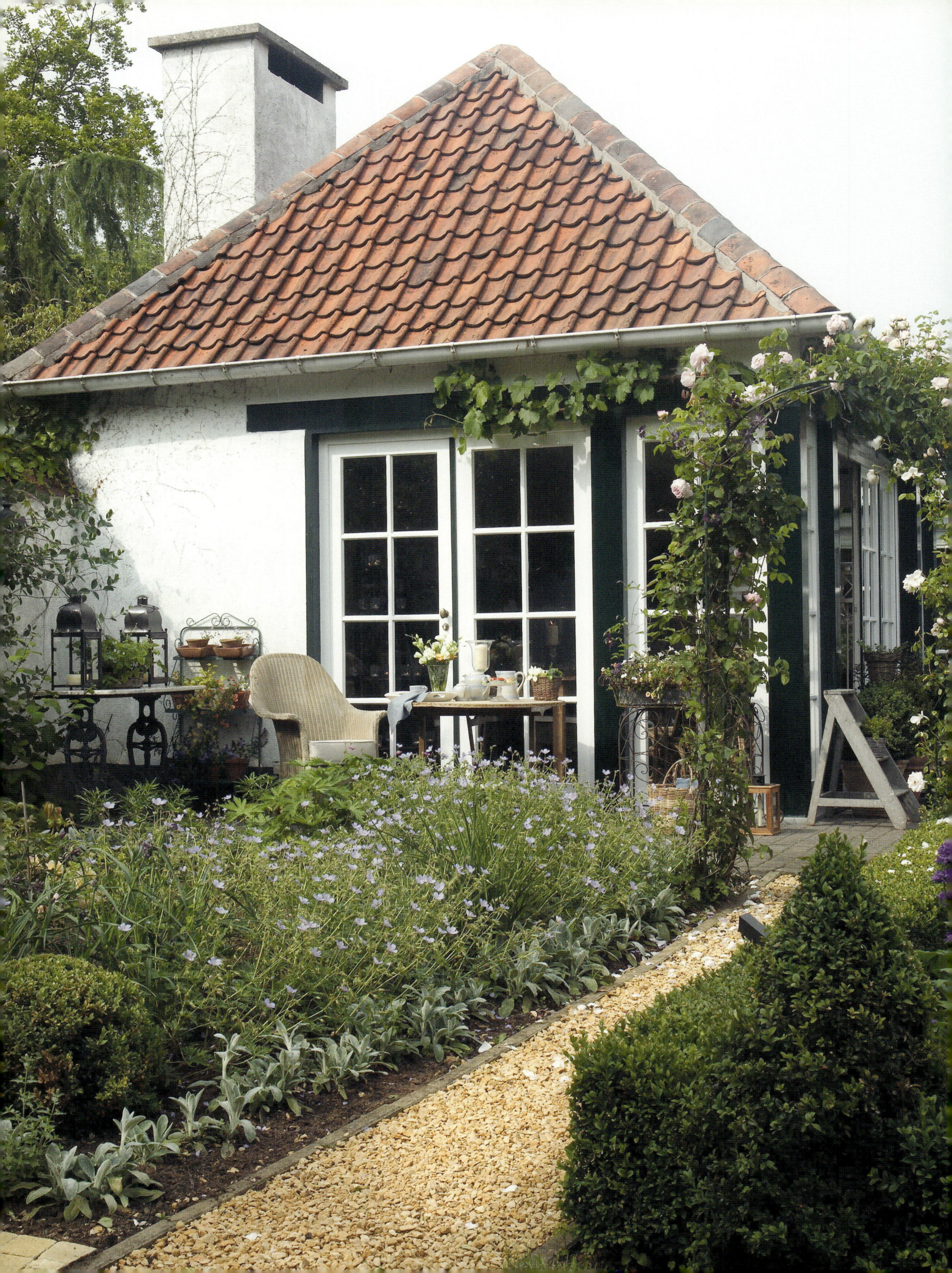

ANNE GLORIE: INTÉGRATION HARMONIEUSE DE LA MAISON ET DU JARDIN

Anne Glorie - Agneessens occupe depuis 1984 une ferme authentique en L à Saint Nicolas. En 1989, c'est dans ce cadre exceptionnel qu'elle organise ses premières journées portes ouvertes en vue de promouvoir ses activités de décoratrice. Depuis 15 années déjà, elle réalise des aménagements complets d'habitations tant classiques que modernes: conseils en couleurs, choix de matières, mobilier, objets décoratifs, etc. Pour la sélection d'antiquités, elle travaille avec *Greet D'Hondt* (*Exeter*).

En 1993, elle agrandit sa maison de campagne d'un "pavillon barbecue" composé d'une orangerie inondée de soleil qui intègre de manière optimale la nature environnante dans l'habitation. A la même occasion, le jardin est lui aussi transformé: les terrasses ont été décorées de " mixed borders ", diverses variétés de rosiers ont été plantées, des chemins ont été aménagés,...

Partout dans le jardin, des chemins et coins de repos ont été aménagés. Les rosiers grimpants proviennent de l'horticulteur *Dewilde* à Bussum.

A côté de l'orangerie, un mur a été érigé afin de garantir l'intimité. Des parterres de buis à feuilles persistantes ont également été plantés devant la terrasse. L'agapanthe ajoute une touche bleutée.

PAGE DE GAUCHE

Il y a une dizaine d'années, cette annexe a été ajoutée par *Anne Glorie* à sa maison existante, une ancienne ferme en L. Le sentier en dolomite a d'abord été placé et le printemps 2003 a vu la plantation de nouveaux " mixed borders " qui au bout de quelques mois ont atteint leur pleine croissance: *Blue Cloud*, *Stachys Silvercarpet*, ... L'ancienne chaise en *Lloyd Loom*, la table de bistrot avec panneau en marbre, la table de vigneron, l'ancienne console, la lanterne et le petit escalier sont de *Exeter* (*Greet D'Hondt*). Les roses *New Dawn* et la vigne rompent la structure austère.

L'orangerie.
Une sélection de l'assortiment de *Pomax* (poteries, sets rouges, verres, ...) autour d'une ancienne table en pitch-pin de *Exeter*.
La structure arborescente en fer est de *Beltima*.

Chaises en rotin de chez *Flamant* autour d'une table de *Pomax*.

Une ancienne petite table de *Hispantics* et une lampe de *Exeter*.

Tissus de *Vano* autour de quelques trouvailles de *Exeter*.

Une parfaite harmonie de couleurs: tissus de *Bruder* et mannes de la collection de *Beldeco*.

Une manne de Beldeco; fleurs de *Koen Van Poucke*, *Terracotta Millionbells*.

Poterie et couverts de la collection *Pomax*.

ANNE'S HOUSE
Anne Glorie
Jagersdreef 7
B - 9100 Sint-Niklaas
TEL.: +32 (0)3 776 89 49
FAX: +32 (0)3 765 16 97
MOB.: +32 (0)477 28 34 05
anneglorie@hotmail.com
Fermé le lundi; ouvert le mardi de 10 à 18h
Tous les autres jours sur rendez-vous.

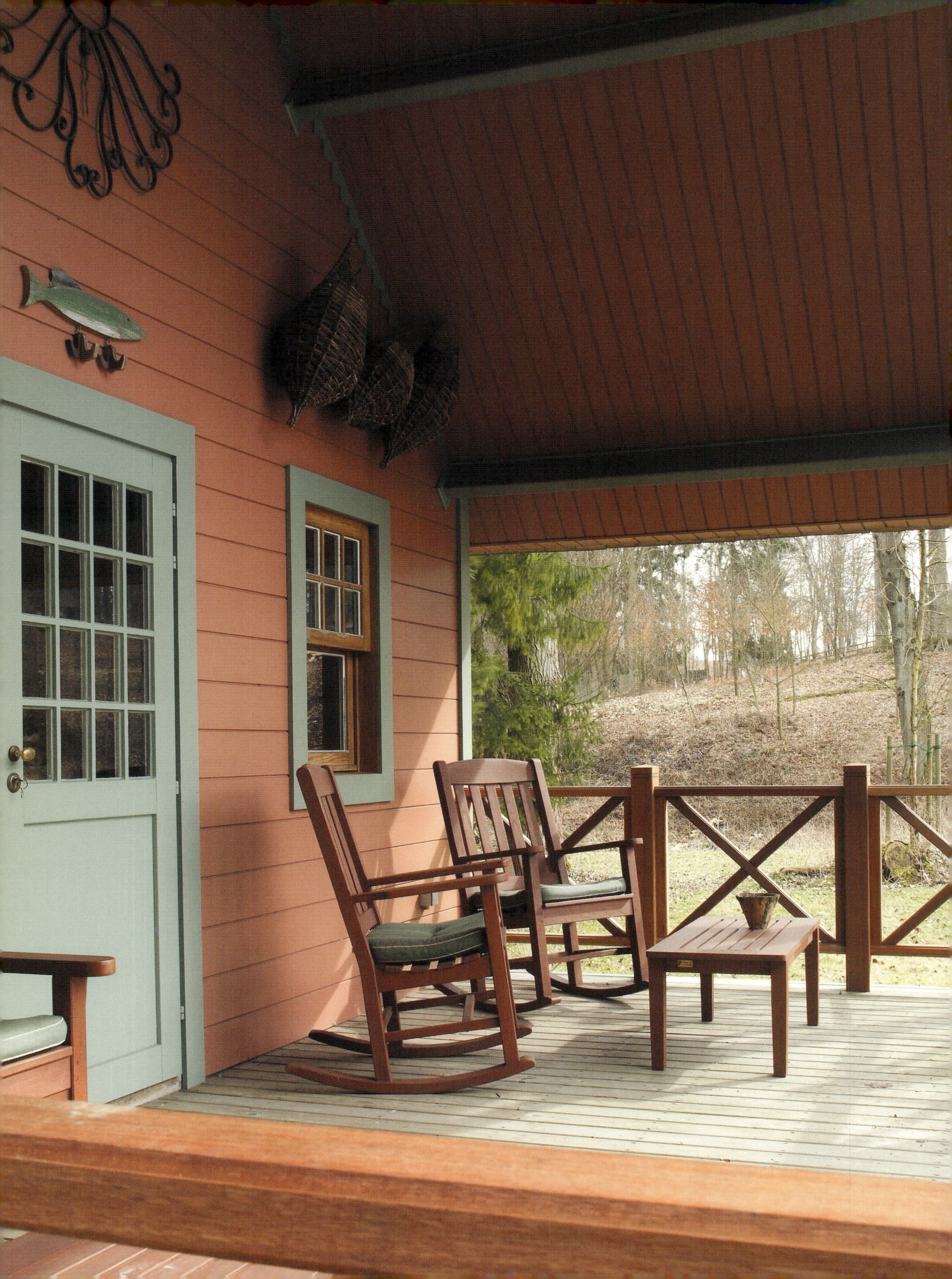

UN PAVILLON QUI ÉVEILLE L'IMAGINATION

L'architecte bruxellois *Guy Stapels* a dessiné les plans d'un pavillon situé près d'un étang de 1,5 ha dans un splendide domaine.
Ce pavillon d'été a été construit entièrement en bois par *Mi Casa*, spécialisé dans la construction en bois massive. En été, le cadre est idéal pour un pique-nique. En hiver, par contre, il représente un agréable repère grâce à la présence du feu ouvert.

STAPELS GUY
    6, av. J. Pastur
    B - 1180 Bruxelles
    TEL.: +32 (0)2 375 82 97
    FAX: +32 (0)2 375 84 38
    decoration.stapels@skynet.be

PAGE DE GAUCHE, CI-DESSUS ET PAGES SUIVANTES

Ce pavillon a été entièrement construit en bois massif. La terrasse est recouverte de planches de bankiraï.

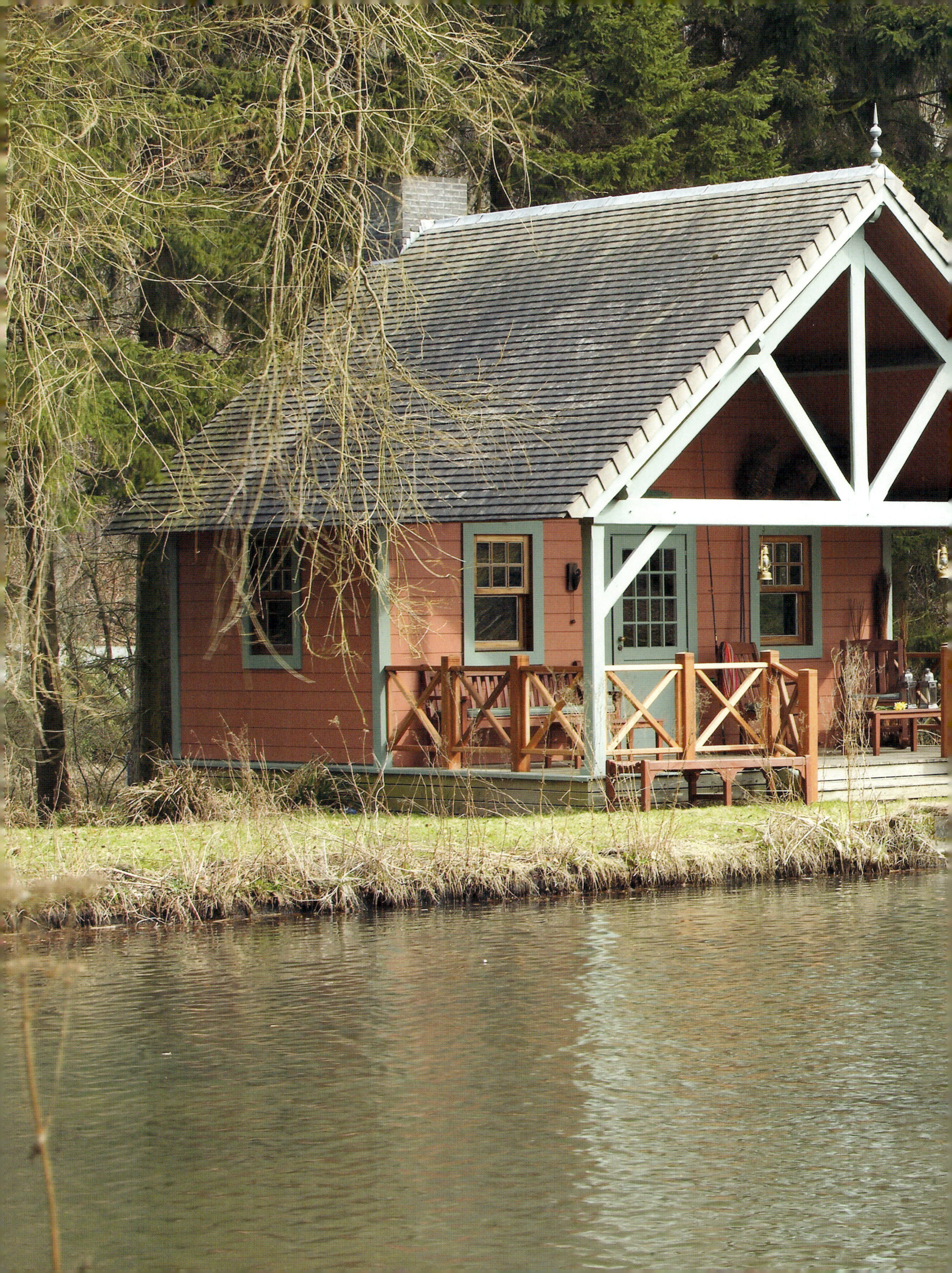

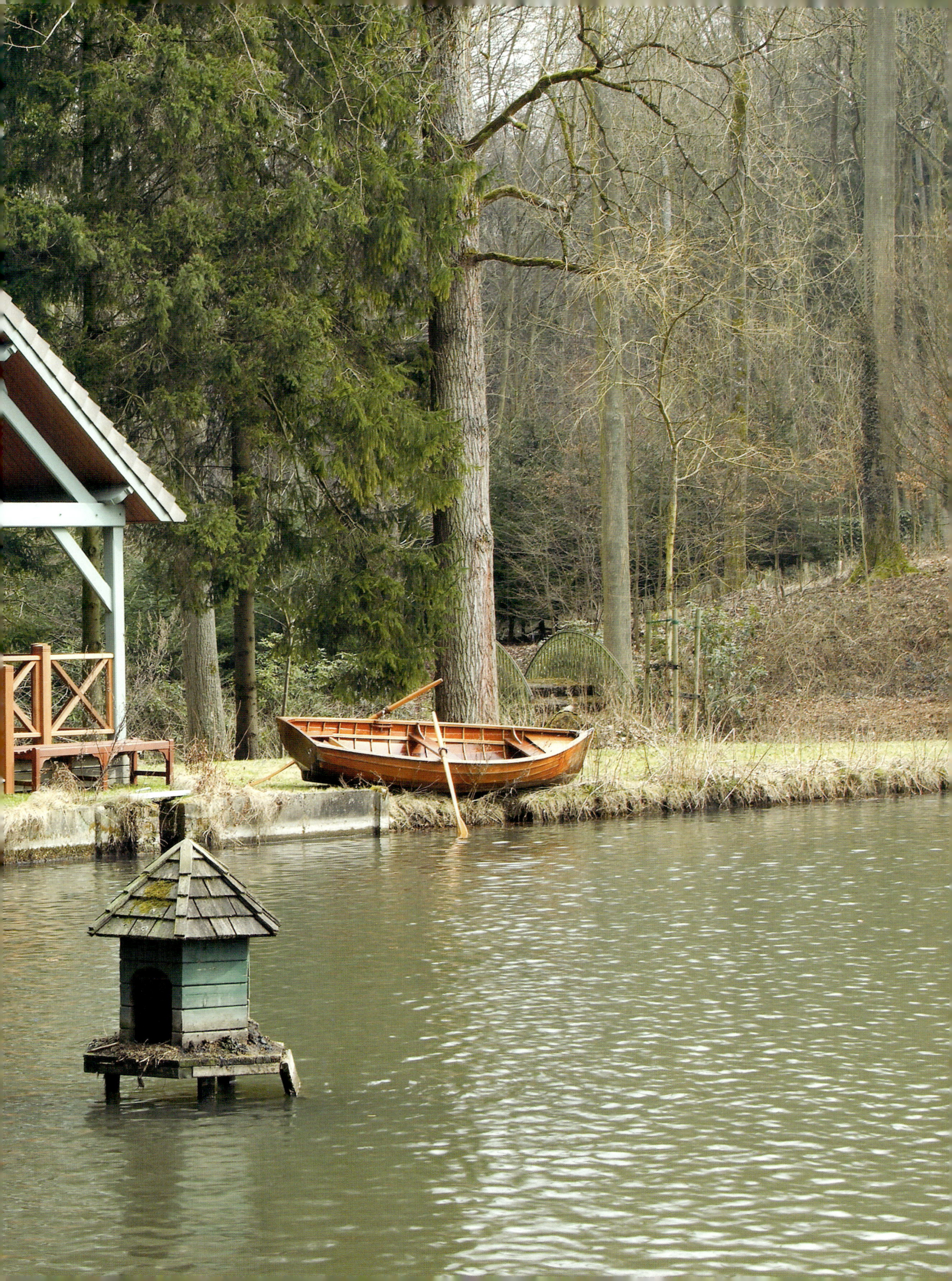

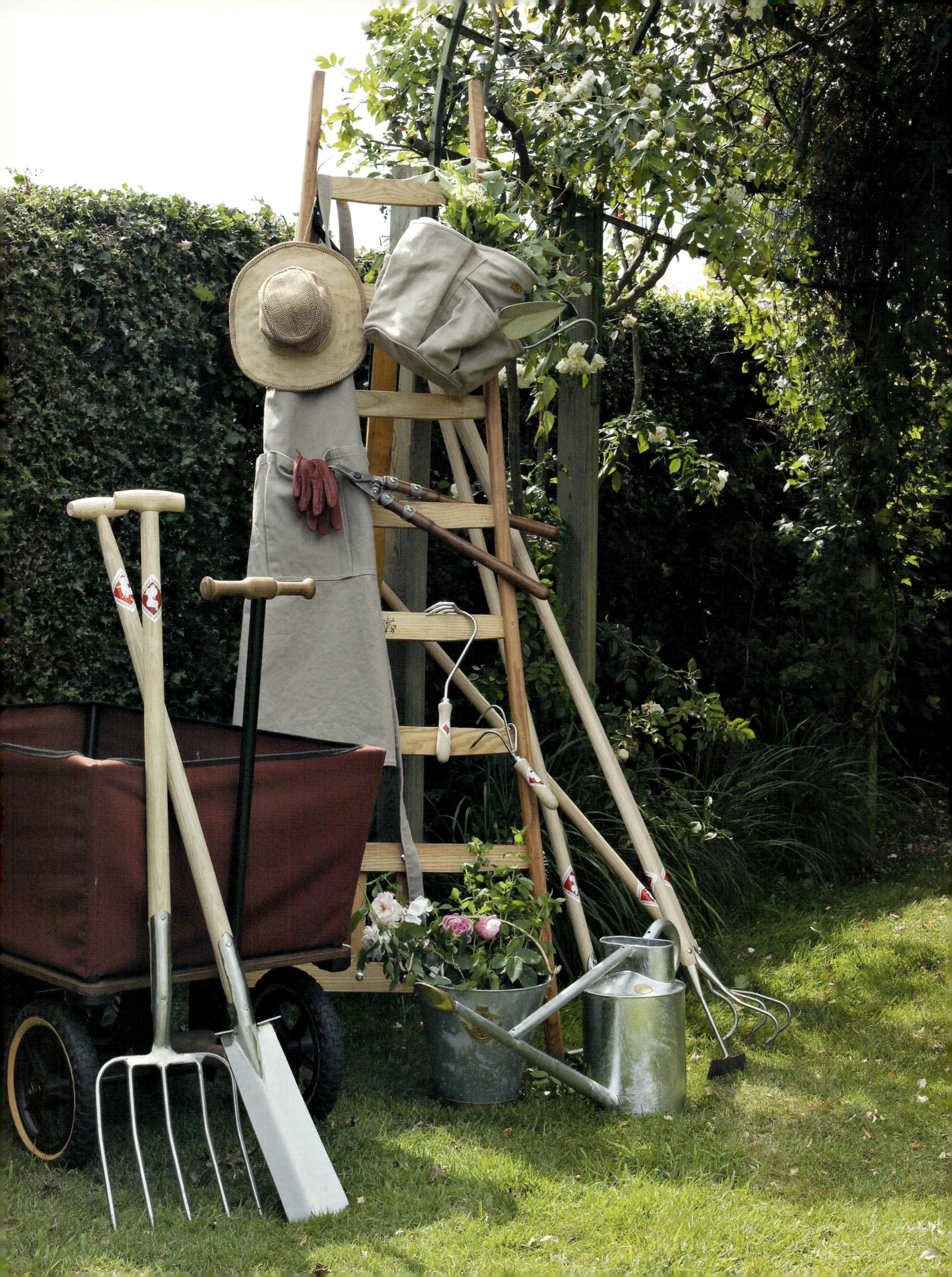

L'ASSORTIMENT D'ARTICLES DE JARDIN EXCLUSIFS SIGNÉ KIN & LUSHI

Kin & Lushi est installé dans une ferme de couleur ocre à Kruishoutem, à la limite entre la Flandre occidentale et la Flandre orientale.

Dans ce cadre champêtre, *Jean-Eric Seeuws* et *Colette Maere* présentent leur collection unique de "produits de qualité, pour une qualité de vie": mobilier de jardin de *Kircodan* et l'*Original Bear Chair*, les outils de jardin de *Sneeboer*, *Le Prince Jardinier*, *Haws* et *Felco*, les accessoires dont la douche *Show'R*, l'enrouleur *Waterette*, le chariot *Wagon*, le barbecue *Troll 700* et le parasol *Kin & Lushi*, etc.
En outre, *Kin & Lushi* propose également des vêtements très résistants de style "country" de *Partridge*, *Magee*, *William Lockie* et les bottes de *Dubarry*, les textiles de maison de *Libeco* et *Catherine Memmi* et les gammes exclusives d'articles de table : *Terre è Provence*, *Terre d'Hautaniboul*, *Henri Dean*, *Bollen Design* et enfin, les couteaux légendaires de la marque *Laguiole*.

Kircodan produit de jolis meubles en teck pour l'intérieur comme pour l'extérieur qui se distinguent par leur originalité, leur qualité et leur fonctionnalité. A droite de la photo, le barbecue *Troll 700* : ce barbecue est un fourneau de plein air pour cuisiner, griller, fumer, rissoler et maintenir au chaud. Pendant les soirées plus fraîches, il peut également servir de feu sur la terrasse ou dans le jardin.

PAGE DE GAUCHE
Cette nature-morte souligne le caractère exclusif de l'assortiment de jardin de *Kin & Lushi* : outils de jardin de *Sneeboer* forgés selon la méthode artisanale, un magnifique arrosoir anglais de *Haws* en acier galvanisé, un sécateur *Le Prince Jardinier*, des gants de jardinage en cuir tanné et un chariot *Wagon*: particulièrement léger et entièrement démontable, ce chariot est très utile pour l'entretien du jardin, une promenade en forêt ou une excursion à la mer.

L'originale *Bear Chair* en cèdre (*Western Red Cedar*) est une création canadienne réputée pour son excellent confort d'assise. A gauche de celle-ci, la douche *Show'R* : une douche multifonctionnelle qui est très utile en été, près de la piscine ou au jardin et en hiver, pour nettoyer les bottes.

Le parasol *Kin & Lushi*, en couleurs subtiles (jaune ocre et vanille, vert et rouge corail) et matériaux naturels, s'intègre à merveille dans les jardins. De fabrication artisanale, il se compose de bambou prétraité et d'une toile en coton imperméable (2 m de diamètre).

Sneeboer : outils de jardin en acier inoxydable forgé selon la méthode artisanale. Les poignées du petit outillage sont en cerisier ou en hêtre ; tandis qu'elles sont en bois de frêne ou ramin pour les plus grands outils.

Ce magasin unique d'articles de jardin et de décoration s'est forgé au fils des années une solide réputation et les clients viennent de très loin. Ces derniers y trouvent un accueil personnalisé et des conseils de professionnels.
Tous les produits sont sélectionnés en raison de leur mode de fabrication artisanal et qualitatif, leur cachet intemporel et leur beauté. Ils sont merveilleusement mis en scène dans un splendide décor, loin de l'agitation de la ville.

KIN & LUSHI
Lulstraat 1
B - 9770 Kruishoutem
TEL.: +32 (0)9 386 77 23
FAX: +32 (0)9 386 36 10
MOB: +32 (0)476 355 248
www.kin-lushi.be
E-mail: info@kin-lushi.be
Vendredi, samedi, dimanche et lundi de 15 à 19h.
Les autres jours sur rendez-vous.
En décembre, ouvert tous les jours,
dimanche inclus, de 14 à 19h.

Un splendide assortiment pour le jardin : du sécateur à l'enrouleur *Waterette* : cet enrouleur de tuyau artisanal en fer forgé est particulièrement stable et décoratif.

AUTOUR DU JARDIN

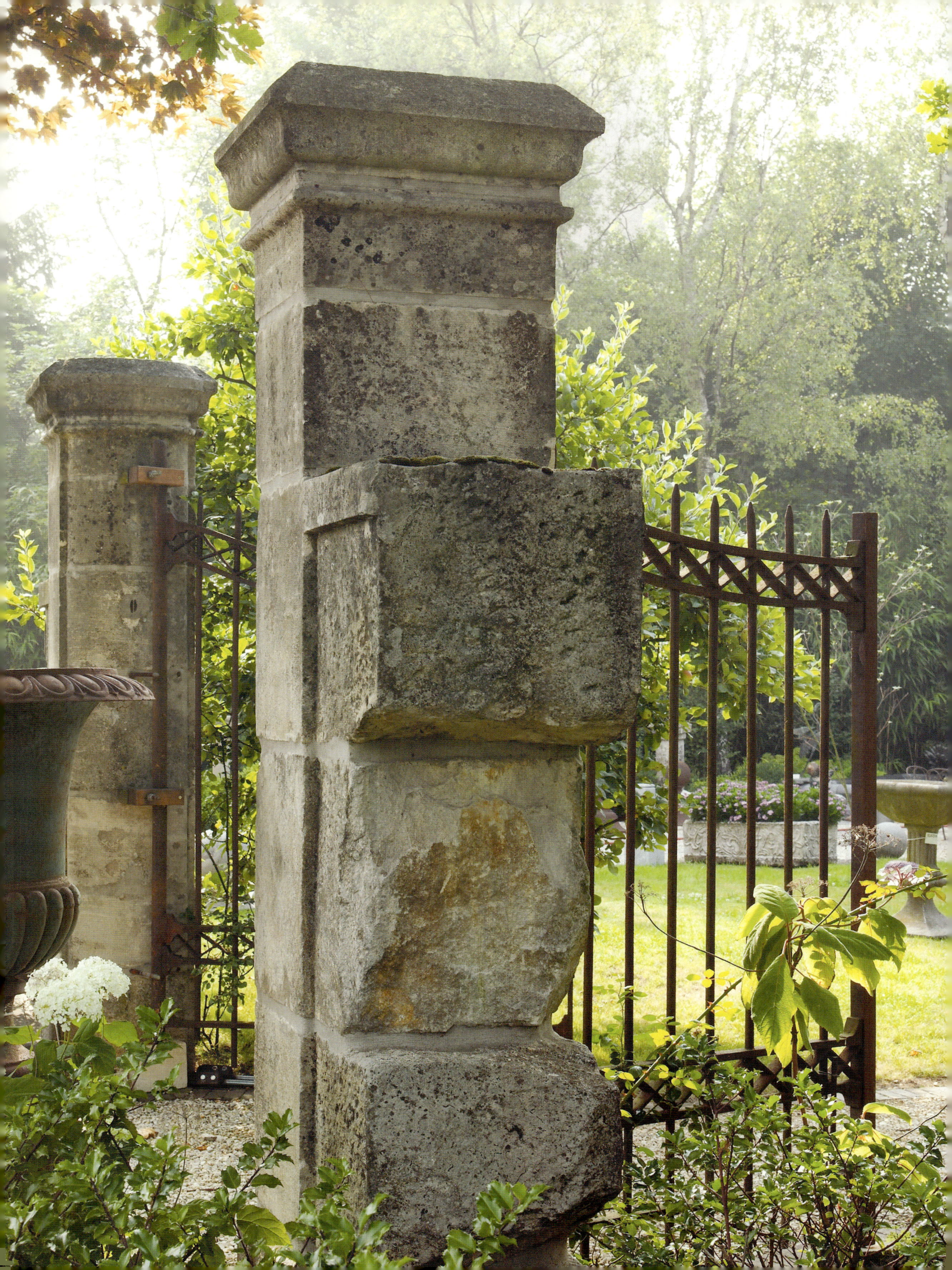

ANDREAS VAN APERS: ORNEMENTS DE JARDIN ET OBJETS DÉCORATIFS ANCIENS

Depuis plus d'un quart de siècle, *Andreas Van Apers* est une valeur sûre dans le domaine des matériaux de construction anciens.

Van Apers propose aussi en permanence une vaste collection d'ornements et d'objets décoratifs pour le jardin: socles en pierre blanche, vases, colonnes en pierre bleue ou en pierre de France, bancs du 19ième siècle en fonte et en teck, etc. Par ailleurs, l'assortiment de cet antiquaire en matériaux de construction comprend de magnifiques tables de jardin en pierre bleue réalisées sur mesure.
Dans le jardin d'exposition d'*Andreas Van Apers* à Reet (près d'Anvers), le visiteur trouvera une source d'inspiration dans la vaste panoplie de matériaux et ornements de jardin antiques.

Une terrasse recouverte d'anciennes dalles en pierre bleue. Le pavillon a été réalisé en bois de cèdre. Table avec panneau en pierre bleue et pieds en fer forgé.

PAGE DE GAUCHE
Deux colonnes authentiques en pierre de France. Style: Louis XIV (Lyon).

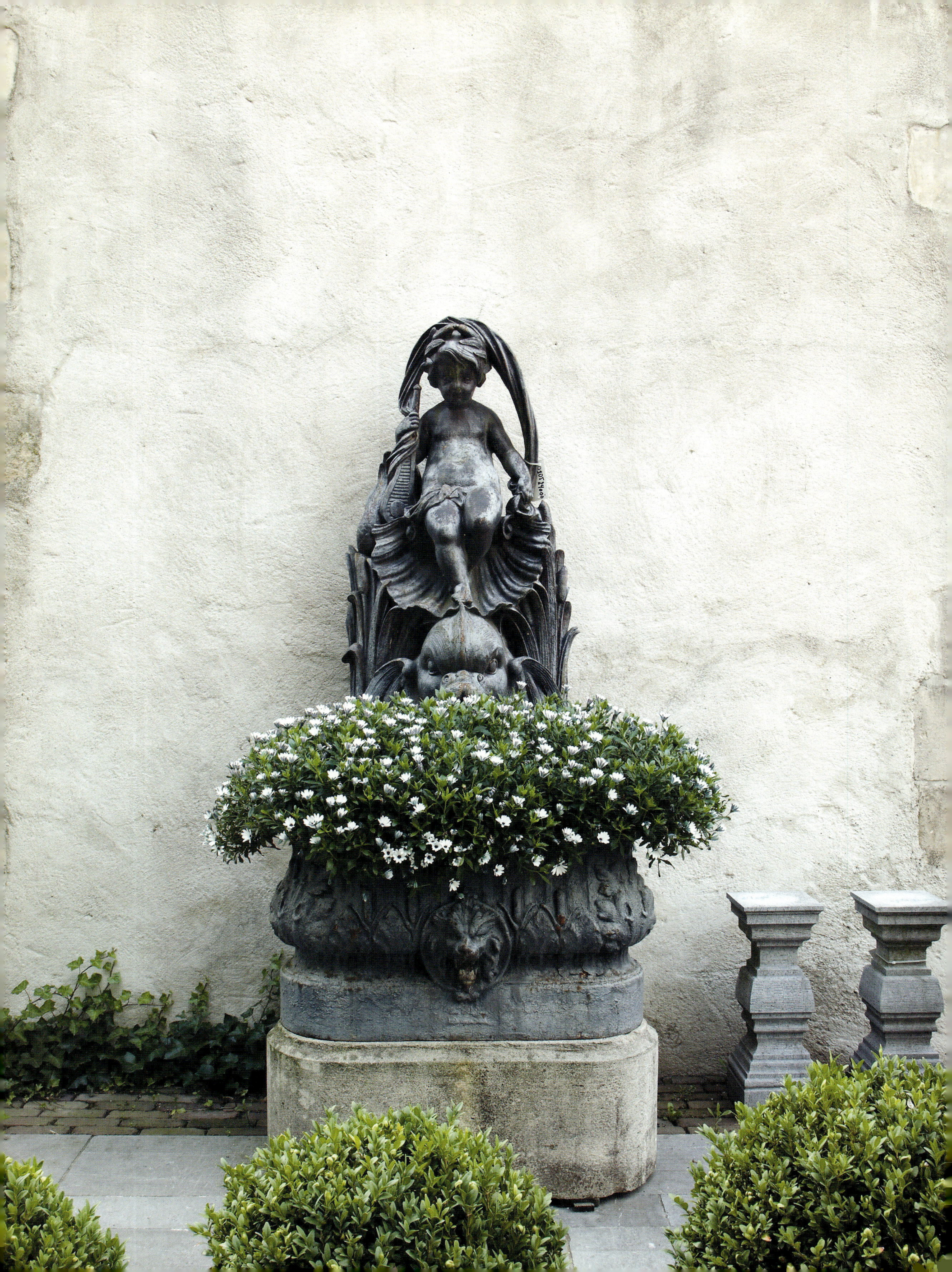

Une niche originale réalisée en pierre bleue (Flandre, 18ième siècle).

Un vase ancien en fonte sur son socle.

ANDREAS VAN APERS SPRL
Pierstraat 29
B - 2840 Reet
TEL.: +32 (0)3 888 46 34
FAX: +32 (0)3 888 70 01
www.andreasvanapers.be
andreasvanapers@pandora.be

Une statue de femme "Fortuna" (Rombaux) placée dans une gloriette provenant du parc d'un château situé à Poitiers.

PAGE DE GAUCHE
Une fontaine ancienne en fonte avec son socle (Bourgogne, 19ième siècle).

AUTOUR DU JARDIN | 201

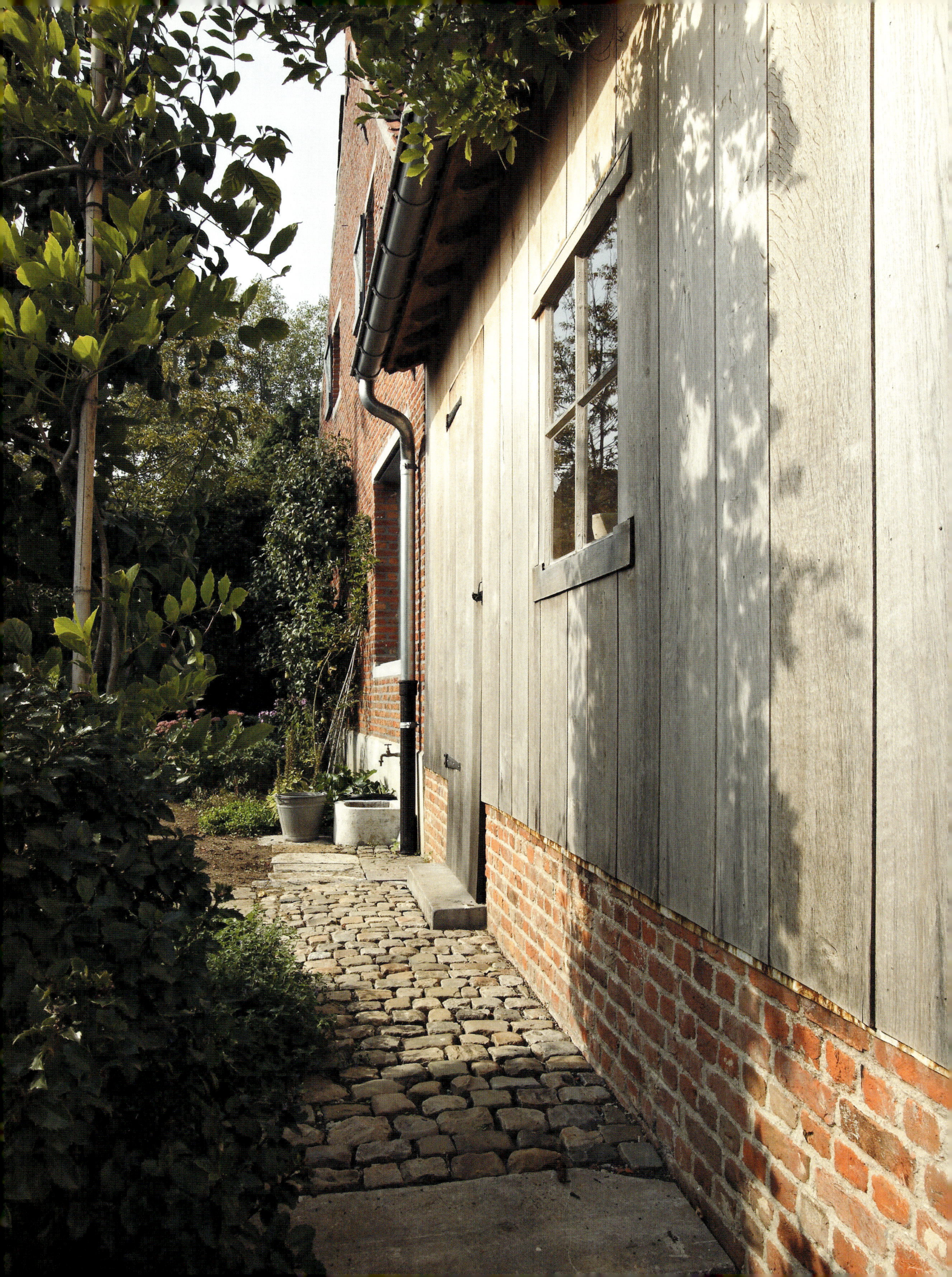

UN JARDIN AMÉNAGÉ
À PARTIR DE MATÉRIAUX ANCIENS

Le *Groupe Moris* est spécialisé dans la conception, l'aménagement et la restauration de jardins intemporels. A cette fin, *Mark Moris* et ses collaborateurs possèdent un stock important de matériaux de construction anciens: anciennes dalles en pierre bleue, pierre de Balegem, pavés de récupération, anciens pavés authentiques,... Le *Groupe* dispose également d'une pépinière avec des collections d'anciens ifs, buis, houx et arbres fruitiers.

GROUPE MORIS
Rameyenstraat 10
B - 2590 Berlaar - Gestel
TEL.: +32 (0)3 482 43 74
FAX: +32 (0)3 482 43 74
www.groepmoris.com

Clôture en chêne que le temps a recouvert d'une patine grise. A l'arrière plan, une haie de houx "Blue Prince".

La terrasse a été recouverte par le *Groupe Moris* d'anciennes dalles en pierre bleue.

PAGE DE GAUCHE
Le chemin qui longe l'habitation est réalisé en pavés de Tirlemont. Marches en pierre bleue de récupération.

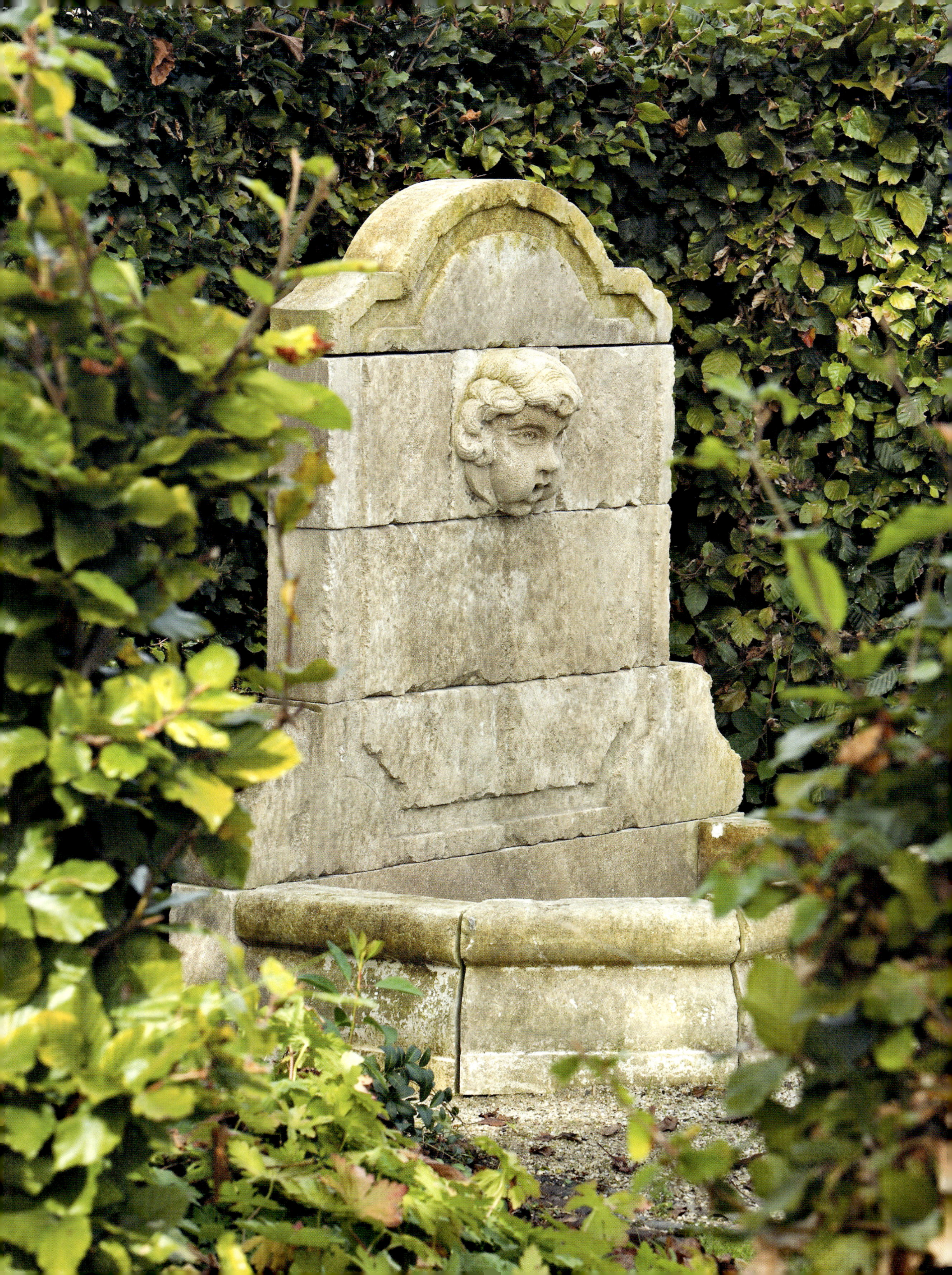

GUY-DECO: OBJETS DE JARDIN ANTIQUES SCULPTÉS DE MANIÈRE ARTISANALE

Guy-Deco a été créé en septembre 1996 par *Guido Van Loo* qui s'est spécialisé dans les matériaux de construction et objets de jardin anciens et nouveaux.

Tous les manteaux de cheminées, fontaines et éléments de décoration ont été sculptés de manière artisanale dans de la pierre naturelle ancienne massive, ce qui fait de chaque objet une pièce unique.
Dans l'agréable jardin d'exposition de 850 m2, vous découvrez un large choix de fontaines et autres ornements de jardin.

Banc avec accoudoirs sculptés en ancienne pierre naturelle massive.

PAGE DE GAUCHE
Une fontaine rehaussée d'une tête d'ange fabriquée en ancienne pierre naturelle massive.

Fontaine octogonale de 1,9 m. de hauteur et de 2 m. de diamètre composée de quatre bassins en fer forgé fabriqués de manière artisanale.

Les fontaines peuvent être intégrées partout dans le jardin, mais aussi contre les murs d'enceinte.

Une fontaine réalisée de manière artisanale et une collection d'anciennes boules.

Une fontaine sculptée avec rosace et un bassin en fonte.

Fontaine octogonale de 1,5 m. de hauteur et 1,6 m. de diamètre composée de deux bassins en fer forgé.

Guy-Deco
  Doelstraat 18
  B - 2590 Berlaar
  TEL.: +32 (0)495 52 55 43
  www.guy-deco.be
  Le jardin d'exposition peut être visité sur rendez-vous.

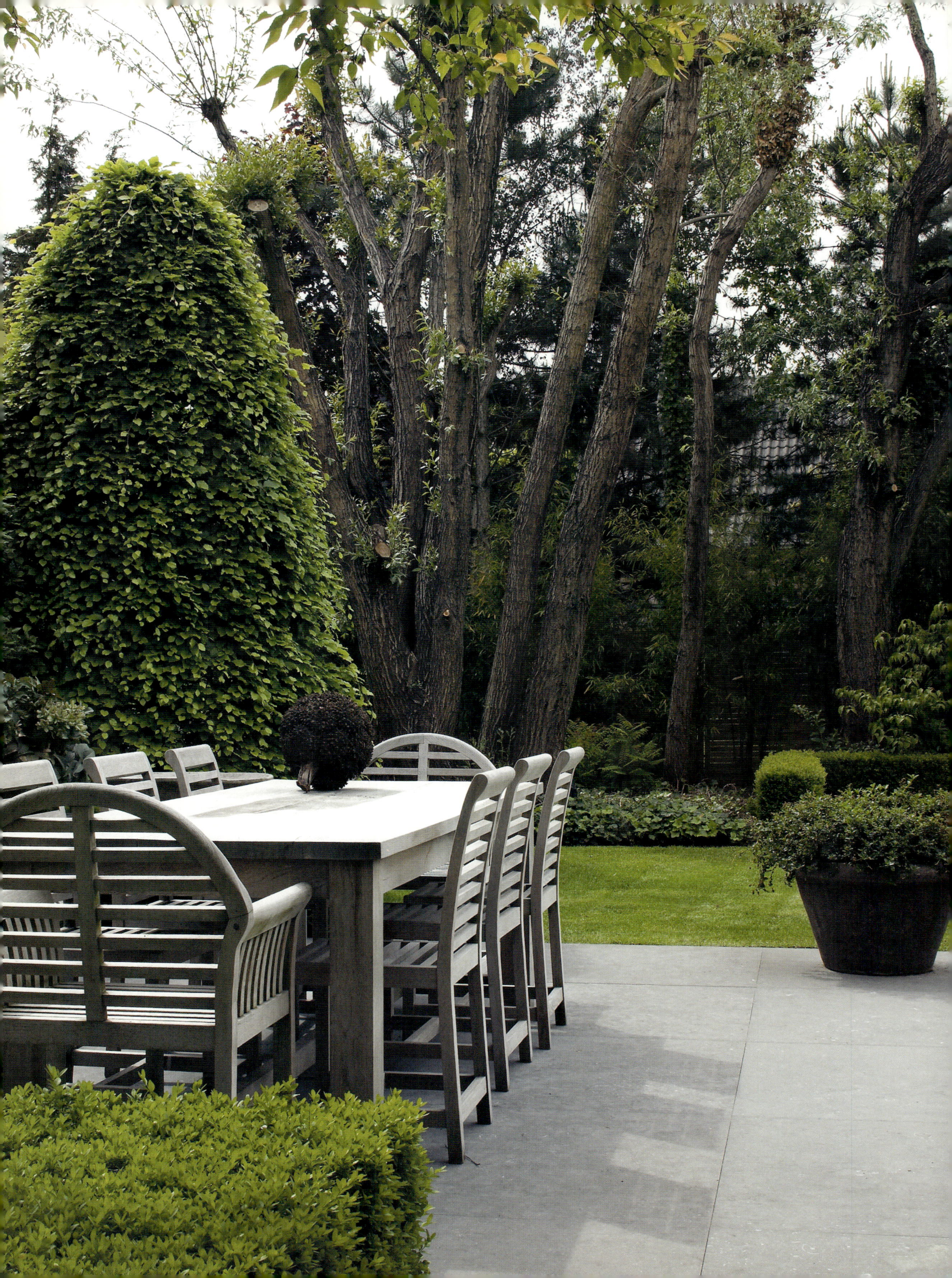

DEUX TERRASSES SIGNÉES NATHALIE VAN REETH

La célèbre architecte d'intérieur *Nathalie Van Reeth* dirige le bureau d'architecture *9d* avec son associée *Stéphanie Parein*.

L'architecture contemporaine épurée s'étire jusqu'au jardin: lignes sobres et retenue pour ces deux réalisations de terrasses.

9D

Nathalie Van Reeth
Stephanie Parein
Prins Boudewijnlaan 152
B - 2650 Edegem
TEL.: +32 (0)3 443 70 20
FAX: +32 (0)3 443 70 25
nathalie.vanreeth@yucom.be

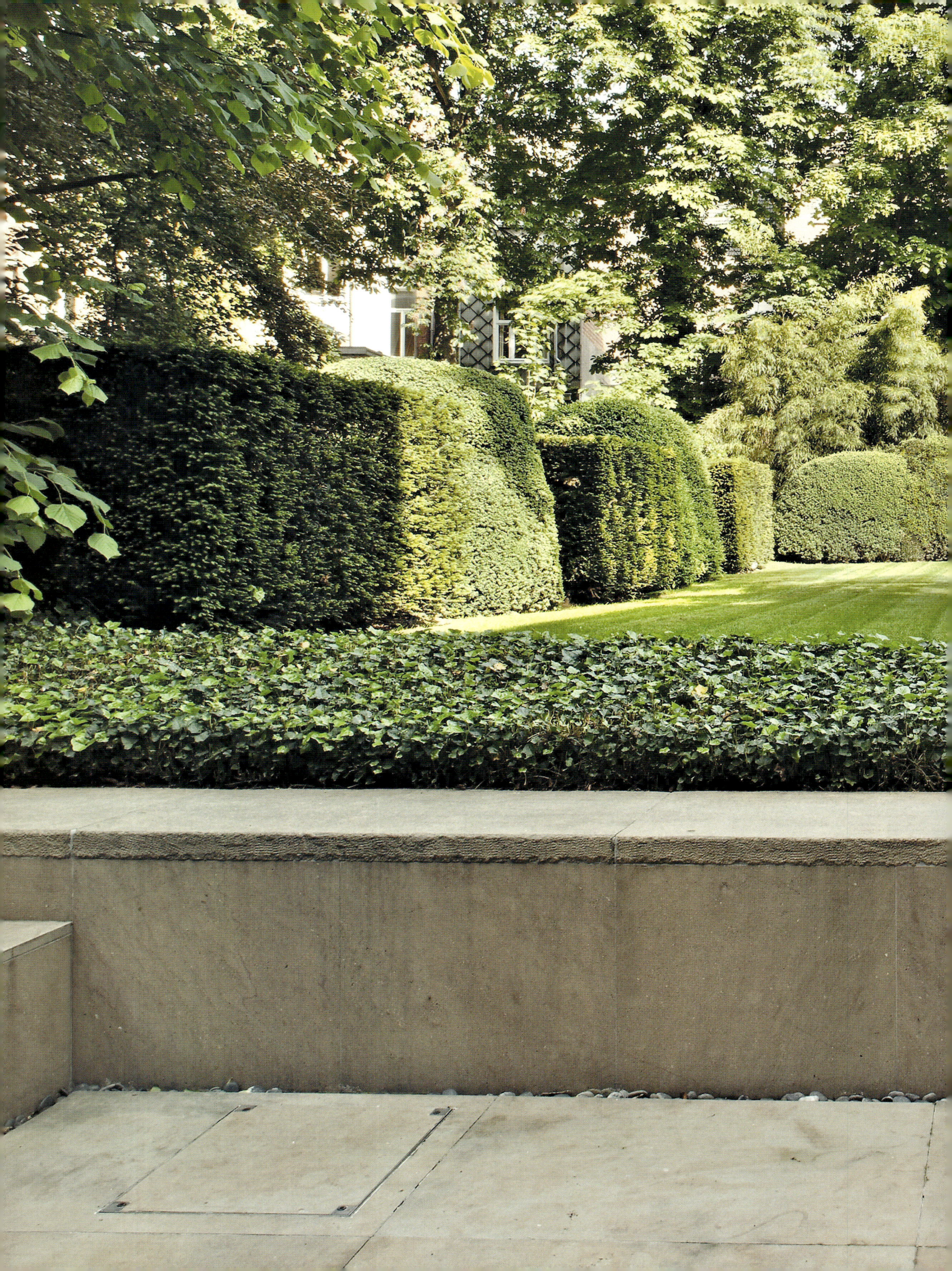

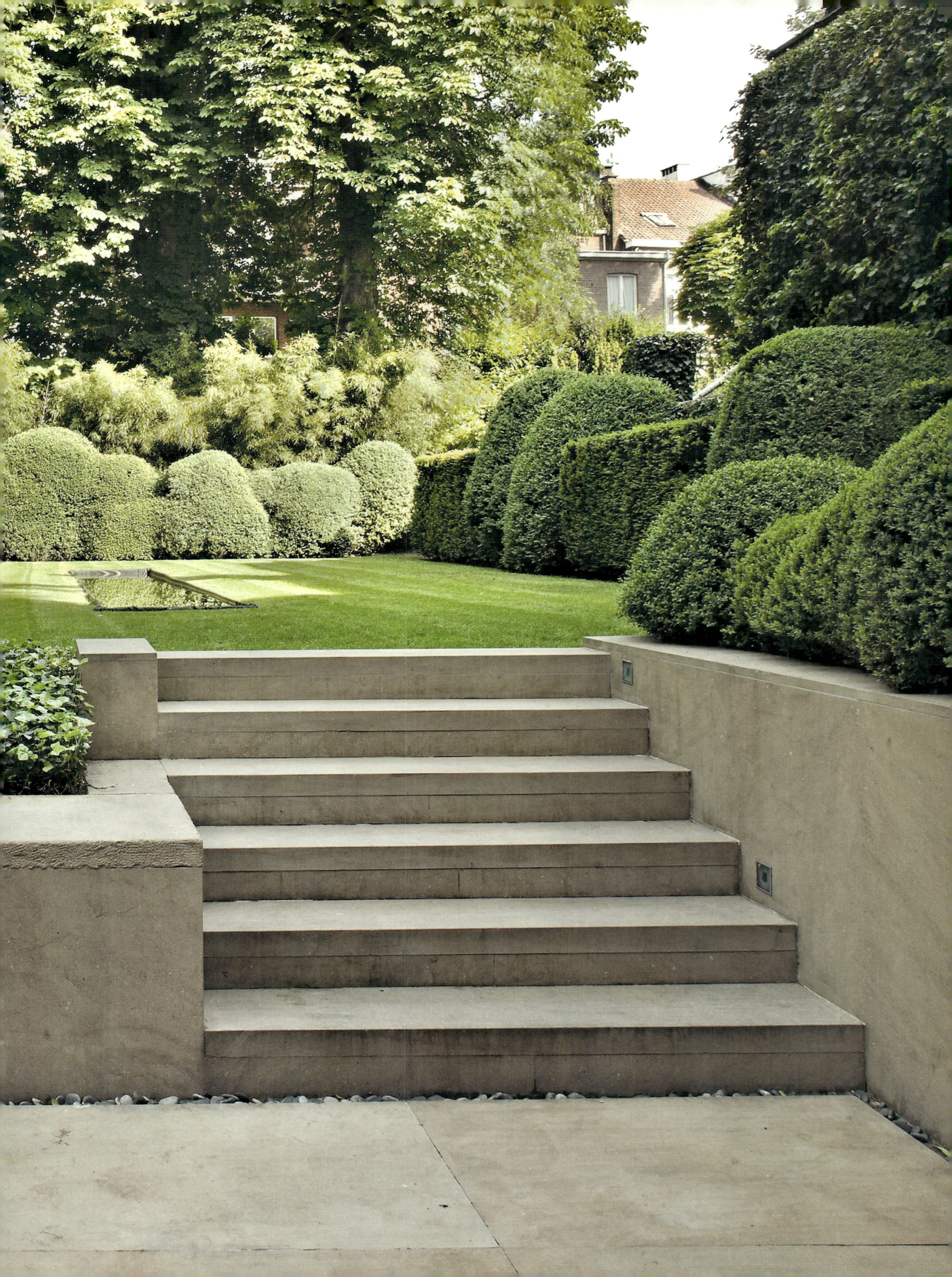

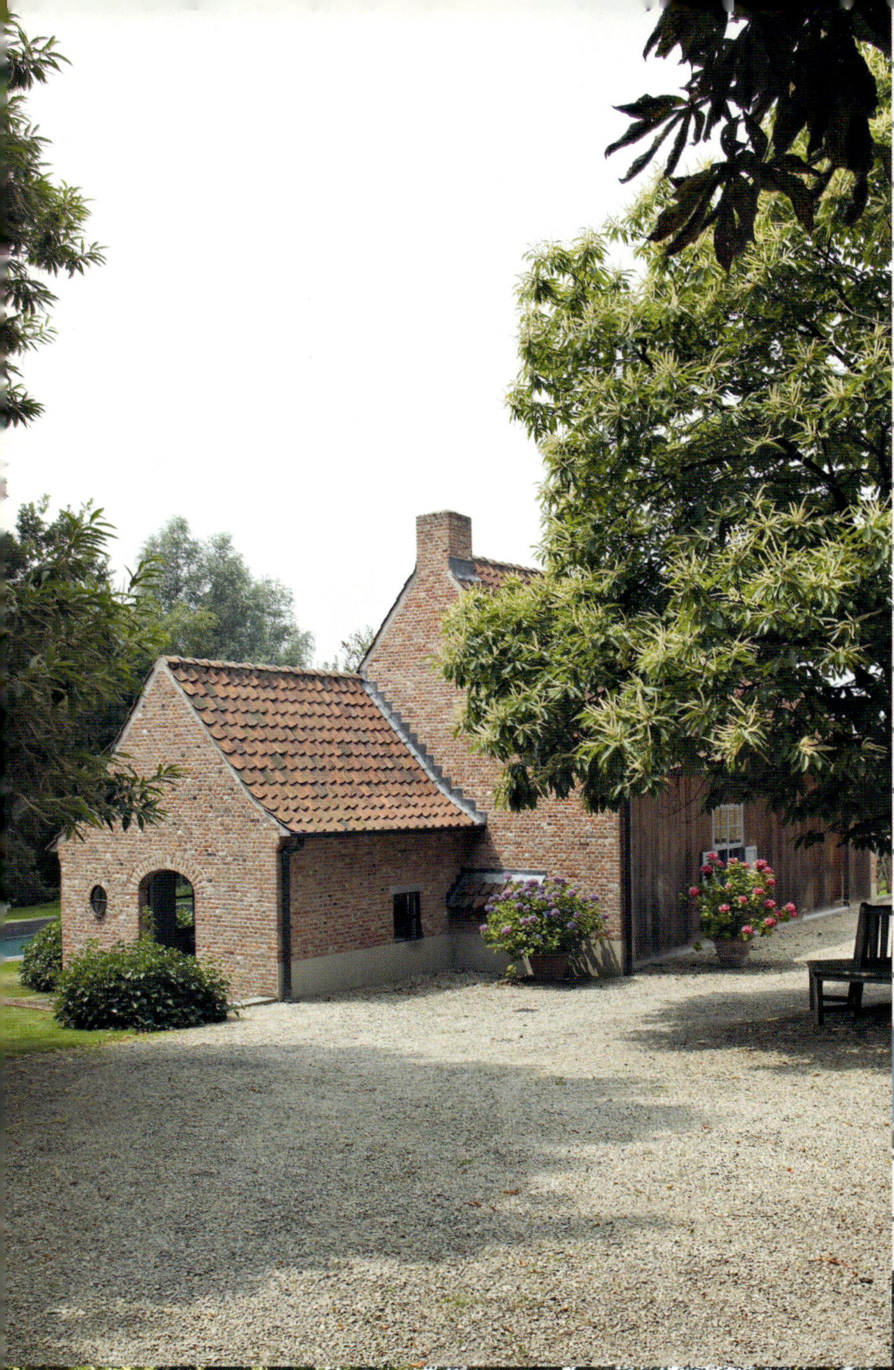
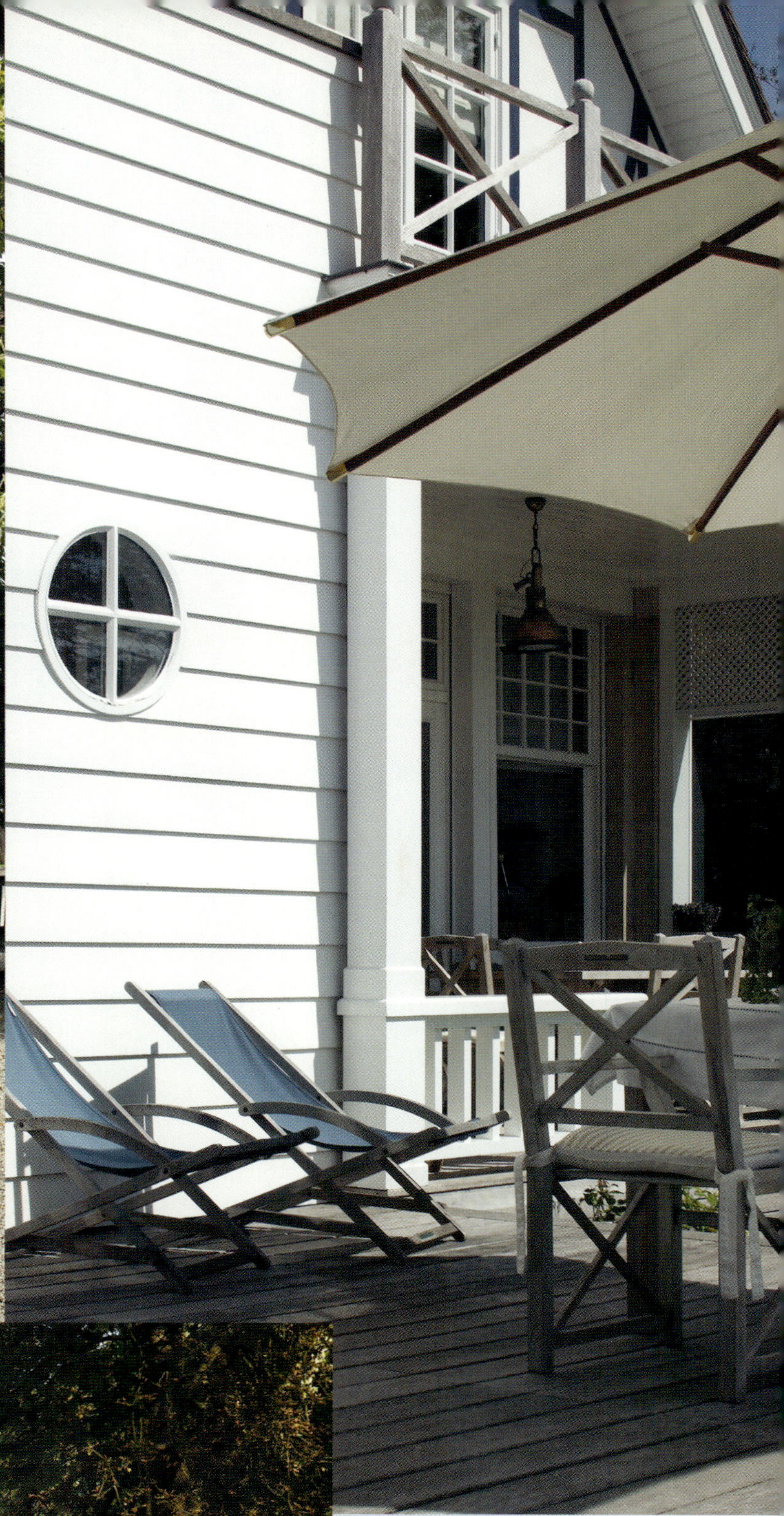
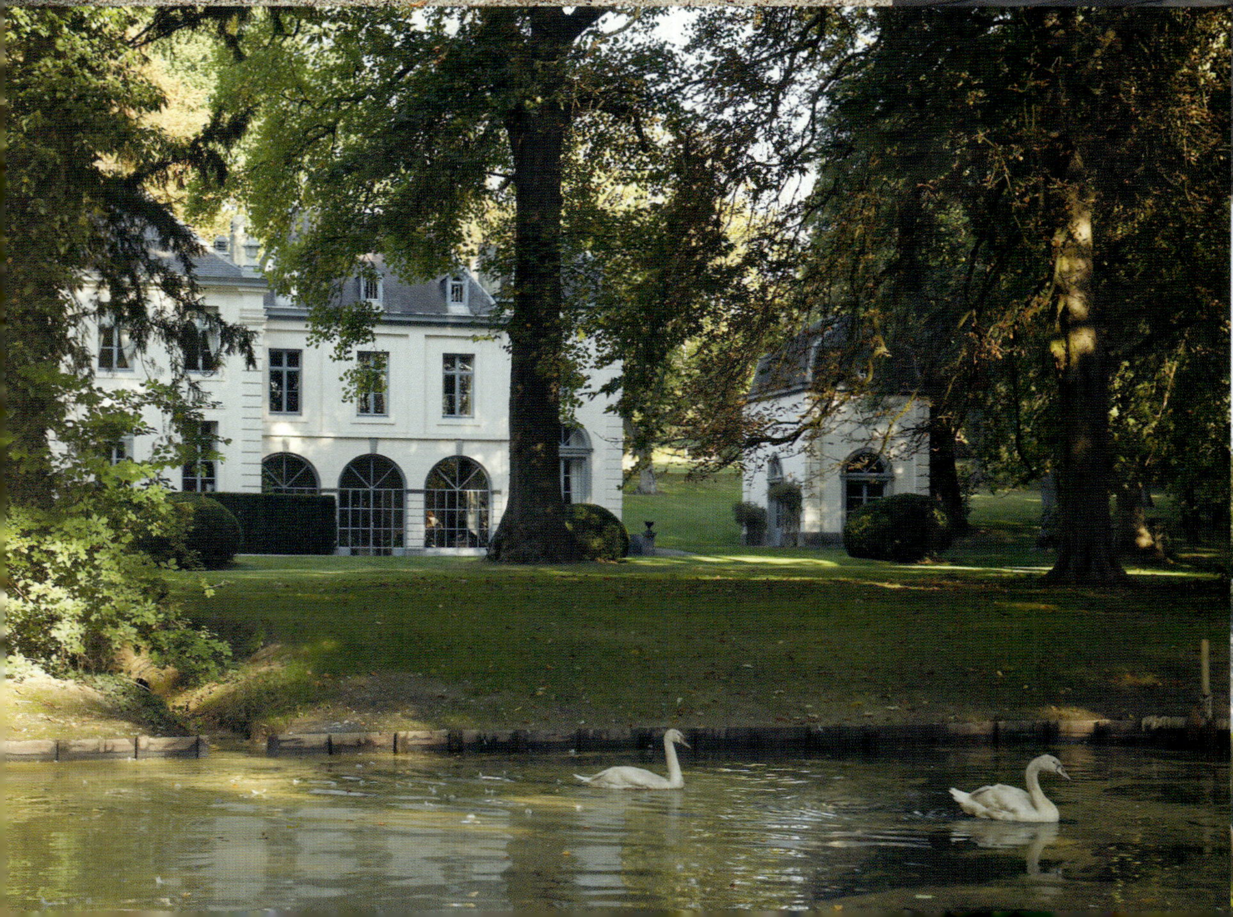
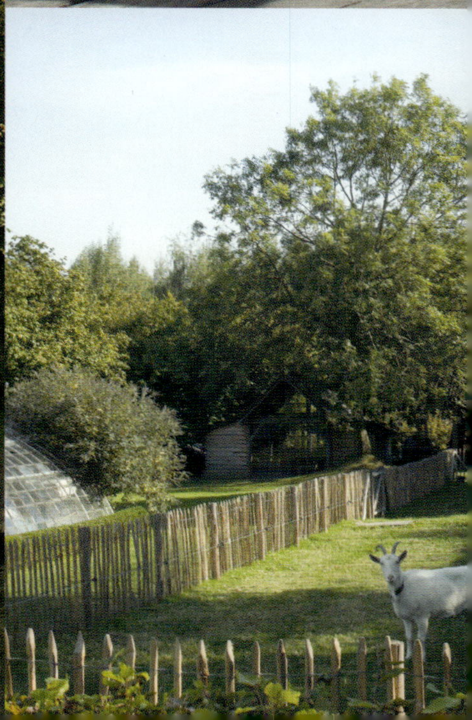

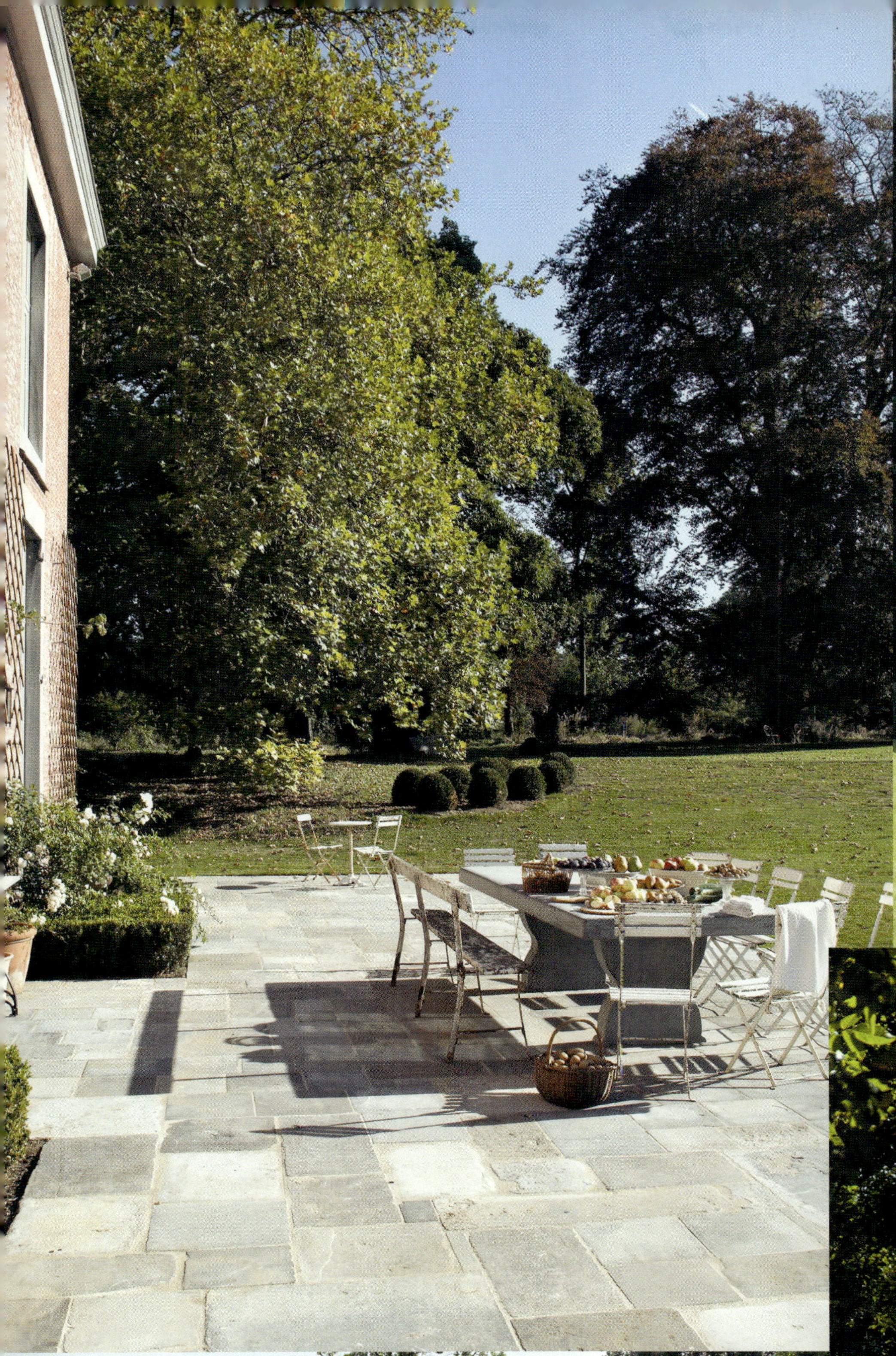
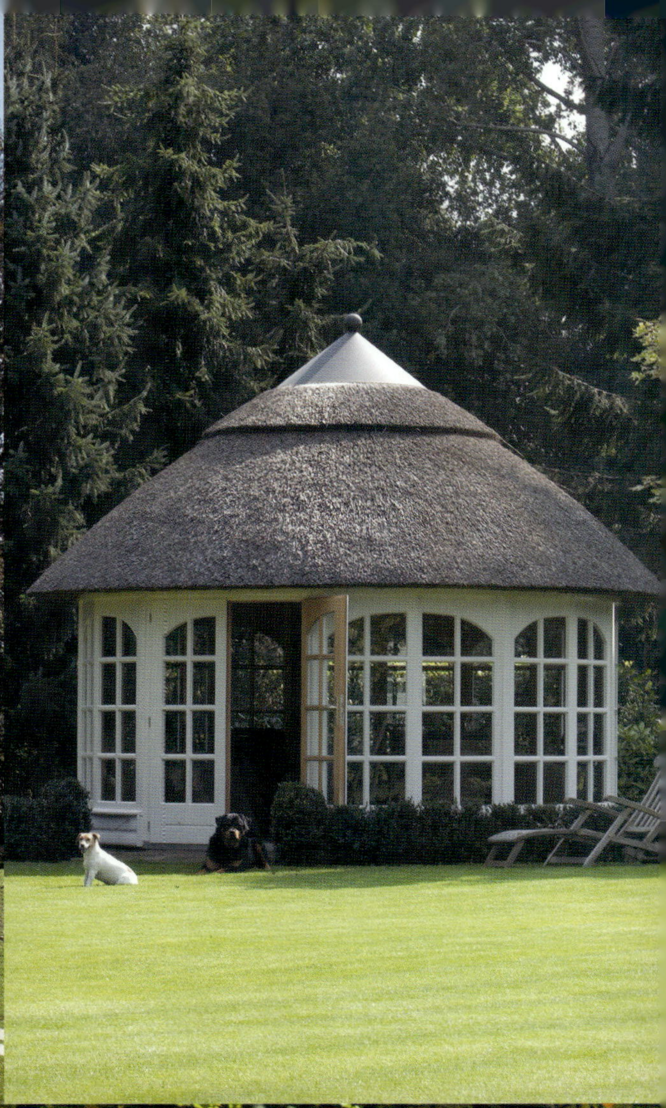
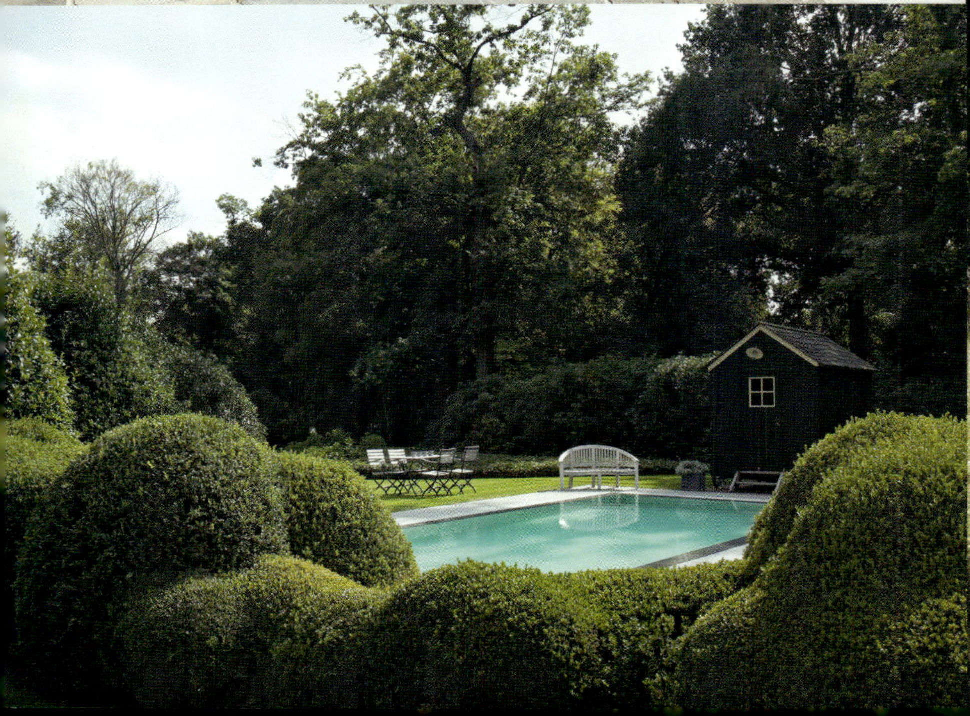
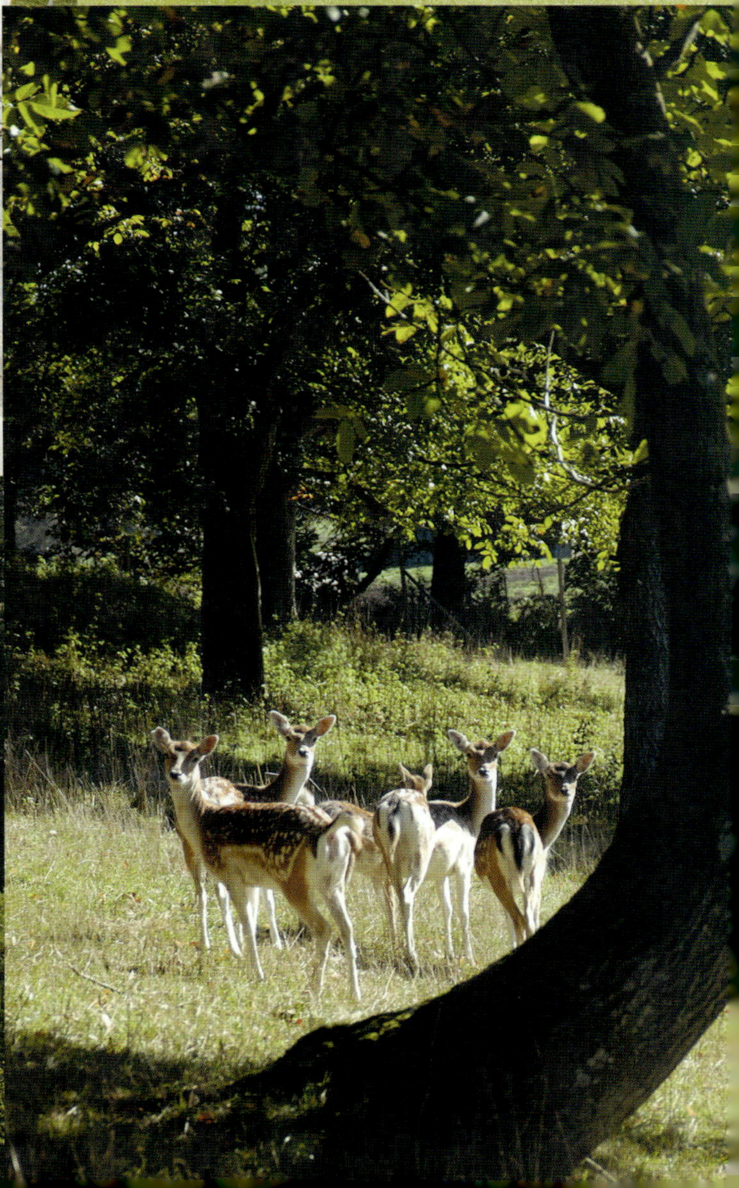

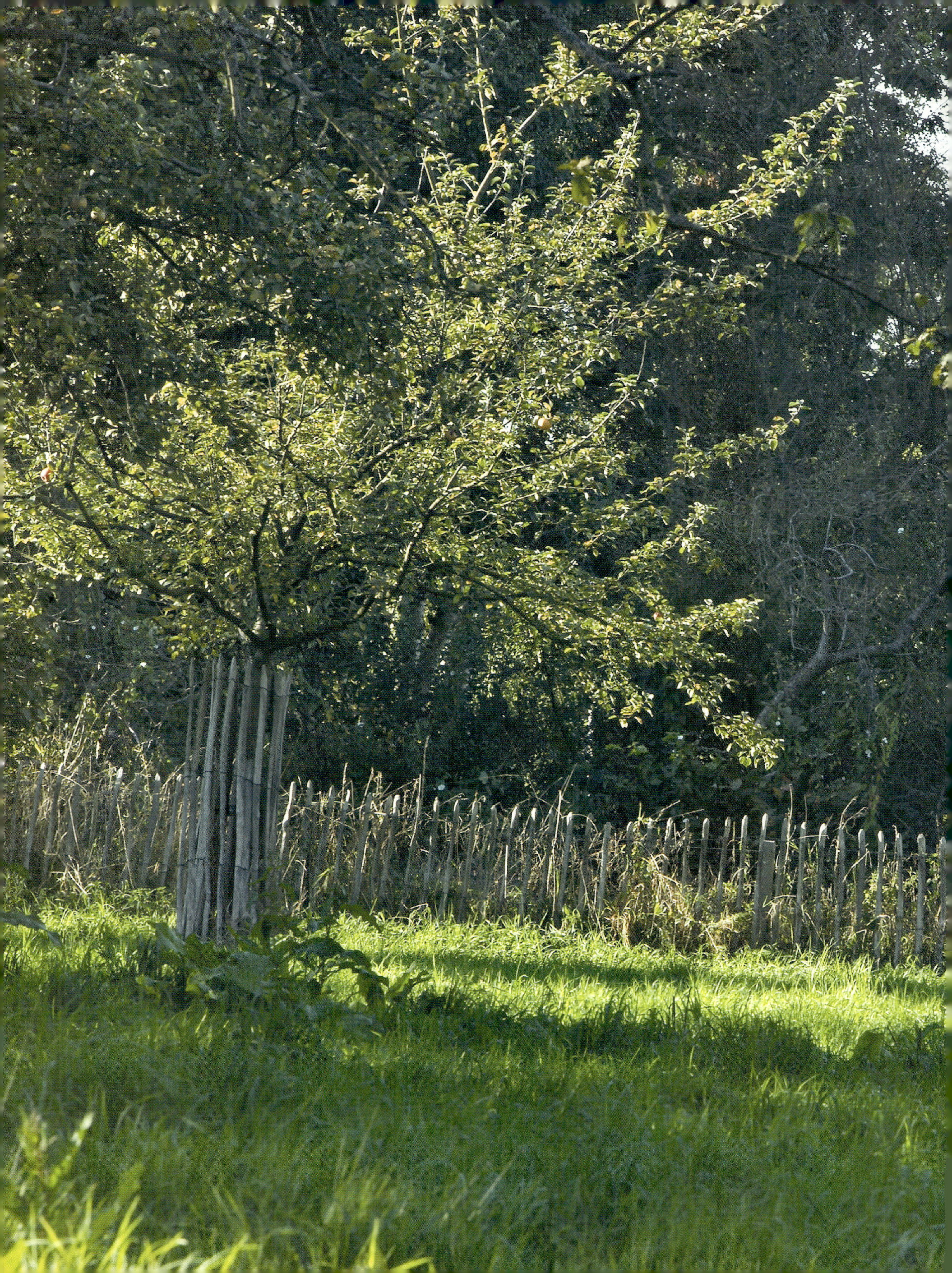

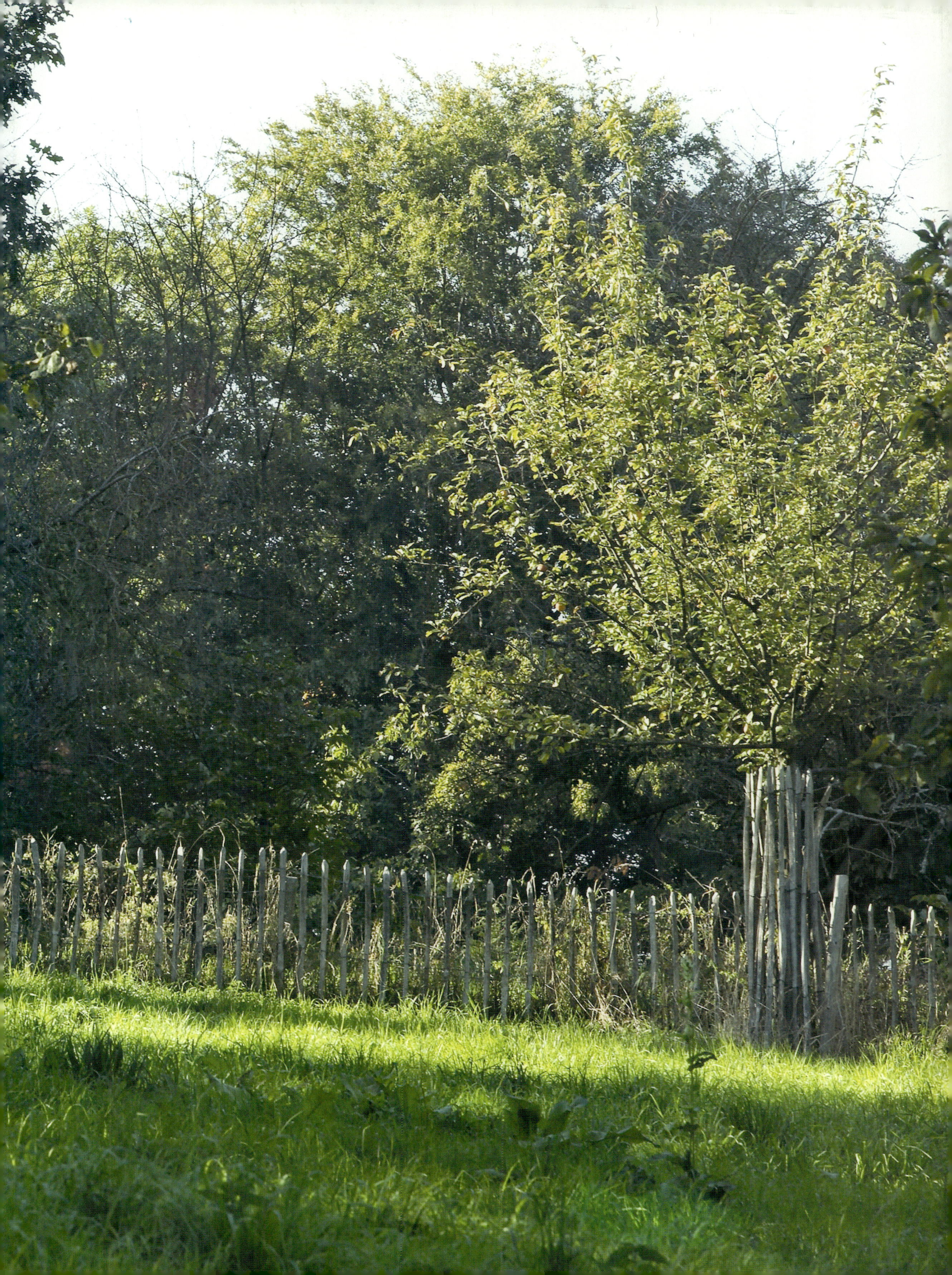

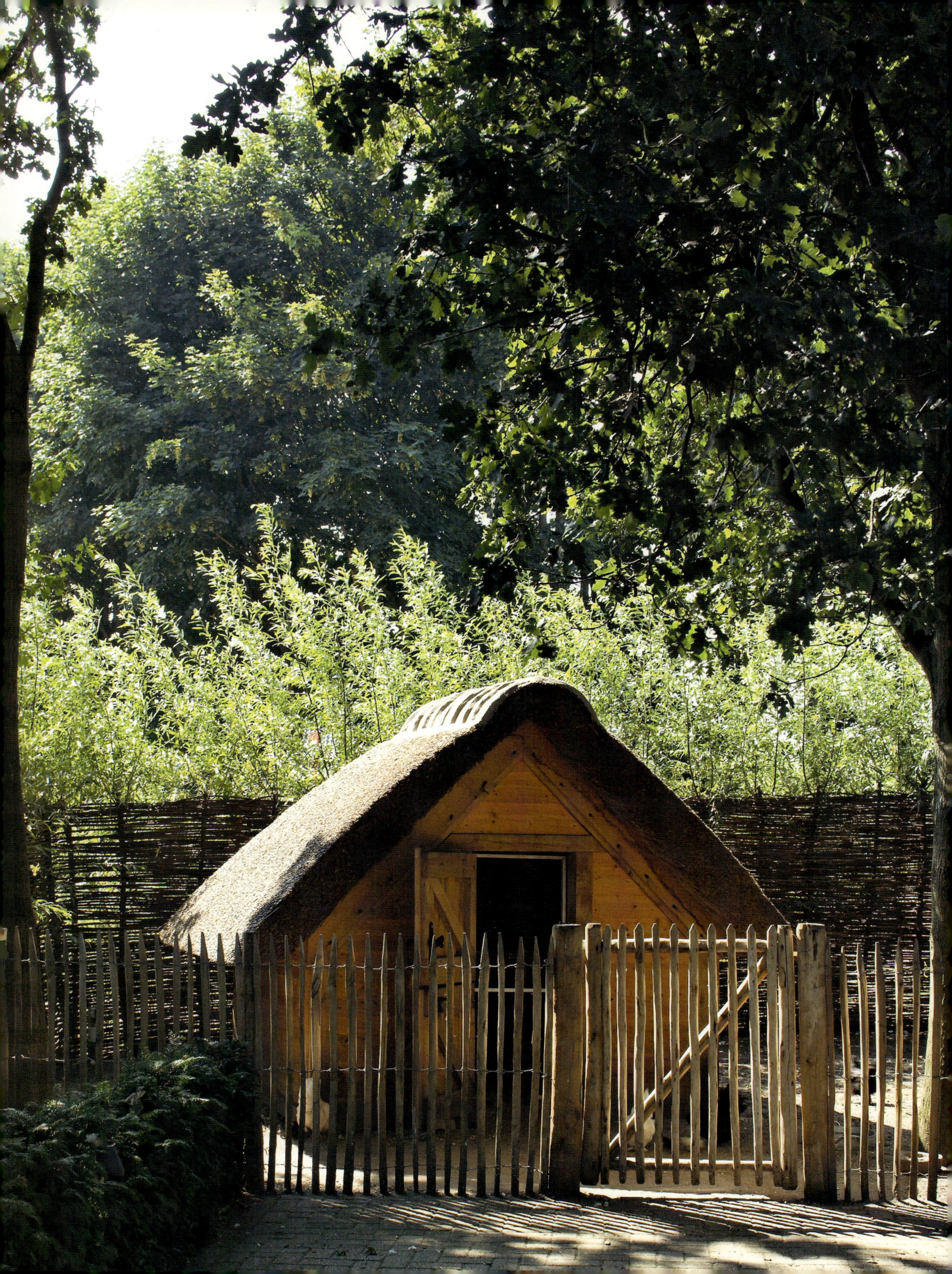

LISTE D'ADRESSES

ANNE'S HOUSE
Anne Glorie
Jagersdreef 7
B - 9100 Sint-Niklaas
TEL.: +32 (0)3 776 89 49
FAX: +32 (0)3 765 16 97
MOB.: +32 (0)477 28 34 05
anneglorie@hotmail.com
Fermé le lundi; mardi de 10 à 18h.
Autres jours sur rendez-vous.
Reportage pp. 186-189

AVANTGARDEN SA
Turnhoutsebaan 385
B - 2110 Wijnegem
TEL.: +32 (0)3 353 68 64
FAX: +32 (0)3 353 07 50
www.avantgarden.be
info@avantgarden.be
Reportages pp. 16-23, 130-139, 140-147.

CURO SPRL
Robert Cuypers
Walmersumstraat 33
B - 3380 Bunsbeek (Glabbeek)
TEL.: +32 (0)16 77 11 66
FAX: +32 (0)16 77 78 15
MOB.: +32 (0)475 71 04 89
curo@swing.be
Reportages pp. 52-61, 86-89

DE CLERCK BERNARD
Bureau d'architectes
Aarselestraat 18
B - 8700 Aarsele
TEL.: +32 (0)51 63 61 39
FAX: +32 (0)51 63 52 15
bernard.de.clerck@c3a.brenda.be
Reportage pp. 108-117

DIERCKX LUDO
Voorteinde 85
B - 2260 Westerlo
TEL.: +32 (0)14 54 75 73
FAX: +32 (0)14 54 81 83
www.ludo-dierckx.be
info@ludo-dierckx.be
Reportage pp. 156-159

DONCK & PARTNERS
Architecte Xavier Donck
Witte Kaproenenstraat 20
B - 9800 Deinze
TEL.: +32 (0)9 386 96 86
FAX: +32 (0)9 386 96 48
x.donck@pandora.be
Reportage pp. 70-79

PAGE DE GAUCHE
Une réalisation
de *Rasenberg*.

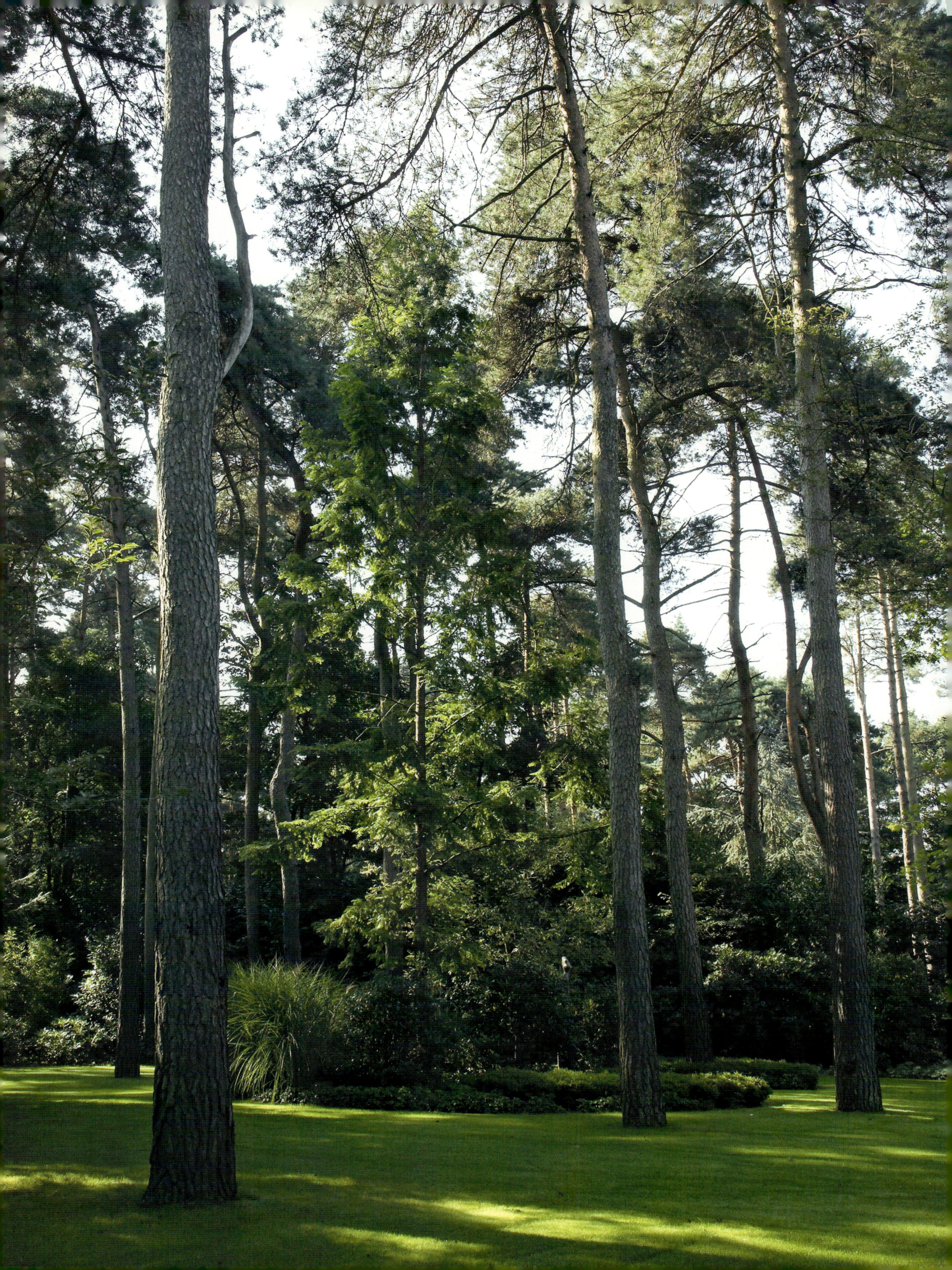

GROUPE MORIS
Rameyenstraat 10
B - 2590 Berlaar - Gestel
TEL.: +32 (0)3 482 43 74
FAX: +32 (0)3 482 43 74
www.groepmoris.com
Reportages pp. 108-117, 118-123, 126-129, 202-203

GUY-DECO
Doelstraat 18
B - 2590 Berlaar
TEL.: +32 (0)495 52 55 43
www.guy-deco.be
Le jardin d'exposition peut être visité sur rendez-vous.
Reportage pp. 204-207

KIN & LUSHI
Lulstraat 1
B - 9770 Kruishoutem
TEL.: 0032 (0)9 386 77 23
FAX: 0032 (0)9 386 36 10
MOB: 0032 (0)476 355 248
www.kin-lushi.be
info@kin-lushi.be
Vendredi, samedi, dimanche et lundi de 15 à 19h.
Autres jours et heurs: sur rendez-vous.
Au mois de décembre, ouvert tous les jours de 14 à 19h.,
dimanche compris.
Reportage pp. 194-197

9D (NINE D)
Architecture d'intérieur
Nathalie Van Reeth
Stephanie Parein
Prins Boudewijnlaan 152
B - 2650 Edegem
TEL.: +32 (0)3 443 70 20
FAX: +32 (0)3 443 70 25
Reportage pp. 208-211

RASENBERG
Oude Kerkstraat 32
NL - 4921 XE Made
TEL.: +31 (0)162 68 63 51
FAX: +31 (0)162 68 39 04
www.tuinpaviljoens.nl
www.eikencarports.nl
Ouvert du jeudi au samedi et sur rendez-vous.
Reportage pp. 162-169

SEPULCHRE & DE BELLEFROID
45, Place A. Favresse
B - 1310 La Hulpe
TEL.: +32 (0)2 652 15 72
FAX: +32 (0)2 652 15 73
www.sepulchre-debellefroid.be
www.britishgates.com
belsep@skynet.be
Reportage pp. 94-101

STAPELS GUY
6, av. J. Pastur
B - 1180 Brussel
TEL.: +32 (0)2 375 82 97
FAX: +32 (0)2 375 84 38
decoration.stapels@skynet.be
Reportage pp. 190-193

RIK STORMS & CO SA
Aland 4
B - 2811 Leest
TEL.: +32 (0)15 71 25 35
FAX: +32 (0)15 71 41 49
Dépôt et taille de pierre:
Mechelseweg 305
B - 1880 Kapelle op den Bos
www.rikstorms.com
info@rikstorms.com
Reportage pp. 170-179

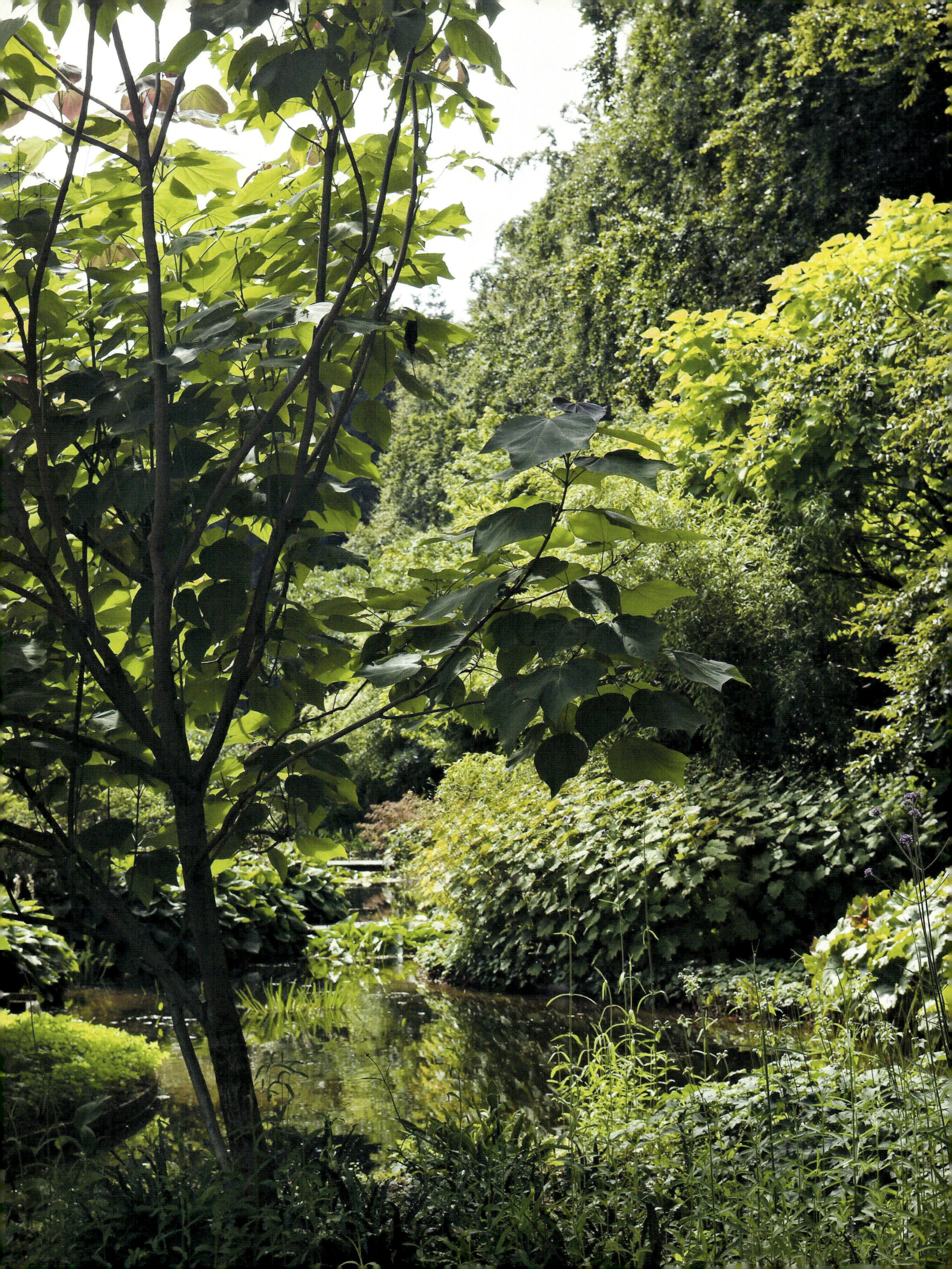

ANDREAS VAN APERS SPRL
Pierstraat 29
B - 2840 Reet
TEL.: +32 (0)3 888 46 34
FAX: +32 (0)3 888 70 01
andreasvanapers@pandora.be
Reportage pp. 198-201

AREND JAN VAN DER HORST
Oude Hoeveweg 8
NL - 4444 SR Baarsdorp
TEL.: +31 (0)113 567223
FAX: +31 (0)113 567229
arendjanvanderhorst@wanadoo.nl
Reportages pp. 80-85, 90-93, 102-107

VAN LAERE FRANK
Architecte
Koninklijkelaan 60
B - 2600 Berchem
TEL.: +32 (0)3 281 05 11
FAX: +32 (0)3 218 42 25
Reportage pp. 62-69

CHÂTEAU GENOELS-ELDEREN
Kasteelstraat 9
B - 3770 Riemst
TEL.: +32 (0)12 39 13 49
www.wijnkasteel.com
Reportage pp. 34-41

ZWEMBADEN DE WILDE (PISCINES DE WILDE)
Hoogstraat 28
B - 9860 Oosterzele
TEL.: +32 (0)9 362 74 27
FAX: +32 (0)9 362 46 92
Reportage pp. 180-185

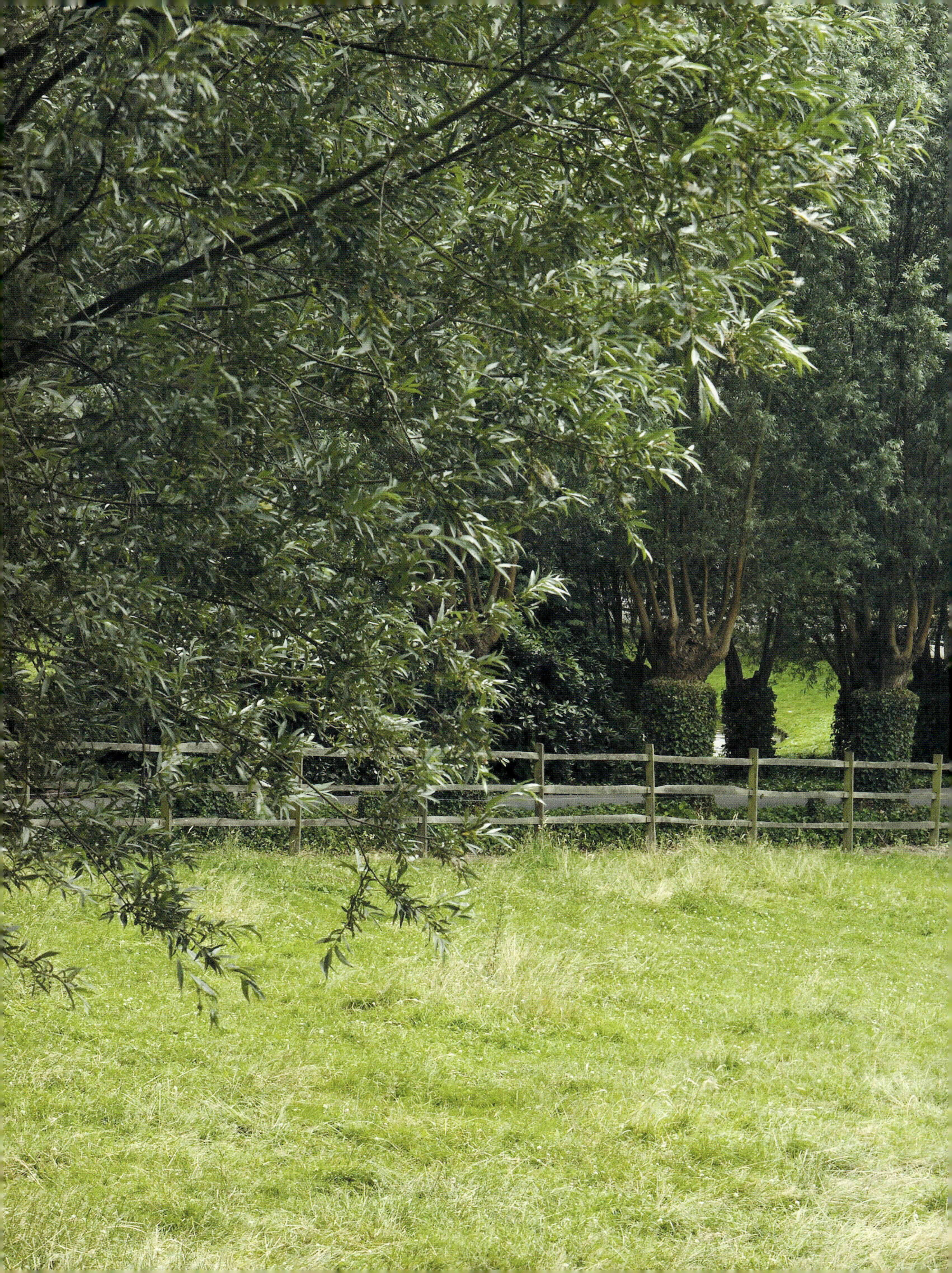

CREDIT PHOTOGRAPHIQUE

Toutes les photographies : Jo Pauwels, à l'exception de :

pp. 24-33; 102-107:   Patrick Verbeeck
pp. 156-159:   Peter Slaets
pp. 180-185:   Peter Cattrysse